I0246216

www.ingramcontent.com/pod-product-compliance
Lightning Source LLC
Chambersburg PA
CBHW071108160426
43196CB00013B/2504
9781923067066

الحرية للمأسورين

دليل التدريب

مُبَارَكٌ الرَّبُّ
الَّذِي لَمْ يَجْعَلْنَا فَرِيسَةً لأَسْنَانِ أَعْدَائِنَا.
نَجَتْ نُفُوسُنَا كَالْعُصْفُورِ مِنْ فَخِّ الصَّيَّادِينَ:
انْكَسَرَ الْفَخُّ وَنَجَوْنَا.
عَوْنُنَا بِاسْمِ الرَّبِّ
صَانِعِ السَّمَاوَاتِ وَالأَرْضِ.

مزمور 124: 6-8

د. مارك دوري و د. بنجامين هيجمان

db

DEROR BOOKS

دمج الطبعة الرابعة من الحرية للمأسورين.

الحرية للمأسورين: حقوق الطبع والنشر © 2025 لمارك دوري.

موارد دليل التدريب: حقوق النشر © 2025 لبنجامين هيجمان

كل الحقوق محفوظة.

العنوان: الحرية للمأسورين: دليل التدريب

الوصف: ملبورن: كتب ديرور، 2025.

الرقم الدولي للكتاب باللغة الانكليزية ISBN: 0-1-6452239-0-978

الرقم الدولي للكتاب باللغة العربية ISBN:6-06-923067-1-978

مع التعديلات والاختلافات العرضية، يتم أخذ اقتباسات الكتاب المقدس من نسخة كتاب الحياة. حقوق الطبع والنشر ©1973، 1978، 984، 2011 بواسطة Biblica, Inc™. بإذن من Zondervan. جميع الحقوق محفوظة في جميع أنحاء العالم. www.zondervan.com

تم إنشاء رمز مناقشة المجموعة بواسطة Freepik في www.flaticon.com.

لمزيد من المعلومات حول كتب وكتابات مارك دوري، قم بزيارة markdurie.com.

للحصول على موارد الحرية للمأسورين بلغات مختلفة، قم بزيارة luke4-18.com.

كتب ديرور، ملبورن أستراليا

www.derorbooks.com

المحتويات

المقدمة	1
كيفية استخدام هذا الكتاب	5
دليل للقادة	7
1. الحاجة إلى جحد الإسلام	25
2. الحرية من خلال الصليب	43
3. فهم الإسلام	99
4. محمد والرفض	139
5. التحرر من الشهادة	187
6. التحرر من الذمة	235
7. الكذب، التفوق الزائف، واللعن	273
8. كنيسة حرة	311
مصادر إضافية	347
الإجابات	351

المقدمة

اليوم، أعداد غير مسبوقة من المسلمين السابقين يختارون اتباع المسيح. لكن للأسف، يجد العديد من هؤلاء أن رفض هذا العالم واهتمامه أكبر من قدرتهم على التحمل. حتى أن بعض القادة المسيحيين أفادوا أن 80% منهم يرتدون خلال العامين الأولين. ماذا يطلب منا الله أن نفعل حيال هذا؟

في عام 2002، بدأ د. مارك دوري في التدريس عن أهل الذمة وكيف يمكن للمسيحيين أن يتحرروا من خوفهم من الإسلام والمسلمين. كان التعليم عادة متبوع بوقت للخدمة، حيث يتقدم الناس للحصول على الصلاة. من بين أولئك الذين شاركوا في هذه الجلسات، شهد الكثيرون لاحقًا بعمل الله القوي، ما جلب لهم الحرية والقوة للخدمة.

في وقت لاحق، واصل د. دوري تطوير الدروس لتحرير الناس من العبودية الروحية للإسلام. تم دمج هذين التعليمين في هذا الكتاب - الحرية للمأسورين.

نظرًا لضرورة إلمام خدام الإنجيل في جميع أنحاء العالم بكتاب الحرية للمأسورين وضرورة استخدامهم له، فقد ترجم هذا الكتاب إلى العديد من اللغات.

خلال السنوات التي تلت نشر كتاب الحرية للمأسورين لأول مرة في عام 2010، أصبح من الواضح أنه بحاجة إلى مراجعة وتحديث،

لتلبية احتياجات مستخدميه بشكل أفضل، وخاصة مجاميع المؤمنين من خلفية إسلامية.

كانت هناك أيضًا حاجة لبرنامج تدريبي. في البداية، كانت رسالة الكتاب مدعومة بمقاطع فيديو تعليمية من إنتاج خدمات سلام Salaam Ministries، باستخدام شرائح تطبيق بوربوينت PowerPoint. ثم تمت دبلجة مقاطع الفيديو هذه أو ترجمتها إلى لغات أخرى.

تم استخدم هذا الشكل التعليمي في عدة بلدان ويجري تدريب الشركاء المحليين على استخدامه. ومع ذلك، عندما اتصل مدير خدمات سلام Salaam Ministries نيلسون وولف بد. بنجامين هيجمان حول إمكانية استخدام هذا النهج لتدريب القساوسة في بنين، قال: "مستحيل!" وطرح مقاربة مختلفة تمامًا. بالاعتماد على عقود من الخبرة في التدريس في بنين، طور د. هيجمان صيغة تدريبية لكتاب الحرية للمأسورين والتي تم استخدمها كدليل دراسي. تستخدم هذه الصيغة التي نتبعها هنا مناقشات المجموعات الصغيرة والدراما، وقد تمت تجربتها واستقبالها بحماس من قبل المتحدثين بالباتونو والفرنسية والهاوسا.

تم تصميم هذا النهج التدريبي للعمل في مجموعة واسعة من السياقات، دون افتراض أي مستوى تعليمي معين. إضافة إلى ذلك، على القائد الذي أكمل التدريب أن يتمكن من أخذه إلى سياقه الخاص وتدريب الآخرين باستخدام النهج نفسه.

ترن كلمات المسيح في آذاننا: "كَمَا أَنَّ الآبَ أَرْسَلَنِي، أُرْسِلُكُمْ أَنَا" (يوحنا 20: 21) و"اذْهَبُوا إِذَنْ، وَتَلْمِذُوا جَمِيعَ الأُمَمِ" (متى 28: 19). ماذا قصد يسوع؟ في الليلة التي سبقت موته، أوضح يسوع أن التلاميذ يعرفون الله وهم متحدون به. إنهم واحد مع الله، باسمه وحقه ومحبته (يوحنا 17). صلاتنا إلى رب الحصاد هي أن يقوم كتاب الحرية للمأسورين بمساعدة العابرين من بيت الإسلام على البقاء متحدين مع الله في يسوع المسيح، ومساعدة جميع الذين يقومون بخدمة التلمذة بين المسلمين.

نأمل أن يساعد هذا الكتاب - الذي يجمع بين تعليم مارك دوري المنقح لكتاب الحرية للمأسورين والأدلة الدراسية المرنة لبنجامين هيجمان - في تلبية هذه الاحتياجات وأن يكون بركة للكنيسة العالمية.

نود أن نعرب عن خالص شكرنا للعديد من الإخوة والأخوات الأعزاء الذين قدموا لنا الملاحظات والاقتراحات المفيدة لتحسين هذا المرجع. حماسكم لهذا المشروع موضع تقدير عميق. كما ونعرب عن امتناننا للداعمين الماليين وصلوات الكثيرين، الذين بدونهم لم يكن من الممكن أن ننتج هذا العمل.

مارك دوري، بنجامين هيجمان، ونيلسون وولف

يونيو/حزيران 2022

كيفية استخدام هذا الكتاب

أهلًا بكم في *دليل التدريب الحرية للمأسورين*، الذي يضم الطبعة الجديدة من كتاب *الحرية للمأسورين* لمارك دوري مع ستة دروس أساسية ودرسين إضافيين.

تمت كتابة هذا الدليل التدريبي للجمهور المسيحي. تم تطويره لمساعدة المسيحيين على تطبيق التعليم الموجود في كتاب *الحرية للمأسورين*. صلاتنا هي أن يقوم هذا الدليل بمساعدكم ومساعدة الآخرين على العثور على الحرية في المسيح، والبقاء أحرارًا.

إذا كنتم تخططون لقيادة دورة تدريبية باستخدام هذا الدليل التدريبي، فيرجى أولًا قراءة دليل القادة بعناية، والذي يمكنكم العثور عليه قبل الدرس الأول.

نقترح عليكم القيام بهذا التدريب مع مجموعة من المؤمنين الآخرين. تم تصميمه ليتم إجراؤه على شكل مؤتمر لمدة 3-5 أيام، ولكن يمكن إجراؤه أيضًا كسلسلة من الدراسات الأسبوعية للمجموعات الصغيرة.

في هذا التدريب، سوف تتعلمون عن تعاليم الإسلام بناء على مصادر موثوقة. وقد تم بذل كل جهد ممكن لضمان أن تكون المراجع مصادر إسلامية أولية ذات مصداقية. يرجى الاطلاع على

كتاب "الخيار الثالث" لمارك دوري للحصول على مراجع مفصلة للعديد من هذه المصادر.

بجعلنا هذا المرجع متاحًا للكنيسة العالمية، وبمعارضتنا الكراهية والتحيز من أي نوع، فإننا نشدد على أننا نؤمن أنه ينبغي تطبيق التفكير النقدي على جميع الأديان ووجهات النظر العالمية. للمسلمين وغير المسلمين على حد سواء الحق في التوصل إلى رأيهم الخاص حول الإسلام، وإما الموافقة أو الاختلاف مع تعاليمه، بحسب إرشاد ضميرهم ومعرفتهم.

يمكنكم العثور على هذا الدليل التدريبي وعلى الموارد الأخرى لكتاب *الحرية للمأسورين* في نسخة قابلة للتنزيل على موقع luke4-18.com. لدى الخدمات المسيحية إذن بتنزيل وطباعة ومشاركة أي من الموارد الموجودة على luke4-18.com لتلبية احتياجاتهم.

نحن ممتنون دائمًا لتلقي الشهادات حول كيفية قيام هذا التدريب بمساعدة الناس، بالإضافة إلى الاقتراحات للتحسينات.

دليل القادة

إرشادات عامة

يتم توفير هذا التدريب لمساعدة الناس على إيجاد الحرية الروحية من الإسلام.

إذا كنتم تخططون لقيادة دورة تدريبية حول الحرية للمأسورين، فيرجى دراسة هذه الإرشادات بعناية.

تمت كتابة هذا الدليل التدريبي لمساعدة ثلاثة أنواع مختلفة من المسيحيين:

1. المسيحيون العابرون من الإسلام الذين يختارون المطالبة بحريتهم في المسيح
2. المسيحيون الذين عاشوا، أو الذين عاش أهلهم وأجدادهم، مع المسلمين تحت هيمنة الإسلام
3. أي شخص يرغب في مشاركة رسالة المسيح مع المسلمين.

هذه المجموعات الثلاث لها احتياجاتها المتميزة. ومع ذلك، نوصي بأن يتمّ الجميع (جميع أنواع المسيحيين) جميع الدروس 1-6، وهي الدروس الأساسية لهذا التدريب.

هناك درسان إضافيان، الدرسان 7 و8، مصممان خصيصًا للعابرين إلى المسيحية الذين كانوا مسلمين في السابق. يجب أن تتم دراستهم فقط بعد الانتهاء من الدروس الأساسية الستة.

- يناقش الدرس 7 جوانب رئيسية إضافية للتحرر من الإسلام: الكذب والتفوق الزائف واللعن.
- يوفر الدرس 8 تعليمًا حول كيفية تنمية كنيسة صحية مؤلفة من الناس من خلفية إسلامية. تم تصميمه لمساعدة جميع الذين يخدمون بين المسلمين السابقين.

تم تصميم هذا التدريب ليتم بطريقة معينة. نوصي باتباع النهج الموضح هنا، حيث تم اختباره ويعمل بشكل جيد لمجموعة متنوعة من المتعلمين.

تم تصميم هذا التدريب ليتم إكماله خلال 3 إلى 5 أيام. ويمكن أيضًا أن يستخدم كسلسلة من الدراسات الأسبوعية للمجموعات الصغيرة.

إذا كنتم تقودون التدريب، فشجعوا المشاركين على مشاركته بدورهم مع الآخرين. نتوقع أن يتمكن أي مشارك من أخذه إلى سياقه الخاص وقيادة الآخرين للقيام بالتدريب.

نهج التدريب

يمكن لعددٍ من الأشخاص متابعة هذا التدريب، من مجموعة منزلية صغيرة إلى مجموعة أكبر من مئات الأشخاص. إذا كان هناك أكثر من خمسة أو ستة أشخاص يقومون بالتدريب، فيجب تقسيم

المشاركين إلى مجموعات من حوالي أربعة أو خمسة أشخاص. تبقى هذه المجموعات كما هي ويجلس أفرادها معًا طوال فترة التدريب.

تأكدوا من أن يكون مع جميع المشاركين في التدريب نسخة خاصة بهم من هذا الدليل التدريبي. في بداية التدريب، قوموا بدعوة جميع المشاركين لكتابة أسمائهم في مقدمة كتيباتهم، وأخبروهم بأن كتيباتهم هي ملكهم ويمكنهم الاحتفاظ بها، وشجعوهم على تدوين الملاحظات فيها. ثم اشرحوا الدليل التدريبي للجميع، والفتوا انتباههم إلى الدروس الأساسية الستة، وعنوان كل درس، والأهداف التعليمية المدرجة في بداية كل درس، والموارد الموجودة في نهاية كل درس (المفردات والأسماء والآيات من الكتاب المقدس والقرآن)، والأسئلة في نهاية كل درس، والإجابات التي يمكن العثور عليها في الجزء الخلفي من دليل التدريب.

في بداية كل يوم تدريبي، على كل مجموعة صغيرة أن تعين رئيس وأمين السر. يتم تشجيع أعضاء المجموعة على التناوب في هذه الأدوار.

- يرأس الرئيس مناقشات المجموعة الصغيرة ويشجع الجميع في المجموعة على المساهمة. الرئيس وحده يقدر النظر إلى الإجابات الموجودة في الجزء الخلفي من دليل التدريب.

- يدون أمين السر الملاحظات حول كيفية إجابة المجموعة على أسئلة دراسة الحالة، كما ويدون أي أسئلة يتم طرحها خلال جلسة الأسئلة والأجوبة في نهاية الدرس، ويرد نيابة عن

المجموعة عندما تتم دعوة المجموعات للإجابة على الأسئلة من قبل القائد.

في بداية الدورة التدريبية، يطلب القائد من المشاركين إلى الانقسام إلى مجموعات من أربعة أو خمسة أشخاص، موضحًا كيفية عمل المجموعات الصغيرة، وحاجة المجموعات إلى تعيين رئيس وأمين السر جديدين كل يوم. كذلك يوضح القائد أن على جميع أعضاء المجموعات الصغيرة الموافقة على أن الرئيس وحده يقدر أن ينظر إلى الإجابات.

في بداية كل يوم تدريبي جديد، يعلن القائد، "جميع الرؤساء وأمناء السر متقاعدون"، ثم تعين المجموعات الصغيرة رؤساء وأمناء السر جدد لهذا اليوم (انظروا أدناه).

تسلسل التدريب لكل درس هو كالتالي:

- يعلن القائد بداية الدرس ويدعو جميع المشاركين إلى الانتقال إلى الصفحة في دليل التدريب حيث يبدأ الدرس. تحتوي هذه الصفحة على صورة مرتبطة بموضوع الدرس.

- يقدم بعض الممثلين القصة التعليمية أمام بقية المشاركين.

- يعلق القائد بإيجاز على القصة التعليمية (لمدة دقيقة أو دقيقتين فقط)، ويلفت الانتباه إلى صورة الموضوع الموجودة في بداية الدرس، ثم يفسرها بإيجاز أيضًا.

- يقرأ القائد الأهداف التعليمية الموجودة في بداية الدرس لجميع المشاركين. على سبيل المثال، " الأهداف التعليمية

لهذا الدرس موجودة في الصفحة [x]. هذه الأهداف هي ... [يقرأ جميعها بصوت عال]".

- بعد ذلك، يمكن تمثيل دراسة الحالة لكل درس كدراما، كما ويمكن قراءتها للجميع. إذا اخترتم أن يتم تقديمها كدراما، فيمكن التدرب على سيناريو دراسة الحالة مسبقًا: شجعوا المشاركين على تمثيل هذه السيناريوهات. بعد هذه الدراما (أو القراءة) تلتقي المجموعات الصغيرة لمناقشة دراسة الحالة والإجابة على السؤال المطروح في نهايتها: "كيف ستستجيب؟" بعد ذلك، يقدم أمين السر لكل مجموعة تقريرًا إلى جميع المشاركين حول إجابات مجموعته على هذا السؤال.
- يجب تقسيم كل درس إلى سلسلة من الجلسات، باستثناء الدرس الأول، إذ هو قصير ويمكن إجراؤه في جلسة واحدة.
- في كل جلسة من جلسات الدرس، على المشاركين اتباع الخطوات 1 إلى 5 أدناه:

1. يعلن القائد عن الأقسام التي سيتم مناقشتها في هذه الجلسة، إضافةً إلى أرقام الصفحات في دليل التدريب. (قد يرغب القائد في اتباع علامات التقسيم الواردة في النص والتي تشير إلى مقدار ما يجب تغطيته في كل جلسة للمجموعات الصغيرة.)
2. يقوم أحد المشاركين بقراءة النصوص المتعلقة بالأقسام المراد مناقشتها بصوت عالٍ وواضح. (إذا كان

التدريب يتبع علامات التقسيم، فسيقرأ القارئ إلى العلامة، ما قد يستغرق حوالي 10-15 دقيقة.)

3. ينقسم المشاركون إلى مجموعات صغيرة ويتم توجيههم إلى أسئلة الجلسة الحالية. يمكن العثور على الأسئلة في نهاية كل درس.

4. تجيب المجموعات على الأسئلة المتعلقة بالأقسام في الجلسة الحالية وتناقشها. قد يستغرق هذا حوالي 10-20 دقيقة، اعتمادًا على عدد الأسئلة. خلال هذا الوقت، ينتقل القائد من مجموعة إلى أخرى لمراقبة كيفية سير الأمور.

5. عندما يلاحظ القائد أن إحدى المجموعات قد انتهت من تلك الجلسة، يطلب من جميع المجموعات الأخرى الانتهاء. واصلوا العمل على المواد ولا تنتظروا الآخرين.

كرروا الخطوات 1 إلى 5 في الجلسات المتبقية حتى يتم الانتهاء من الدرس بأكمله.

- في نهاية كل درس، تجتمع المجموعات سويًا لجلسة الأسئلة والأجوبة حول هذا الدرس.

تنتهي الدروس 5 و6 و7 بالصلاة. يرجى اتباع النصائح الواردة أدناه لإدارة الصلاة.

هذا هو رمز المناقشة، والتي تظهر ثلاثة أشخاص يتحدثون:

يشير هذا الرمز إلى نقطة توقف مقترحة لجلسات المجموعة. هذا مجرد اقتراح: على كل قائد أن يخطط لكيفية تقسيم الدروس لتدريبه، اعتمادًا على احتياجات المشاركين. اعتمادًا على المجموعة، ستختلف كمية المعلومات التي يمكن للمشاركين استيعابها في وقت واحد. لذلك سيحتاج قائد التدريب إلى تحديد مقدار المواد المناسب تغطيتها في كل جلسة للمجموعة الصغيرة.

القصص التعليمية

يوصى أن يتم تقديم كل درس بالقصة التعليمية الخاصة به، ويفضل أن يتم تمثيلها بشكل درامي. إذا اخترتم استخدامها، فهناك قصة تعليمية لتقديم التدريب بأكمله. سوف تحتاجون إلى التحضير للقصص التعليمية مسبقًا. في كثير من الحالات، سيكون كافيًا أن يلتقي الممثلون قبل نصف ساعة للتدرب معًا.

القصة التعليمية لتقديم التدريب بأكمله

ابحثوا عن 6 إلى 8 كراسي قوية بما يكفي لتحمل وزن الشخص الذي سيقف عليها. صففوا الكراسي واحدًا خلف الآخر، بشكل أن يقابل الجزء الأمامي من كل كرسي ظهر الكرسي التالي. بعد ذلك، اطلبوا من أحد الشباب المشاركين أن يمشي على الكراسي بينما يتظاهر بالتحدث على هاتفه الجوال. ثم صعّبوا الأمر وقوموا بإبعاد الكراسي أكثر فأكثر حتى يصبح المشي عليها صعبًا للغاية. أخيرًا، اطلبوا من أحد المشاركين أن يرفع ورقة مكتوب عليها "مرشد".

ثم يذهب هذا الشخص ويمسك بيد المشارك وهو يخطو من كرسي إلى كرسي، موضحًا كيف أن اليد المرشدة تسهل أداء ما تجد صعوبة في القيام به بنفسك.

القصة التعليمية للدرس 1

يمشي رجل ويصرخ، "أنا حر! أنا حر!" ويتحدث بصوت عال عن مدى حريته كمسيحي. لكنه يتجاهل طوال الوقت عنزتين مربوطتين بساقيه، واحدة بساق اليمنى وواحدة بساقه اليسرى. (يمكن استخدام حيوانات أخرى أيضًا كخروفين أو ديكين أو قطتين). من الصعب عليه المشي في خط مستقيم. يتم سحبه في اتجاه تلو الآخر. يكافح للوصول إلى وجهته لكنه لا يستطيع رؤية العنزتين. يعتقد أنه حر، لكنه ليس كذلك. على الإطلاق!

إذا لا يمكن توفير الحيوانات، احصل على ورقة كبيرة واطلب من أحد المشاركين رسم شخص أو شخصين مع عنزة مربوطة بكل قدم. اطلب من أحد المشاركين أن يتقدم ويشير إلى الرسم ويقول، "أنا هذا المؤمن العابر من الإسلام! أنا حر، أنا حر!" ثم يتحدث عن حريته لمدة دقيقة واحدة، لكنه يتجاهل العنزتين تمامًا ولا يذكرهما. يخرج هذا الشخص، ثم يأتي مشارك آخر، ويشير إلى العنزتين، ثم يرفع يديه ليدل على استغرابه.

القصة التعليمية للدرس 2

اطبعوا كلمة "الذمي" بأحرف كبيرة وسميكة على قطعة من الشريط اللاصق العريض. دعوا الجمهور يرى الكلمة على الشريط، ثم اذهبوا وقوموا بلصقه على فم شخص مقيد بالفعل بكرسي.

ثم، بعد 20 ثانية، اطلبوا من الشخص أن ينظر لأعلى ويحاول الوقوف. طبعًا لن يستطيع. اطلبوا من شخص بالغ أن يحمل ورقة مكتوبة عليها بالخط العريض "الفادي". اطلبوا من "الفادي" فك قيود "الذمي" ثم اطلبوا من هذا الأخير الذي أصبح حرًا أن يمشي نحو ضوء ساطع (قد يكون مصباحًا أو ضوء الهاتف الذكي)، فيما يتلو المزمور 23 بصوت عال من ذاكرته.

القصة التعليمية للدرس 3

إذا أخذ حيوان الطعم الذي في الفخ، فيتم القبض عليه. لا يمكن أن تحصل على الحرية إلى أن تترك الطعم. ابحثوا عن جرة كبيرة بما يكفي لكي يضع فيها شخص ما يده. ولكن عليها أن تكون أيضًا صغيرة بما يكفي بحيث إذا صنع قبضة، لا يقدر إخراج يده منها. أمسكوا بالجرة وبورقة مكتوب عليها "الشهادة". ثم ضعوا بعض المكسرات في داخلها ودعوا المشارك يدخل يده فيها لالتقاط المكسرات. متى أمسك بها، لن يقدر إخراج يده. دعوه يتجول ويظهر للجميع مشكلته. الطريقة الوحيدة التي يمكنه من خلالها تحرير يده هي التخلي عن المكسرات.

القصة التعليمية للدرس 4

امرأة محجبة مضطربة ورجل مسلم يرتدي قبعة صلاة يجلسان على كرسيين وعينيهما معصوبتين. اكتبوا العبارتين "مسلمة متدينة" و"مسلم متدين" بأحرف كبيرة على ورقتين ثم ألصقوهما على صدر كل منها أو علقهما حول عنقهما. اطلبوا من عدة مشاركين الدخول والتجول حولهم عدة مرات، وهم يتبادلون الأصوات

السعيدة الصاخبة ويغنون ترنيمة عبادة مع بعضهم البعض، لكن دون أن يقولوا أي شيء مباشرة للمسلمين. اطلبوا من الرجل المسلم أن يمد يده ويسحب من تحت كرسيه سيفًا (أو أي سلاح آخر كالمنجل) ويلوح به في الهواء في كل مرة يقترب فيها شخص ما منه، وهو يطلب منهم التزام الهدوء وعدم إغضابه إلى درجة العنف. يخرج المشاركون بهدوء. ثم يأتي مشارك آخر ويزيل بهدوء العصابتين عن عينيهما، فيكتشف الزوجين أنه لا يوجد أحد هناك. ثم يخرجان مندهشان جدًا.

القصة التعليمية للدرس 5

دعوا أحد المشاركين يستلقي على الأرض، يبدو مرهق ومهزوم، وهو ملتف على ذاته في وضعية دفاعية. اكتبوا الكلمة "مرفوض" بخط عريض على ورقة وألصقوها عليه. حول كاحله، واربطوا حبلًا طويلًا يؤدي بعيدًا عن مكان المشهد. لا يمكنكم رؤية الشيء الآخر المربوط بالطرف الثاني لهذا الحبل: قد يكون شجرة أو أي شيء آخر. يأتي "الفادي" ويفك الحبل، ويساعد الشخص المرهق بلطف على الجلوس على كرسي. بعد ذلك، يعطيه كوبًا من الماء، ويراقبه بصبر حتى ينتهي من الشرب، ثم يأخذ الكأس، ويضعه جانبًا، ويزيل عنه كلمة "مرفوض" الملصقة عليه. ثم يركع "الفادي" أمام الشخص المفدي على الكرسي ويغسل قدميه ويجففهما.

القصة التعليمية للدرس 6

اطلبوا من رجل أن يجلس على كرسي خلف مكتب وأن يحمل كتابه المقدس بينما تقف زوجته خلفه ويداها على كتفيه. ينظران إلى

الكتاب المقدس المفتوح بصمت. اكتبوا كلمة "ذمي" بأحرف كبيرة وسميكة على قطعة من الشريط اللاصق العريض. دعوا الجمهور يرى الكلمة على الشريط، ثم اذهبوا وقوموا بلصقه على فم الرجل الجالس على الكرسي. ثم اطلبوا من مشارك آخر أن يتظاهر بأنه مسلم ويدخل ويلقي السلام، ومن ثم أن يسخر من المسيحي الصامت. اطلبوا من الزوجة محاولة الإجابة على الأسئلة. لكن يتجاهل المسلم إجاباتها. اطلبوا من المسيحي أن يومئ برأسه فقط فيما يستمر في حمل الكتاب المقدس بكلتا يديه. أخيرًا، يضحك المسلم ويغادر. اطلبوا من الزوجة إزالة الشريط اللاصق على فم زوجها الذي يقول بفرح، "قولي للمسلم أن يعودا!" فتغادر بسرعة في اتجاه المسلم. ثم يقرر الرجل أن يتبعها قائلًا، "أنا قادم، أنا قادم!" وهو يرفع الكتاب المقدس عاليًا.

القصة التعليمية للدرس 7

ضعوا بهدوء ثلاثة كراسي أمام الجمهور، كرسي واحد على في جهة، وكرسيين بجانب بعضهما البعض في الجهة الأخرى. اكتبوا كلمة "الحرية" على ورقتين والصقوهما على كل الكرسيين الأخيرين. أما الكرسي الأول فألصقوا عليه كلمة "الإسلام". اربطوا هذا الكرسي المنفرد بشيء ثابت في الغرفة بواسطة حبل. الشخص الذي يجلس على كرسي "الإسلام" ساقه مربوطة بالكرسي بحبل قصير بما يكفي، بشكل أنه لا سمح له أن يصل إلى كرسي "الحرية"، كما ولا يمكن تحريك كرسي "الإسلام" لأنه مربوط بذاك الشيء الثابت في الغرفة. اكتبوا كلمة "عبودية" بأحرف كبيرة وسميكة على ورقة. دعوا الجمهور يقرأها ثم

ألصقوها على الحبل الذي يربط الشخص بكرسي "الإسلام". اطلبوا من شخص آخر الدخول والجلوس على كرسي "الحرية" الأول، وقراءة الكتاب المقدس. يومئ هذا الشخص إلى الشخص المقيد، ويدعوه للحضور إلى كرسي "الحرية" الشاغر. يحاول الشخص المقيد الوصول إلى كرسي "الحرية"، لكنه لا يستطيع بسبب الحبل. يأخذ الشخص الجالس على كرسي "الحرية" ورقة مطبوع عليها كلمة "الجحد" ويريها للجمهور. ثم يذهب ويعلقها فوق ورقة "الإسلام" بحيث يمكن قراءة كليهما. وأخيرًا يفك الحبل الذي يربط الشخص بكرسي "الإسلام". يذهب كليهما الآن ويجلسان على كرسيي "الحرية"، ثم يغنيان معًا المقطع الأولى من ترنيمة "ما أعجب النعمة" (أو ترنيمة أخرى معروفة عن الحرية في المسيح).

القصة التعليمية للدرس 8

اطلبوا من امرأة ترتدي زي مسلمة متدينة أن تدخل معصوبة العينين، يقودها رجل مسلم إلى كرسي بيده. اكتبوا كلمة "عار" على ورقة وألصقوها على صدرها. يقول لها الرجل المسلم: "قدماك ويداك قذرتان!" ثم يبتعد. تجلس على الكرسي، ويمكن للجمهور أن يرى أن قدميها ويديها قذرتان. تبكي بهدوء. ثم تأتي امرأة مسيحية. تحمل حوض فيه ماء ومنشفة. أولًا، تقوم بمسح دموع المرأة وتجفيف خديها بلطف وبهدوء. ثم تغسل يدي المرأة، ثم تركع لغسل قدميها. بعد غسلهما، تزيل المرأة المسيحية حجاب المرأة المسلمة بلطف وتساعدها على النهوض. تحمل المرأة

المسيحية الحوض بإحدى يديها، فيما تحمل المرأة المسلمة المنشفة، ثم تمشيان يدًا بيد.

دور رؤساء المجموعات الصغيرة

يتمثل دور رئيس المجموعة الصغيرة في تشجيع النقاش في مجموعته.

عندما تكون الكلمة في أسئلة كل درس مطبوعة بالخط العريض، فهذا يعني أنها من بين الأسماء أو المفردات الجديدة لهذا الدرس. عندما تصادف مجموعة إحدى هذه الكلمات، قد يرغب الرئيس في تخصيص بعض الوقت للفت انتباه المجموعة إلى هوية الشخص أو معنى الكلمة.

يشجع الرئيس كل فرد في مجموعته على المساهمة في المناقشة.

الأسئلة موجودة لمساعدة الجميع على التأكد من أنهم قد فهموا الدرس. من الجيد أن يرغب أعضاء المجموعة في الغوص بشكل أعمق في مناقشة القضايا الواردة في هذا القسم.

إذا خرجت المجموعة عن الموضوع، يمكن للرئيس إعادتها إلى الأسئلة التي تتم دراستها.

يتأكد الرئيس أيضًا من استمرار النقاش في التقدم.

رئيس المجموعة الصغيرة هو الشخص الوحيد الذي يسمح له الاطلاع على الإجابات في نهاية دليل التدريب.

تقديم الصلوات في الدروس 5-7

فيما يلي إرشادات لتقديم الصلوات لجحد الشهادة والذمة والكذب والتفوق الزائف واللعن في الدروس 5-7.

- اتلوا الصلوات معًا كمجموعة كبيرة (وليس بشكل منفصل في المجموعات الصغيرة). ومع ذلك، لا يحتاج المشاركون إلى الخروج من مجموعاتهم، إلا إذا كان ذلك ضروريًا لجمع الجميع معًا.

- من الأفضل أن تتم دعوة الجميع للوقوف أثناء تلاوة الصلوات: يجب أن نكون متيقظين ومستيقظين وواقفين عند الإدلاء بمثل هذه الإعلانات.

- قبل كل جلسة صلاة، يتم طرح آيات الكتاب المقدس في شكل سؤال وجواب. أولًا، يقرأ القائد الأسئلة، ثم يقرأ آيات الكتاب المقدس، وأخيرًا يقرأ الإجابات (المطبوعة بخط مائل). بعد هذا يقف الجميع ويتلون الصلاة معًا. عندما ينتهي الدرس 6 (التحرر من الذمة) بعد الدرس 5 (التحرر من الشهادة) - هذا هو الترتيب المعتاد - فلا حاجة إلى تكرار آيات "لقاء الحق" في الدرس 6 إذ تمت قراءتها بالفعل في الدرس 5.

- في الدرس 5، يجب أن تقال صلاة "التخلي عن الشهادة" بعد "إعلان وصلاة الالتزام باتباع يسوع المسيح". اتلوا هذه الصلاة الأخيرة أولًا، وثم اقرأوا شهادات الحرية. بعد ذلك يقرأ

القائد آيات "لقاء الحق". ثم يقرأ الجميع "الإعلان والصلاة للتخلي عن الشهادة وكسر قوتها" معًا.

- يمكن تلاوة هذه الصلوات معًا بطرق مختلفة:

  - يمكن للأشخاص قراءتها معًا مباشرة من هذا الدليل التدريبي.

  - إذا تم استخدام جهاز إسقاط، فيمكنهم قراءتها من الشاشة.

  - غالبًا يفضل قراءتها على طريقة "كرر من بعدي"، حيث يلقي القائد الجملة، ويكررها الآخرون بعده. يعد أسلوب "كرر من بعدي" جيدًا عندما يكون المشاركون غير معتادين على قراءة النص معًا بصوت عال. إضافة إلى ذلك، تمنح هذه الطريقة الناس مزيدًا من الوقت لفهم وامتلاك كلمات الصلوات. كما وقد يبني هذا الأسلوب إحساسًا بالوحدة في المجموعة.

- في كل مرة تتلون فيها هذه الصلوات، من المهم جدًا أن يصلي القائد على كل من قرأ الصلوات مباشرة بعد تلاوتها، لكسر اللعنات واستبدالها بالبركات. على صلوات المتابعة هذه أن تتضمن العناصر التالية:

  - على القائد أن يعلن بثقة كسر جميع اللعنات المرتبطة بما تم جحده. قد يفعل القائد ذلك نيابة عن المشاركين، أو قد يقودهم للتفوه بالإعلان لأنفسهم. على سبيل المثال، بعد صلاة "التخلي عن الشهادة"، يمكن للقائد أن

يقول، "أنا أكسر كل اللعنات التي جلبها الإسلام إلى حياتك. أنا أكسر كل القوى الروحية للإسلام في حياتك".

أو قد يقود الناس بأسلوب "كرر من بعدي" لإعلان هذه الكلمات، " أنا أكسر كل اللعنات التي جلبها الإسلام إلى حياتي. أنا أكسر كل القوى الروحية للإسلام في حياتي ".

- وبالمثل، يأمر القائد الشياطين بالمغادرة - يطردهم - أو يقود الناس في القيام بذلك لأنفسهم، باستخدام هذه الكلمات: "باسم ربنا يسوع المسيح، آمر جميع الشياطين أن يخضعوا ليسوع ويتركونك الآن" (أو "اتركوني الآن" إذا تم استخدام أسلوب "كرر من بعدي").

- ثم يبارك القائد الأشخاص الذين تلوا الصلوات، مستحضرًا البركات التي تنقل عكس ما تم التخلي عنه، كما هو واضح في الدرس 2. على سبيل المثال، بعد صلاة "التخلي عن الذمة"، يمكن للقائد أن يبارك شفاه الناس بكلمات الحياة كي تقول الحقيقة بجرأة. أما بعد صلاة "التخلي عن الشهادة"، فيمكن للقائد أن يبارك الناس بالحياة والأمل والشجاعة ومحبة الله.

- بالإضافة إلى ذلك، من الجيد أن يكون لديكم فريق صلاة جاهز، قادر على الاستمرار في الصلاة من أجل المشاركين بعد تلاوة الصلاة معًا. إحدى الطرق هي أن يكون لديكم خدمة مسح المتقدمين: بعد تلاوة الصلاة، يمكنكم دعوة الناس للتقدم لتمسحوهم بالزيت وتصلوا

من أجل أعضاء فريق الصلاة بشكل فردي. من الجيد أن تدربوا فريق الصلاة الخاص بكم مسبقًا، حتى يعرفوا ما هو متوقع منهم.

المعمودية

قبل أن يحين وقت المعمودية، نوصي بشدة أن يقوم كل شخص ترك الإسلام لاتباع المسيح بقراءة كلتا الصلاتين في الدرس 5 بشكل رسمي: "إعلان وصلاة الالتزام باتباع يسوع المسيح" و "الإعلان والصلاة للتخلي عن الشهادة وكسر قوتها". قبل أن يتلوا هذه الصلوات، يجب شرح معنى الصلوات لهم بوضوح، كي يقدروا أن يفهموا ما يصلون ويلتزموا به بشكل كلي. من المستحسن أن يتم ذلك كجزء من التحضير للمعمودية.

التجليات الشيطانية

عندما يتلو الناس هذه الصلوات، تظهر الشياطين أحيانًا. قد يبدأ المشارك في الصراخ، أو قد يسقط، أو قد يبدأ في الارتعاش. لهذا السبب، وخاصة عندما يتلو الناس مثل هذه الصلوات في مجموعة، من الجيد أن تكونوا مستعدين. فليكن لديكم فريق (أو أكثر) جاهز لأخذ هذا الشخص جانبًا بعناية، وتشجيعه، وأمر الشيطان (أو الشياطين) بالمغادرة بلطف ولكن بثقة. من الجيد أيضًا أن يكون لديكم قائد (أو أكثر) عيناه مفتوحتان، وينظر من حوله أثناء الصلاة لمراقبة حالة الجميع.

1

الحاجة إلى جحد الإسلام

"إِنَّ الْمَسِيحَ قَدْ حَرَّرَنَا وَأَطْلَقَنَا فِي سَبِيلِ الْحُرِّيَّةِ."

غلاطية 5: 1

أهداف الدرس

أ. فهم الحاجة الماسة للتخلي عن قوى الميثاق في الإسلام.

ب. فهم عدوان السيادة الروحية للإسلام على المسلمين وغير المسلمين.

ج. التعرف على فكرة الانتقال من سلطان الشيطان إلى ملكوت يسوع المسيح.

د. رفض استخدام القوة باعتبارها الجواب الأخير على الجهاد الإسلامي.

ه. التأمل بتشابه محمد مع "الملك الشرس" الذي رآه دانيال في رؤية، وفهم أن هذا الملك قد هُزم، ولكن "بِغَيْرِ يَدِ الإِنْسَانِ".

دراسة حالة: ماذا ستفعل؟

أثناء قراءتك لهذا الكتاب بقلم مارك دوري، تتلقى مكالمة تخبرك أن عمك تعرض لحادث سيارة صغير وأنه في مستشفى قريب منك. عندما تذهب لزيارته، تكتشف أنه يتشارك الغرفة مع علي، رجل مسلم شيعي متدين للغاية. بعد أن تصلي من أجل عمك، يتوق علي للتحدث معك ويقول: "يمكنك أن تكون مسلم ممتاز، وأنت في الواقع قريب جدًا من أن تكون ذلك. بمجرد أن تتعرف على المثال الرائع للرسول محمد صلى الله عليه وسلم، سترى أن

الرسول عيسى عليه السلام قد وعد وتنبأ بمجيئه من قبل. كان نبينا العظيم صلى الله عليه وسلم أكثر شخص رحيم ومحب ومسالم عاش على وجه الأرض. أدعوك للدخول في طريق الصحيح إلى الله عز وجل".

كيف سترد؟ ماذا ستفعل؟

―――――

حاجة ملحة

هذه شهادة مسلم سابق اعتنق الإيمان المسيحي واختبر حرية كبيرة لاحقًا بعدما جحد الإسلام:

لقد نشأت في عائلة مسلمة في الغرب. كنا نذهب إلى المسجد وتعلمنا أن نصلي باللغة العربية. وتوقف الأمر هنا، إذ لم أكن متدينًا جدًا أثناء نشأتي. لكن عندما ذهبت إلى الجامعة، تغيرت الأمور إذ دخلت بمرحلة من البحث. في نهاية هذه الفترة، اكتشفت حقيقة من هو يسوع المسيح، وأنقذ روحي.

دخلت في مجموعة من الطلاب المسيحيين في الحرم الجامعي. كان الطلاب يتناوبون مشاركة رسالة من الكتاب المقدس بشكل أسبوعي. كنت قد أصبحت مسيحيًا منذ أقل من عام، لكن مع ذلك، سألوني عما إذا كان بإمكاني مشاركة الرسالة. في ذلك المساء، قبل وقت المشاركة، دخلت إلى إحدى مكتبات الحرم الجامعي للصلاة. الرسالة التي كنت

سأتحدث عنها كانت: "مات يسوع من أجلي. هل أقبل أن أموت من أجل يسوع؟"

عندما بدأت في الصلاة، حدث شيء غريب للغاية. شعرت بضيق في حلقي كما لو كنت أتعرض للخنق أو الاختناق. شعرت بنوبة من الذعر مع استمرار هذا الإحساس واشتداده. ثم شعرت بصوت يقول لي: "اجحد الإسلام! اجحد الإسلام!" آمنت أنه كان صوت الرب. في الوقت نفسه، حلل عقلي: "يا رب، لم "أنخرط" فعلًا في الإسلام ولم أكن أمارسه على الإطلاق مؤخرًا".

ومع ذلك، استمر الشعور بالاختناق، فقلت: "باسم يسوع، أجحد الإسلام". كان كل هذا يحدث بهدوء إلى حدٍ ما، إذ كنت في المكتبة. وعلى الفور، انحل الشعور بالضغط حول حلقي، وغمرني شعور بالارتياح العميق! ثم عدت إلى الصلاة والتحضير للاجتماع. وفعلًا ظهر الرب هناك في سلطانه، إذ أتذكر مشهد الطلاب وهم ساجدين، يتضرعون إلى الرب ويقدمون أنفسهم له.

إحدى الاحتياجات الملحة لكثير من الناس في العالم اليوم هي جحد الإسلام. يشرح هذا الكتاب سبب ضرورة ذلك وكيفية القيام بذلك. إنه يوفر المعلومات والصلوات لمساعدة المسيحيين على التحرر من التأثير الروحي المسيطر للإسلام.

الفكرة الرئيسية لهذا الكتاب هي أنه يمكن ممارسة القوة الروحية للإسلام من خلال ميثاقين (أو عهدين)، يعرفان باسم الشهادة

والذمة. الشهادة تربط المسلمين والذمة تلزم غير المسلمين بالشروط التي تحددها الشريعة الإسلامية.

من المهم معرفة:

- كيف يمكن لشخص كان مسلمًا واختار أن يتبع المسيح أن يتخلى ويتحرر من الولاء الميثاقي للشهادة وكل ما ينطوي عليه.

- كيف يمكن للمسيحي أن يطالب بحريته ويتحرر من الدونية المهينة التي تفرضها الشريعة الإسلامية على غير المسلمين من خلال الذمة.

يمكن للمسيحيين أن يطالبوا بحريتهم المشروعة من هذين الميثاقين من خلال جحدهما. (لهذا الغرض، ستجد الصلوات لجحد الإسلام لاحقًا في هذا الكتاب).

الميثاقان

الكلمة العربية "إسلام" تعني "الخضوع" أو "التسليم". إن إيمان محمد يتيح للعالم نوعين من الخضوع. الأول هو خضوع المهتدي الذي يقبل دين الإسلام. والآخر هو خضوع غير المسلم وغير المهتدي للهيمنة الإسلامية.

ميثاق المهتدي هو الشهادة، أي العقيدة الإسلامية. إنه الاعتراف بالإيمان بأحادية الله ونبوة محمد، وكل ما يستتبعهما.

أما ميثاق غير المسلم الذي يخضع للهيمنة السياسية الإسلامية هو الذمة. والذمة هذه مؤسسة للشريعة الإسلامية، تحدد وضع

المسيحيين وغيرهم من غير المهتدين إلى الإسلام، الذين هم مجبرون على العيش تحت حكمه.

يجب مقاومة مطالبة الإسلام بإخضاع الجنس البشري، إما بالاعتراف بالشهادة، أو بقبول الذمة.

يفهم الكثير من المسيحيين أن الشخص الذي ترك الإيمان الإسلامي ليتبع المسيح قد يحتاج إلى جحد الإسلام. ومع ذلك، قد يفاجأ العديد من المسيحيين عندما يعلمون أن المسيحيين الذين لم يكونوا مسلمين قط قد يقعوا تحت التأثير الروحي للهيمنة الإسلامية. لمقاومة ذلك، يجب عليهم اتخاذ موقف شخصي ضد مزاعم ميثاق الذمة، ورفض الخوف والدونية التي يسعى الإسلام إلى فرضها عليهم باعتبارهم غير مسلمين.

سوف نستكشف المبادئ الكامنة وراء هذين الميثاقين التوأمين للهيمنة - الشهادة والذمة - وندعوكم للتفكير في المسيح، وقوة حياته، والموارد الروحية للحرية التي أمنها من خلال الصليب. تم توفير المبادئ الكتابية والصلوات التي تمكنكم من المطالبة بالحرية لنفسكم، والتي أمنها لكم المسيح بالفعل.

نقل السيادة

يؤكد العديد من معلمي الإسلام أن السيادة هي "لله وحده". عندما يقولون هذا فإنهم يقصدون أن على الشريعة أن تحكم على المبادئ الأخرى للعدالة أو السلطة.

الفكرة الرئيسية لهذا الكتاب هي أن أتباع المسيح يمتلكون حق جحد جميع الأشكال الأخرى للسيادة الروحية، بل يتوجب عليهم فعل ذلك.

بحسب الفهم المسيحي، إن اللجوء إلى المسيح يعني رفض وجحد جميع المطالب الروحية الموضوعة على نفس الشخص، باستثناء مطالب المسيح. في رسالته إلى أهل كولوسي، وصف بولس الإيمان بالمسيح بأنه انتقال من مملكة إلى أخرى:

"هُوَ الَّذِي أَنْقَذَنَا مِنْ سُلْطَةِ الظَّلامِ وَنَقَلَنَا إِلَى مَلَكُوتِ ابْنِ مَحَبَّتِهِ الَّذِي فِيهِ لَنَا الْفِدَاءُ، أَيْ غُفْرَانُ الْخَطَايَا." (كولوسي 1: 13-14)

الاستراتيجية الروحية المقترحة في هذا الكتاب هي تطبيق لمبدأ الانتقال من ملكوت إلى آخر. المؤمن من خلال الفداء، أصبح المسيحي تحت حكم المسيح. وهكذا لم يعد خاضعًا لمبادئ "سلطان الظلام".

لكي يطالب المؤمن بهذه الحرية ويمتلكها - وهو حقه الطبيعي - وفي معارضة لادعاءات الإسلام، يحتاج إلى فهم "من أين" و "إلى أين" تم نقله. يقدم هذا الكتاب هذه المعرفة كما ويوفر الموارد لتطبيقها.

السيف ليس هو الحل

هناك العديد من الطرق لمقاومة رغبة الإسلام في الهيمنة. ويمكن أن يشمل ذلك مجموعة واسعة من الإجراءات، بما في ذلك

العمل السياسي والمجتمعي، والمطالبة بحقوق الإنسان، والمباحث الأكاديمية، واستخدام وسائل الإعلام لإيصال الحقيقة. بالنسبة لبعض المجتمعات والدول، الرد العسكري ضروري أحيانًا. لكن السيف لا يمكن أن يكون الجواب الأخير على الجهاد الإسلامي.

عندما أمر محمد أتباعه بنشر إيمانه في العالم، أمرهم بتقديم ثلاث خيارات لغير المسلمين. الأول هو الاهتداء (الشهادة)، والثاني هو الاستسلام السياسي (الذمة)، والأخير هو السيف: القتال من أجل حياتهم، والقتل والتعرض للقتل، كما يعلم القرآن (س9: 111؛ انظر أيضًا س2: 190-193 و216-217؛ وس9: 5، 29).

إن طريق المقاومة العسكرية للجهاد يجلب مخاطر روحية، بصرف النظر عن إمكانية الهزيمة. عندما شرع مسيحيو أوروبا في مقاومتهم الدفاعية للفتح الإسلامي، كان عليهم حمل السيف لأكثر من ألف عام. استغرق الاسترداد المسيحي لشبه الجزيرة الإيبيرية (أي الأندلس) حوالي 800 عام. بعد سبع سنوات فقط من نهب العرب لروما عام 846 م، وبعد أكثر من قرن من غزو واحتلال المسلمين للأندلس، وعد البابا ليو الرابع عام 853 م بالجنة لأولئك الذين يضحون بحياتهم دفاعًا عن الكنائس والمدن المسيحية في وجه الجهاد. لكن كانت هذه محاولة لمحاربة الإسلام من خلال نسخ تكتيكاته: في الواقع، محمد هو الذي وعد بالجنة لأولئك الذين يموتون في المعركة، وليس يسوع.

ومع ذلك، فإن جذور قوة الإسلام ليست عسكرية أو سياسية، بل روحية. في فتوحاته، تقدم الإسلام بمطالب جوهرها روحي، تم

التعبير عنها في الشريعة من خلال مؤسسات الشهادة والذمة، وتم دعمها بالقوة العسكرية. لهذا السبب نقدم هنا موارد روحية لمقاومة الإسلام وتحرير الناس منه، مصممة ليستخدمها المؤمنون المسيحيون، إذ تطبق الفهم الكتابي للصليب لإعطاء الناس طريقًا إلى الحرية.

"بِغَيْرِ يَدِ الإِنْسَانِ"

في سفر دانيال، وقبل 6 قرون من مجيء المسيح، نقرأ رؤية نبوية مذهلة عن حاكم سينبثق حكمه من الممالك التي جاءت بعد إمبراطورية الإسكندر المقدوني:

"وَفِي أَوَاخِرِ مُلْكِهِمْ عِنْدَمَا تَبْلُغُ الْمَعَاصِي أَقْصَى مَدَاهَا، يَقُومُ مَلِكٌ فَظٌّ حَاذِقٌ دَاهِيَةٌ، فَيَعْظُمُ شَأْنُهُ، إِنَّمَا لَيْسَ بِفَضْلِ قُوَّتِهِ. وَيُسَبِّبُ دَمَاراً رَهِيباً وَيُفْلِحُ فِي الْقَضَاءِ عَلَى الأَقْوِيَاءِ، وَيَقْهَرُ شَعْبَ اللهِ. وَبِدَهَائِهِ وَمَكْرِهِ يُحَقِّقُ مَآرِبَهُ، وَيَتَكَبَّرُ فِي قَلْبِهِ وَيُهْلِكُ الْكَثِيرِينَ وَهُمْ فِي طُمَأْنِينَةٍ، وَيَتَمَرَّدُ عَلَى رَئِيسِ الرُّؤَسَاءِ لَكِنَّهُ يَتَحَطَّمُ بِغَيْرِ يَدِ الإِنْسَانِ." (دانيال 8: 23-25)

تحمل خصائص وتأثير هذا الحاكم تشابهًا ملحوظًا مع محمد وإرثه، بما في ذلك شعور الإسلام بالتفوق. جوعه للنجاح؛ استخدامه للخداع؛ استيلاؤه على قوة الآخرين وثرواتهم واستخدامها للحصول على السلطة؛ هزيمته المتكررة للشعوب التي كان شعورها بالأمن زائفًا؛ معارضته ليسوع ابن الله والرب المصلوب للجميع؛ وسجل حافل من المجتمعات المسيحية واليهودية المدمرة.

هل تشير هذه النبوءة إلى محمد ودين الإسلام، الذي نشأ من الحطام الأخلاقي والروحي لحياة محمد وإرثه، كما ذكرت المصادر الإسلامية؟ هذا الإرث واضح. إذا كانت تشير إلى محمد، فإن نبوءة دانيال تقدم الأمل في النصر النهائي على قوة هذا "الملك"، ولكنها تنبه أيضًا أن النصر سيكون "بِغَيْرِ يَدِ الإِنْسَانِ". للتغلب على هذا الملك الفظ، لن تتحقق الحرية من خلال وسائل مجرد سياسية أو عسكرية أو اقتصادية.

وينطبق هذا التنبيه بالتأكيد على حق الإسلام المزعوم في السيطرة على الآخرين. القوة الكامنة وراء هذا المطلب روحية، ولا يمكن تحقيق المقاومة الفعالة التي تؤدي إلى الحرية الدائمة إلا من خلال الوسائل الروحية. قد تكون أشكال أخرى من المقاومة ضرورية لإدارة أعراض إرادة الإسلام في الهيمنة، بما في ذلك القوة العسكرية، لكنها لا تستطيع معالجة جذور المشكلة وحدها.

قوة المسيح وصليبه وحدها توفر مفاتيح التحرر الدائم والنهائي من ادعاءات الإسلام المهينة. وانطلاقًا من هذه القناعة، تمت كتابة هذا الكتاب. والغرض منه هو تجهيز المؤمنين لإيجاد الحرية من جانبي استراتيجية الإسلام للسيطرة على النفس البشرية.

دليل الدراسة

الدرس 1

المفردات

الميثاق	الشريعة	شبه الجزيرة الإيبيرية
الشهادة	الجهاد	الأندلس
الذمة	الاسترداد المسيحي	

أسماء جديدة

- البابا الروماني ليو الرابع (في منصبه من 847 إلى 855 م)
- الإسكندر المقدوني (356-323 ق.م)

الكتاب المقدس في هذا

كولوسي 1: 13-14 دانيال 8: 23-25

القرآن في هذا الدرس

س2: 190، 193 و217   س9: 29 و111

أسئلة الدرس 1

- يقدم أعضاء المجموعة الصغيرة أنفسهم ويعينون رئيس المجموعة وأمير السر.
- ناقشوا دراسة الحالة.

حاجة ملحة

1. ماذا طلب الروح القدس من المسلم العابر أن يفعل قبل تقديم رسالته للمسيحيين؟

2. بحسب دوري، ما هي أحد أكثر الاحتياجات إلحاحًا للكثير من الناس؟

3. ما هي أسماء **الميثاقين** الروحيين في الإسلام؟

4. أي نوع من الأشخاص يجب أن يتحرر ويجحد **الشهادة**؟

5. أي نوع من الأشخاص يجب أن يتحرر من الدونية المهينة التي تفرضها **الشريعة** الإسلامية؟

الميثاقان

6. إيمان محمد يطالب بنوعين من التسليم. ما هما؟

7. ماذا يستتبع النطق **بالشهادة**؟

8. ما هو ميثاق **الذمة**؟

9. ما قد يفاجئ الكثير من المسيحيين حول التأثير الروحي للهيمنة الإسلامية؟

نقل السيادة

10. ماذا يقصد المعلمون المسلمون عندما يقولون إن "السيادة لله وحده"؟

11. ما الذي يجب على كل مسيحي أن يجحده ويرفضه عندما يلجأ إلى المسيح؟

12. من أين تم نقل المسيحيين؟ وإلى أين تم نقلهم؟

السيف ليس هو الحل

13. لمقاومة الإسلام، ما هي الإجراءات التي يقترح دوري أن يتخذها المسيحيون؟

14. ما هي الخيارات الثلاثة التي أمر محمد أتباعه بتقديمها لغير المسلمين المحتلين؟

15. كم من الوقت استمر قتال المسيحيين للقوات الإسلامية بعد غزو الأراضي المسيحية؟ وكم من الوقت استغرق رد الفعل

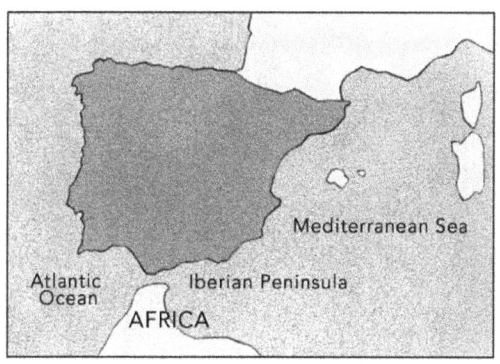

المسيحي - أي **الاسترداد المسيحي** - لاستعادة **شبه الجزيرة الإيبيرية**؟

16. بعد أن نهب المسلمون روما عام 846 م، بماذا وعد البابا ليو الرابع الجنود المسيحيين عام 853 م إذا قاتلوا الغزاة العرب؟

POPE LEO IV

17. بحسب دوري، ما هو أساس قوة الإسلام؟

"بِغَيْرِ يَدِ الإِنْسَانِ"

18. بحسب دوري، لمن يحمل إرث محمد تشابه ملحوظ؟

19. لاحظ الجوانب المختلفة للإسلام التي تجعله يشبه الملك القاسي في سفر دانيال (أكمل كل عبارة):

- شعور الإسلام بـ ...
- جوع الإسلام لـ ...
- استخدام الإسلام لـ ...
- استيلاء الإسلام واستخام قوة وثروات...
- هزيمة الإسلام المتكررة للشعوب...
- معارضة الإسلام لـ ...
- سجل الإسلام الحافل بـ...

20. كيف سيأتي النصر في نهاية المطاف؟

21. ما المفتاحان الوحيدان اللذان يقدران على تقديم الحرية من ادعاءات الإسلام المهينة؟

2

الحرية من خلال الصليب

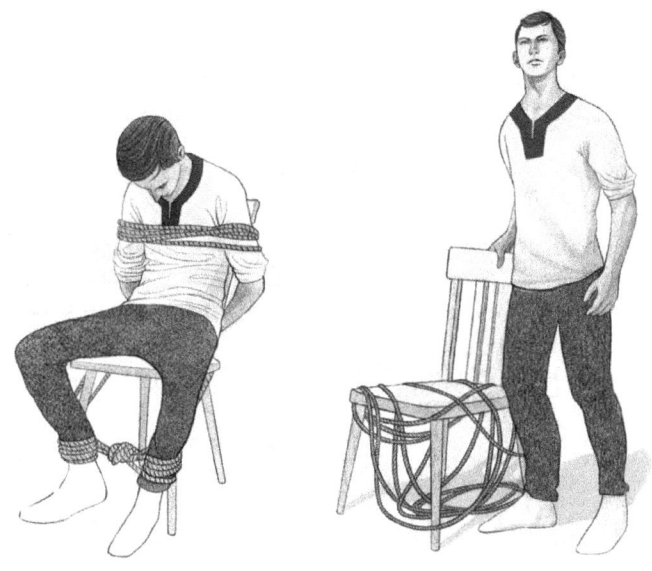

"أَرْسَلَنِي لأُنَادِيَ لِلْمَأْسُورِينَ بِالإِطْلاقِ..."

لوقا 4: 18

أهداف الدرس

أ. فهم أن يسوع وعد بتحرير الناس.

ب. فهم قدرتنا على اختيار المطالبة بحريتنا.

ج. تحديد ألقاب إبليس المستخدمة في الكتاب المقدس، وفهم معانيها.

د. فهم أن قوة إبليس انكسرت بواسطة الصليب وأننا قد خرجنا عن سيطرته.

ه. إدراك أننا مشاركين في الصراع ضد قوى الشر.

و. تحديد ست استراتيجيات يستخدمها إبليس لاتهامنا، وفهم كيف يمكننا أن نكون متيقظين في وجهها.

ز. إدراك كيف يستخدم إبليس الأبواب المفتوحة ومواطئ القدم في حياة البشر.

ح. تحديد الاستراتيجيات لإغلاق الأبواب وإزالة مواطئ القدم التي يستخدمها إبليس ضدنا.

ط. فهم السلطان الروحي الذي أعطاه يسوع المسيح لتلاميذه، ومعرفة كيفية تطبق هذا السلطان لتحرير الناس.

ي. فهم "مبدأ التحديد" ولماذا مطالبتنا بحريتنا أمر مهم.

ك. التفكير في خمس خطوات لمساعدة الناس على التحرر.

دراسة حالة: ماذا ستفعل؟

أنت خادم للشباب في الكنيسة، وقد تمت دعوتك إلى مؤتمر وطني للشباب يضم عدد من المؤمنين البارزين العابرين من الإسلام. تم تأمين منامتك في الحرم المدرسي الجميل، وكل غرفة تحتوي على أربعة أسرة. حسن وحسين، اللذان يشاركانك الغرفة، هما توأمان عابران من خلفية إسلامية. قبل الخلود إلى النوم، قام باتريك، وهو قائد آخر للشاب أكبر سنًا منك، بدعوتك وهذين الرجلين للانضمام إليه في الصلاة. قبلتم بكل سرور وصلى باتريك من أجل الحماية الروحية أثناء الليل. حوالي الساعة 4 صباحًا، بدأ حسن بالصراخ وبدا مضطربًا روحيًا للغاية. اجتمعتم أنت وباتريك وحسين حول حسن للصلاة من أجله. بينما كان يصلي باتريك، ازداد شعور حسن بالرعب.

قال باتريك لحسين: "منذ أن خرجت من الإسلام، هل تخليت عن عهودك أو مواثيقك أو وعودك الماضية؟"

بدا حسين مصدومًا وقال: "هذا جنون. لم نفعل أي شيء كهذا عندما كنا مسلمين. كل ما فعلناه هو أننا ذهبنا إلى المسجد يا رجل، والآن نحن مسيحيان. أخي حسن يعاني فقط من القلق مثل أي شخص آخر. لا علاقة لهذا بالدين." ثم نظر إليك حسين وسأل: "هل تعتقد أنه كان يجب علينا جحد شيء ما؟ هل تعتقد أن هناك شيطان في خلفيتنا، أو ما شابه؟"

ماذا ستقول؟

قرر الشاب رضا ترك الإسلام واتباع يسوع المسيح. في أحد الاجتماعات المسائية، تمت دعوته لتلاوة صلاة جحد الإسلام. بدأ بفعل ذلك بكامل إرادته. ومع ذلك، أثناء الصلاة، عندما جاء ليقول الكلمات: "أنا أجحد مثال محمد"، وجد لدهشته الكبيرة أنه لم يقدر أن يقول كلمة "محمد". صدمه هذا. فرغم أنه نشأ في عائلة مسلمة، إلا أنه لم يحب الإسلام أبدًا ولم يمارسه لفترة طويلة. تجمع أصدقاؤه المسيحيون حوله وشجعوه بكلمات تذكره بسلطانه في يسوع المسيح. بعد ذلك تمكن من إكمال الصلاة والنطق بالكلمات التي تجحد مثال محمد.

تغير شيئان في حياة رضا بعد تلك الأمسية. أولًا، شفي من عادة رافقته طوال حياته وهي الغضب الشديد من الآخرين. وثانيًا، أصبح فعالًا في كرازته وتلمذته للعابرين الآخرين. في تلك الليلة، بعدما جحد رضا الإسلام، تلقى مسحة القوة على التبشير والتلمذة، التي كانت المفتاح لفعاليته في الخدمة. تم تحريره ليخدم الإنجيل.

يدور هذا الدرس حول كيفية التحرر من قوة إبليس. وهذا يمهد الطريق للدروس التالية، التي تركز على القيود الإسلامية.

يمكن تطبيق المبادئ الموجودة في هذا الدرس في العديد من المواقف المختلفة، وليس فقط فيما يتعلق بالإسلام.

بدأ يسوع في التعليم

في رسالته إلى أهل رومية، تكلم بولس عن "حُرِّيَّةِ الْمَجْدِ الَّتِي لأَوْلاَدِ اللهِ" (رومية 8: 21). هذه الحرية المجيدة هي حق مكتسب

لكل مسيحي. إنها عطية عظيمة، ميراث ثمين يريد الله أن يعطيه لكل من يثق بيسوع ويتبعه.

عندما بدأت خدمة يسوع التعليمية، كانت الحرية محور أول تعليم علني قدمه. حدث هذا بعد معموديته على يد يوحنا المعمدان، بعد أن جربه إبليس في الصحراء. عندما عاد يسوع من الصحراء، بدأ على الفور في التبشير بالإنجيل. كيف فعل هذا؟ من خلال التعريف عن نفسه. نقرأ في لوقا أن يسوع وقف في مجمع قريته الناصرة، وأخذ يقرأ من سفر إشعياء، الإصحاح 61:

"«رُوحُ الرَّبِّ عَلَيَّ، لأَنَّهُ مَسَحَنِي لأُبَشِّرَ الْفُقَرَاءَ؛ أَرْسَلَنِي لأُنَادِيَ لِلْمَأْسُورِينَ بِالإِطْلاقِ وَلِلْعُمْيَانِ بِالْبَصَرِ، لأُطْلِقَ الْمَسْحُوقِينَ أَحْرَاراً، وَأُبَشِّرَ بِسَنَةِ الْقَبُولِ عِنْدَ الرَّبِّ».

ثُمَّ طَوَى الْكِتَابَ وَسَلَّمَهُ إِلَى الْخَادِمِ، وَجَلَسَ. وَكَانَتْ عُيُونُ جَمِيعِ الْحَاضِرِينَ فِي الْمَجْمَعِ شَاخِصَةً إِلَيْهِ. فَأَخَذَ يُخَاطِبُهُمْ قَائِلاً: «الْيَوْمَ تَمَّ مَا قَدْ سَمِعْتُمْ مِنْ آيَاتٍ.»" (لوقا 4: 18-21)

كان يسوع يخبر الناس أنه جاء ليحرر الناس. كان يقول إن وعد الحرية، الذي أُعطي لإشعياء، قد تحقق "اليوم": كان أبناء الناصرة مجتمعين مع ذاك الوحيد القادر أن يجلب الحرية للمأسورين. كان يخبرهم أيضًا أن الروح القدس قد مسحه: كان هو المسيح، الممسوح، المسيا، الملك الذي اختاره الله، مخلصهم الموعود.

كان يسوع يدعوهم لاختيار الحرية. كان يحمل أخبارًا سارة: الأمل للفقراء، والعتق للمسجونين، والشفاء للعميان، والحرية لجميع المضطهدين.

أينما ذهب يسوع، جلب الحرية للناس – الحرية الحقيقية، وبطرق عديدة. في الأناجيل، نقرأ عن الخير الذي قدمه يسوع لكثير من الناس: أعطى الرجاء لليائسين، وأطعم الجياع، وحرر الناس من قوة الشياطين، وشفى المرضى.

لا يزال يجلب يسوع الحرية للناس اليوم. وهو يدعو كل شخص مسيحي للتمتع بالحرية التي يقدمها.

عندما أعلن يسوع في المجمع أنه يبشر "بِسَنَةِ الْقَبُولِ عِنْدَ الرَّبِّ"، كان يخبر الناس أن وقت الله المميز ليظهر لهم نعمته قد حان. كان يسوع يخبرهم أن الله سيأتي بقوة ومحبة ليحرر الناس، وأن ذلك كان متاحًا لهم أيضًا.

هل تأمل وتؤمن بأن قراءتك لهذا الكتاب الآن قد تكون وقتك المميز لاختيبار نعمة الله وحريته؟

وقت للاختيار

تخيل أنك مسجونٌ في قفص، وباب القفص مقفل. كل يوم يتم إحضار الطعام والماء لك ويمكنك العيش هناك، لكنك سجين. لنفترض أن شخصًا ما جاء وفتح باب هذا القفص. الآن أصبح لديك خيار. إما تستمر في العيش في القفص، أو تخرج منه لتكتشف شكل الحياة خارجه. لا يكفي أن يكون باب القفص مفتوحًا. عليك أن تختار الخروج منه. إذا لم تختر أن تصبح حرًا، ففي الواقع لا تزال مسجونًا.

في رسالته إلى أهل غلاطية، قال بولس: "إِنَّ الْمَسِيحَ قَدْ حَرَّرَنَا وَأَطْلَقَنَا فِي سَبِيلِ الْحُرِّيَّةِ. فَاثْبُتُوا إِذَنْ، وَلا تَعُودُوا إِلَى الارْتِبَاكِ بِنِيرِ الْعُبُودِيَّةِ" (غلاطية 5: 1). جاء يسوع المسيح ليحرر الناس، وبمجرد أن نعرف الحرية التي يجلبها، يصبح لدينا خيار علينا أن نتخذه. هل سنختار أن نعيش كأحرار؟

يقول بولس إننا بحاجة إلى أن نكون مستيقظين ويقظين للمطالبة بحريتنا. لكي نعيش في الحرية، علينا أولًا أن نفهم ماذا يعني أن نكون أحرار، ثم أن نطالب بحريتنا، وأخيرًا أن نسير فيها. عندما نتبع يسوع، نحتاج أن نتعلم كيفية الثبات ورفض "بِنِيرِ الْعُبُودِيَّةِ".

تم تصميم هذا التعليم لمساعدة الجميع على اختيار الحرية والعيش كأحرار.

في الأقسام القليلة التالية سنتعلم عن دور إبليس، وكيف ننتقل من سلطان إبليس إلى ملكوت الله، وعن المعركة الروحية التي نشارك فيها.

إبليس وملكوته

يقول الكتاب المقدس أن لدينا عدوًا يريد تدميرنا. اسمه إبليس ولديه العديد من المساعدين. يطلق على بعض هؤلاء المساعدين لقب الشياطين.

يصف يسوع أسلوب تعامل إبليس مع الناس في يوحنا 10: 10، ناعتًا إياه بالسارق: "السَّارِقُ لَا يَأْتِي إِلّا لِيَسْرِقَ وَيَذْبَحَ وَيُهْلِكَ. أَمَّا أَنَا

فَقَدْ أَتَيْتُ لِتَكُونَ لَهُمْ حَيَاةٌ، بَلْ مِلْءُ الْحَيَاةِ!" يا له من تباين قوي! يجلب يسوع الحياة - والحياة الوفيرة، فيما يجلب إبليس الخسارة والدمار والموت. يخبرنا يسوع أيضًا إن إبليس "مِنَ الْبَدْءِ كَانَ قَاتِلاً لِلنَّاسِ" (يوحنا 8: 44).

وفقًا للأناجيل ورسائل العهد الجديد، يتمتع إبليس بسلطان وسيادة حقيقيين ولكن محدودين على هذا العالم. يدعى ملكوته "سُلْطَةِ الظَّلامِ" (كولوسي 1: 13) فيما يُدعى هو:

- "سَيِّدُ هَذَا الْعَالَمِ" (يوحنا 12: 31)
- "إِلَهُ هَذَا الْعَالَمِ" (2 كورنثوس 4: 4)
- "رَئِيسَ قُوَّاتِ الْهَوَاءِ" (أفسس 2: 2)
- "ذَلِكَ الرُّوحَ الْعَامِلَ الآنَ فِي أَبْنَاءِ الْعِصْيَانِ" (أفسس 2: 2).

حتى أن الرسول يوحنا يعلمنا أن العالم كله تحت سيطرة إبليس: "وَنَحْنُ وَاثِقُونَ أيضًا بِأَنَّنَا مِنَ اللهِ، وَأَنَّ الْعَالَمَ كُلَّهُ خَاضِعٌ لِسَيْطَرَةِ إِبْلِيسَ الشِّرِّيرِ." (1 يوحنا 5: 19)

إذا فهمنا "أَنَّ الْعَالَمَ كُلَّهُ خَاضِعٌ لِسَيْطَرَةِ إِبْلِيسَ الشِّرِّيرِ"، فلا ينبغي أن نتفاجأ عندما نرى أدلة على عمل إبليس في جميع الثقافات والأيديولوجيات والديانات الموجودة في هذا العالم. إبليس نشط حتى في الكنيسة.

لهذا السبب، نحتاج إلى النظر في بصمة الشر المحتملة في الإسلام، ونظرته للعالم، وقوته الروحية. لكن سننظر أولًا في المبادئ العامة لكيفية التحرر من الشر.

الانتقال العظيم

كتب عضو كلية ترينيتي أكسفورد جايمز لزلي هولدن موجزًا عن نظرة بولس اللاهوتية للعالم. بحسب هولدن:

"...كان لدى بولس قناعات حول الإنسان. الإنسان ليس مغترب عن الله بشكل خاطئ ومتعمد فحسب... بل إنه تحت عبودية القوى الإبليسية التي تطارد الكون وتستخدم الناموس، ليس كوسيلة لطاعة الإنسان لله، بل كأداة لطغيانه. واغتراب الإنسان عن الله هو أمر شائع بين جميع البشر – فهو لا يتوقف عند اليهود أو الأمم. إنه حالة جميع بني آدم."[1]

يمضي هولدن ليشرح أنه بحسب نظرة بولس للعالم، يحتاج البشر إلى الخلاص من هذه العبودية: "فيما يتعلق بالقوى الإبليسية، فإن حاجة الإنسان هي ببساطة التحرر من سيطرتها." مفتاح هذه الحرية هو ما فعله المسيح بموته وقيامته. فقد حقق النصر على الخطيئة وعلى قوى الشر الإبليسية التي تقيد البشرية.

---

[1] ترجمة للنص في صفحة 18 من كتاب جايمز لزلي هولدن عن رسائل بولس من السجن:
J. L. Houlden, *Paul's Letters from Prison*, p. 18.

ورغم عيشنا كمؤمنين في "هَذَا الظَّلامِ" (أفسس 6: 12؛ قارن مع فيلبي 2: 15)، فهل هذا يعني أننا تحت سلطان إبليس وسيطرته؟ لا! فقد انتقلنا إلى ملكوت يسوع.

عندما كشف يسوع عن نفسه للرسول بولس في رؤيا ودعاه للذهاب إلى الأمم، قال له إنه سيفتح عيون الناس "كَيْ يَرْجِعُوا مِنَ الظَّلامِ إِلَى النُّورِ، وَمِنْ سَيْطَرَةِ الإبليس إِلَى اللهِ" (أعمال الرسل 26: 18). تشير هذه الكلمات إلى أن الناس موجودون تحت قوة إبليس قبل أن يخلصهم المسيح. ولكن من خلال المسيح، يحصلون على الفداء من قوة الشر وينقلون من قوة الظلام إلى ملكوت الله.

يشرح بولس في رسالته إلى أهل كولوسي كيف كان يصلي من أجلهم:

> "رَافِعِينَ الشُّكْرَ بِفَرَحٍ لِلآبِ الَّذِي جَعَلَكُمْ أَهْلاً لِلاشْتِرَاكِ فِي مِيرَاثِ الْقِدِّيسِينَ فِي النُّورِ، هُوَ الَّذِي أَنْقَذَنَا مِنْ سُلْطَةِ الظَّلامِ وَنَقَلَنَا إِلَى مَلَكُوتِ ابْنِ مَحَبَّتِهِ الَّذِي فِيهِ لَنَا الْفِدَاءُ، أَيْ غُفْرَانُ الْخَطَايَا." (كولوسي 1: 12-14)

عندما يهاجر شخص ما إلى بلد آخر، يمكنه التقدم بطلب للحصول على الجنسية في بلده الجديد. ولكن للقيام بذلك، قد يضطر إلى التخلي عن جنسيته السابقة. الخلاص في المسيح هو تمامًا هكذا: عندما تدخل ملكوت الله تحصل على جنسية جديدة وتترك جنسيتك القديمة خلفك.

يجب أن يحدث انتقال ولائك ليسوع المسيح بشكل كامل ومتعمد. قد يشمل ذلك العناصر التالية:

- جحد إبليس وكل الشر.
- جحد كل الأربطة الخاطئة مع الآخرين الذين مارسوا سلطتهم الشريرة عليك.
- جحد وكسر جميع العهود والمواثيق الشريرة التي قطعها أسلافك نيابة عنك، أو التي أثرت عليك بأي شكل من الأشكال.
- جحد كل القدرات الروحية الشريرة التي تأتي من خلال الولاءات الشريرة.
- تسليم جميع حقوق حياتك بالكامل ليسوع المسيح، ودعوته ليحكم في قلبك بصفته الرب من اليوم فصاعدًا.

المعركة

عندما يتم نقل لاعب كرة القدم من فريق إلى آخر، يصبح عليه أن يلعب لصالح فريقه الجديد، إذ لم يعد بإمكانه اللعب لصالح فريقه القديم. وهذا ما يحدث عندما ننتقل إلى ملكوت الله: نلعب لصالح فريق يسوع ونتوقف عن تسجيل الأهداف لفريق إبليس.

وفقًا للكتاب المقدس، هناك مواجهة روحية تدور بين الله وإبليس. إنها عصيان مدني كوني ضد ملكوت الله (مرقس 1: 15؛ لوقا 10: 18؛ أفسس 6: 12). إنها صراع بين ملكوتين، حيث لا توجد أرضية محايدة يختبئ فيها أحد. يجد المسيحيون أنفسهم في معركة

طويلة، قد تم كسب معركتها الحاسمة بالفعل على الصليب، والنتيجة النهائية بدون شك هي: انتصار المسيح وامتلاكه النصر في المستقبل.

أتباع المسيح هم وكلاء للمسيح، لذلك يجدون أنفسهم الآن منخرطين في معركة يومية مع قوى هذا العصر المظلم. إن موت المسيح وقيامته يوفران لنا سلطاننا الوحيد ضد هذا الظلام وأساس قوتنا للوقوف في وجهه. تتكون الأراضي المتنازع عليها في هذه الحرب من الناس والجماعات والمجتمعات والأمم.

في هذه المعركة، قد تكون حتى الكنيسة ساحة معركة، وقد يتم استغلال مواردها لأغراض شريرة.

هذه مسألة خطيرة وجسيمة. ومع ذلك، يصف بولس يقين النصر بقوله إنه قد تم نزع سلاح قوى هذا العصر المظلم وتم خزيها وهزيمتها بواسطة الصليب وغفران الخطايا الذي حققه الصليب:

> "فَأَنْتُمْ، إِذْ كُنْتُمْ أَمْوَاتاً فِي الْخَطَايَا وَعَدَمِ خِتَانِكُمُ الْجَسَدِيِّ، أَحْيَاكُمْ جَمِيعاً مَعَهُ؛ مُسَامِحاً لَنَا جَمِيعاً بِالْخَطَايَا كُلِّهَا. إِذْ قَدْ مَحَا صَكَّ الْفَرَائِضِ الْمَكْتُوبَ عَلَيْنَا وَالْمُنَاقِضَ لِمَصْلَحَتِنَا، بَلْ إِنَّهُ قَدْ أَزَالَهُ مِنَ الْوَسَطِ، مُسَمِّراً إِيَّاهُ عَلَى الصَّلِيبِ. وَإِذْ نَزَعَ سِلاحَ الرِّئَاسَاتِ وَالسُّلُطَاتِ، فَضَحَهُمْ جِهَاراً فِيهِ، وَسَاقَهُمْ فِي مَوْكِبِهِ ظَافِراً عَلَيْهِمْ." (كولوسي 2: 13-15)

يستخدم هذا المقطع صورة من احتفال النصر الروماني (باللاتينية triumphus أي "الانتصار"). بعد هزيمة العدو، كان الجنرال المنتصر يعود مع جيشه إلى مدينة روما. للاحتفال بالنصر، كان الجنرال يقود

موكبًا كبيرًا، يضطر فيه الأعداء المهزومون إلى السير بالسلاسل في شوارع المدينة، بعد أن يتم أخذ أسلحتهم ودروعهم منهم. كان شعب روما يراقب ويهتف للمنتصرين ويسخر من الأعداء المهزومين.

يستخدم بولس صورة احتفال النصر الروماني لشرح معنى الصليب. عندما مات المسيح من أجلنا، ألغى قوة الخطيئة، وكأنه سمّر الاتهامات الموجهة ضدنا على الصليب: لقد علّق إلغاء هذه الاتهامات عاليًا أمام أعين جميع قوى الظلام. لهذا السبب، فقد إبليس وخدامه الشياطين، الذين يسعون إلى تدميرنا، سلطانهم علينا إذ لم يعد لديهم أي اتهامات يستخدمونها ضدنا. أصبحوا كالأعداء في احتفال النصر الروماني، مهزومين ومنزوعي السلاح ومذللين علنا.

بواسطة الصليب، تحقق النصر على قوى هذا العصر المظلم ورؤسائه. وقد نهب هذا الانتصار قوى الشر وسلبها حقوقها في الحكم، بما في ذلك حقوقها الممنوحة لها من خلال الاتفاقيات التي دخل فيها الناس، طوعًا أو كرهًا، عن علم أو عن غير علم.

هذا مبدأ قوي: مقابل كل تكتيك واتهام قد يستخدمه إبليس ضدنا، يوفر الصليب مفتاح النصر والحرية.

في القسمين التاليين ننظر في دور إبليس بصفته المتهم، وفي الاستراتيجيات التي يستخدمها ضد الناس. بعد ذلك سوف نفحص 6 طرق يحاول فيها إبليس ربط الناس، من خلال الخطيئة، وعدم

الغفران، والكلمات، وجروح الروح، والأكاذيب (المعتقدات الشريرة)، والخطيئة المتوارثة عبر الأجيال واللعنات الناتجة عنها. لكل استراتيجية من استراتيجيات إبليس، سنصف العلاج: طريقة للمسيحيين للمطالبة بحريتهم وشل تأثيراتها على حياتهم. كل هذه القضايا ستكون مهمة عندما نفكر في كيفية التحرر من عبودية الإسلام.

المتهم

يمتلك إبليس استراتيجيات يستخدمها ضدنا. من الجيد معرفة هذه الاستراتيجيات وفهمها والاستعداد للوقوف في وجهها. نحن بحاجة إلى امتلاك حريتنا والعيش بحسبها. لهذا يجب علينا أن ننتبه: من الجيد أن يعرف المسيحيون مخططات إبليس ويفهموها، وأن يكونوا مستعدين لمقاومتها.

كتب بولس في أفسس 6: 18 أن على المؤمنين أن يكونوا "سَاهِرِينَ". وكذلك حذر بطرس المسيحيين وأوصاهم: "تَعَقَّلُوا وَتَنَبَّهُوا. إِنَّ خَصْمَكُمْ إِبْلِيسَ كَأَسَدٍ يَزْأَرُ، يَجُولُ بَاحِثاً عَنْ فَرِيسَةٍ يَبْتَلِعُهَا." (1 بطرس 5: 8) ما الذي نحتاج إلى الانتباه إليه؟ يجب أن نكون متيقظين لاتهامات إبليس.

يلقب الكتاب المقدس إبليس بـ "الْمُشْتَكِي" (رؤيا 12: 10). وفي اللغة العبرية، تعني كلمة "إبليس" في الواقع "المتهم" أو "الخصم". كانت هذه الكلمة تستخدم لوصف الخصم القانوني في المحكمة القانونية. وتستخدم كلمة "إبليس" بنفس السياق في الكتاب المقدس في مزمور 109: 6-7: "... وَلْيَقِفْ خَصْمُهُ (إبليس)

عَنْ يَمِينِهِ يَتَّهِمُهُ جَوْراً. عِنْدَ مُحَاكَمَتِهِ لِيَثْبُتْ عَلَيْهِ ذَنْبُهُ..." في مشهد مماثل، يشير زكريا 3: 1-3 إلى شخصية تدعى "الإبليس" تقف عن يمين رئيس الكهنة يشوع وتشكوه لملاك الله. مثال آخر هو عندما يشتكي إبليس عن أيوب لله (أيوب 1: 9-11) ويطلب الإذن لاختباره.

لمن يشكونا إبليس؟ نعلم أنه يشكينا لله. كما أنه يشكونا للآخرين ويشكونا لأنفسنا من خلال كلمات الآخرين ومن خلال أفكارنا الخاصة. إنه يريدنا أن نتأذى من هذه الاتهامات، وأن نصدقها ونخاف منها ونكون مقيدين بها.

بماذا يتهمنا إبليس؟ إنه يتهمنا بخطايانا وبأي جزء آخر من حياتنا استسلمنا فيه له بطريقة أو بأخرى.

علينا أن نفهم أيضًا أن اتهامات إبليس مليئة بالأكاذيب. قال يسوع عن إبليس:

> "... فَهُوَ مِنَ الْبَدْءِ كَانَ قَاتِلاً لِلنَّاسِ، وَلَمْ يَثْبُتْ فِي الْحَقِّ لأَنَّهُ خَالٍ مِنَ الْحَقِّ! وَعِنْدَمَا يَنْطِقُ بِالْكَذِبِ فَهُوَ يَنْضَحُ بِمَا فِيهِ، لأَنَّهُ كَذَّابٌ وَأَبُو الْكَذِبِ!" (يوحنا 8: 44)

ما هي استراتيجيات إبليس الكاذبة، وكيف يمكننا أن نقف بحزم عندما يتهمنا؟ إن معرفتنا لاستراتيجياته حتمًا تساعدنا. على سبيل المثال، في 2 كورنثوس، يحث بولس المسيحيين على ممارسة الغفران. لماذا هذا مهم؟ يجيب: "مَخَافَةَ أَنْ يَسْتَغِلَّنَا الإبليس لأَنَنَا لَا نَجْهَلُ نِيَّاتِهِ" (2 كورنثوس 2: 11). يخبرنا بولس أننا نقدر معرفة ما ينوي فعله إبليس. ولأننا نعلم أن إحدى استراتيجياته هي اتهامنا

بعدم الغفران، فلنسارع إلى مسامحة الآخرين، حتى لا نصبح عرضة لاتهاماته.

لدى إبليس استراتيجيات أخرى أيضًا. سننظر هنا في 6 من استراتيجياته الرئيسية لاتهام المؤمنين، وننظر في كيفية الوقوف ضدها:

- الخطيئة
- عدم الغفران
- جروح الروح
- الكلمات (والأفعال الرمزية)
- المعتقدات الشريرة (الأكاذيب)
- الخطيئة المتوارثة عبر الأجيال واللعنات الناتجة عنها.

كما سنرى، فإن الخطوة الرئيسية لإيجاد الحرية الروحية هي أن نكون قادرين على تسمية جميع الادعاءات التي قد يقدمها إبليس ضدنا ورفضها. هذا ينطبق سواء كان لاتهاماته أساس في الحقيقة أو سواء كانت مجرد أكاذيب بشكل كامل.

الأبواب المفتوحة ومواطئ القدم

قبل أن نفكر في كل مجال من هذه المجالات الستة، علينا تقديم بعض الأسماء المفيدة للحقوق التي يدعي إبليس امتلاكها ضد الناس، والتي يستخدمها لقمعهم. اسمان رئيسيان هما "الأبواب المفتوحة" و"مواطئ القدم".

الباب المفتوح هو نقطة دخول قد يمنحها شخص ما لإبليس من خلال الجهل أو العصيان أو الإهمال، ثم يستغلها إبليس لمهاجمة الشخص وقمعه. فلنتذكر وصف المسيح لإبليس بأنه "السَّارِقُ" الذي يبحث عن فرص للسرقة والقتل والتدمير (يوحنا 10: 10). المنزل الآمن هو المنزل الذي لا تُترك أبوابه مفتوحة، بل يُغلق كل باب فيه بإحكام.

موطئ القدم هو مساحة من النفس البشرية التي يدعي إبليس أن الشخص قد سلمها له – أي إنه قطعة من أنفسنا علمها إبليس على أنها ملكٌ له.

يشير بولس إلى إمكانية إعطاء المؤمن فرصة لإبليس من خلال تمسكه بالغضب: "إِنْ غَضِبْتُمْ، فَلا تُخْطِئُوا؛ لَا تَدَعُوا الشَّمْسَ تَغِيبُ وَأَنْتُمْ غَاضِبُونَ، وَلا تُتِيحُوا فُرْصَةً لِإِبْلِيسَ!" (أفسس 4: 26-27). الكلمة اليونانية "توبوس" topos المترجمة إلى "فُرْصَة" هنا أو "موطئ قدم" في ترجماتٍ أخرى تعني "مكان مأهول أو مسكون"، والتعبير اليوناني "إعطاء توبوس إلى فلان" يعني "إعطاء فرصة لفلان". يقول بولس إنه إذا تمسك شخصٌ ما بالغضب بدلًا من الاعتراف به ونبذه كخطيئة محتملة، فإنه يتخلى عن أرض روحية لإبليس. ما يسمح لإبليس بعد ذلك بأن يحتل تلك الأرض ويستخدمها لأغراض شريرة. إذن، من خلال التمسك بالغضب، قد يعطي الشخص إبليس موطئ قدم.

في يوحنا 14، يستخدم يسوع لغة الحقوق القانونية ليعلن إن إبليس ليس له سيطرة عليه:

"لَنْ أُكَلِّمَكُمْ كَثِيراً بَعْدُ، فَإِنَّ سَيِّدَ هَذَا الْعَالَمِ قَادِمٌ عَلَيَّ، وَلا شَيْءَ لَهُ فِيَّ. إِلّا أَنَّ هَذَا سَيَحْدُثُ لِيَعْرِفَ الْعَالَمُ أَنِّي أُحِبُّ الآبَ، وَأَنِّي مِثْلَمَا أَوْصَانِي الآبُ هكَذَا أَفْعَلُ. قُومُوا! لِنَذْهَبْ مِنْ هُنَا!" (يوحنا 14: 30-31)

في تعليقه على هذا المقطع، كتب رئيس الأساقفة جون هنري برنارد أن يسوع قصد أن: "إبليس ... لا يمسك في شخصيتي ولا حتى نقطة ليرتكز عليها."[2] التعبير المستخدم هنا هو في الواقع مصطلح قانوني، كما أوضح دونالد أرثور كارسون:

"لا يمسك علي شيء" هو ترجمة اصطلاحية لـ "ليس له أي شيء في داخلي"، ما يذكرنا بمصطلح عبري يستخدم بشكل متكرر في السياقات القانونية، بمعنى "لا يقدر مطالبتي بأي شيء" أو "ليس لديه أي شيء علي"... لم يقدر إبليس أن يمسك على يسوع إلا ما كان تهمة مبررة ضد يسوع."[3]

---

[2] ترجمة للنص في صفحة 556 من المجلد 2 لتعليق جون هنري برنارد على إنجيل يوحنا:

J. H. Bernard, *A Critical and Exegetical Commentary on the Gospel According to John*, vol. 2, p. 556.

[3] ترجمة للنص في صفحتين 508 و509 من تعليق دونالد أرثور كارسون على إنجيل يوحنا:

D. A. Carson, *The Gospel According to John*, pp. 508-9.

لماذا لم يمسك إبليس بأي شيء على يسوع؟ لأن يسوع بلا خطيئة. بل قال: "وَأَنِّي مِثْلَمَا أَوْصَانِي الآبُ هكَذَا أَفْعَلُ" (يوحنا 14: 31؛ أنظر أيضًا يوحنا 5: 19). هذا هو السبب وراء عدم وجود أي شيء في يسوع يسمح لإبليس بأن يطالب بأي حقوق قانونية عليه. ليس في يسوع موطئ قدم يمكن أن يستخدمه إبليس.

صُلب يسوع كرجل بريء. هذا مهم جدًا لقوة الصليب. وبسبب براءة يسوع، لم يقدر إبليس أن يدعي أن الصلب كان عقوبة مشروعة. كان موت مسيح الرب ذبيحة بريئة نيابة عن الآخرين، وليس عقوبة عادلة نفذها إبليس ضد يسوع. لو كان المسيح قد سلم أي مساحة لإبليس، لكان موته عقاب عادل لخطيئته. لكن بسبب براءة يسوع، أصبح موته ذبيحة فعالة لخطايا العالم كله.

ماذا يمكننا أن نفعل حيال الأبواب المفتوحة ومواطئ القدم في حياتنا؟ ببساطة، يمكننا إغلاق الأبواب المفتوحة وإزالة مواطئ القدم. للمطالبة بحريتنا الروحية، هذه الخطوات ضرورية. نحن بحاجة إلى القيام بذلك بشكل منهجي، وإغلاق جميع الأبواب المفتوحة وإزالة جميع مواطئ القدم في حياتنا.

ولكن كيف نفعل هذا؟ فلنفكر في كل مجال من المجالات الستة واحدٍ تلو الآخر. كل فكرة هي فكرة مهمة عندما نفكر في كيفية ربط الإسلام للناس.

الخطيئة

إذا كان الباب المفتوح هو الخطايا التي ارتكبناها، يمكننا إغلاق هذا الباب بالتوبة عن الخطايا التي لربما أعطينا من خلالها الإذن لإبليس بالمطالبة بحقوقه على حياتنا. قوة الصليب هي مفتاح هذه العملية. من خلال مناشدة المسيح بصفته المخلص، يمكننا أن ننال غفران الله. كما يكتب يوحنا: "وَدَمُ ابْنِهِ يَسُوعَ يُطَهِّرُنَا مِنْ كُلِّ خَطِيئَةٍ" (1 يوحنا 1: 7). إذا تم تطهيرنا من الخطيئة، فلن يكون للخطيئة سلطان علينا فيما بعد. وكما يكتب بولس: "... قَدْ تَبَرَّرْنَا بِدَمِهِ" (رومية 5: 9). هذا يعني أن الله يرانا أبرارًا. عندما نتوب ونتوجه إلى المسيح، نُدفن معه: نصبح مماثلين ليسوع. ثم نصبح أشخاصًا لا يستطيع إبليس أن يوجه إليهم أي تهم قانونية. نصبح أشخاصًا لا سلطان لإبليس عليهم إذ "سُتِرَتْ خَطَايَاهُمْ" (رومية 4: 7). لقد تحررنا من ادعاءاته وشكواه ضدنا.

كيف يمكننا تطبيق كل هذا؟ إذا كان شخص ما يصارع عادة الكذب المستمر، فعليه أولًا أن يدرك أن الكذب خطيئة في نظر الله، ثم أن يعترف بها، ويتوب عن الكذب، ويثق بالغفران الذي له من خلال عمل المسيح. عندما يتم ذلك، يمكنه رفض فعل الكذب ونبذه. من ناحية أخرى، إذا كان الشخص يحب الكذب، ويجده مفيدًا، وليس لديه نية للتخلي عنه، فمن المرجح أن تكون أي محاولة للتحرر من الكذب غير مجدية، وسيقدر إبليس أن يستخدم هذه النقطة كموطئ قدم ضد الشخص.

يمكننا أن نغلق الباب على الخطيئة من خلال التوبة والتخلي عن خطايانا، والثقة في صليب المسيح. بهذه الطريقة، نسلب إبليس الحق في استخدام خطايانا ضدنا.

عدم الغفران

الاستراتيجية الثانية التي يحب إبليس استخدامها ضدنا هي عدم الغفران. كثيرًا ما علّم يسوع عن الغفران. وقال إن الله لن يغفر لنا ما لم نغفر نحن للآخرين (مرقس 11: 25-26؛ متى 6: 14-15).

يمكن أن يربطنا عدم الغفران بخطيئة شخص ما أو بحدث مؤلم. وقد يعطي هذا موطئ قدم لإبليس، أي حق قانوني ضدنا. كتب بولس عن هذا في رسالته الثانية إلى أهل كورنثوس:

> "فَمَنْ تُسَامِحُونَهُ بِشَيْءٍ، أُسَامِحُهُ أَنَا أيضًا. وَإِذَا كُنْتُ أَنَا أَيْضاً قَدْ سَامَحْتُ ذَلِكَ الرَّجُلَ بِشَيْءٍ، فَقَدْ سَامَحْتُهُ مِنْ أَجْلِكُمْ فِي حَضْرَةِ الْمَسِيحِ، مَخَافَةَ أَنْ يَسْتَغِلَّنَا الشَّيْطَانُ لأَنَنَا لَا نَجْهَلُ نِيَّاتِهِ." (2 كورنثوس 2: 10-11)

لماذا يسمح عدم غفراننا بأن يخدعنا إبليس؟ لأنه يستطيع استخدام عدم غفراننا كموطئ قدم ضدنا. ولكن بما أننا مدركين لمخططاته، كما يقول بولس، فنحن نعلم أننا بحاجة إلى إزالة مواطئ قدمه من خلال ممارسة الغفران.

هناك ثلاثة أبعاد للمسامحة: مسامحة الآخرين. الحصول على مغفرة الله. وأحيانا أيضًا مسامحة أنفسنا. يساعدنا هذا الرمز لصليب الغفران على تذكر هذه الجوانب الثلاثة.[4] يذكرنا الخط الأفقي بتقديم الغفران للآخرين. يذكرنا الخط العمودي بتلقي مغفرة الله. وتذكرنا الدائرة بتقديم الغفران لأنفسنا.

الغفران لا يعني أن ننسى ما فعله الشخص الآخر، ولا أن نعذره. كما ولا يعني أنه يجب علينا أن نثق في الشخص بدون سبب. تقديم الغفران للآخرين يعني أن نتخلى عن حقنا في تقديم شكوانا ضدهم أمام الله. الغفران يعني العفو عن الأشخاص الذين ظلمونا من أي حق قد نتقدم به ضدهم ونطالبهم به. الغفران يعني أن نسلمهم ونسلم المسألة إلى الله ليحكم بعدل. الغفران ليس شعور: إنه قرار.

من المهم أن ننال الغفران من الله، وليس فقط أن نعطيه لآخرين، لأن مسامحتنا لآخرين تصبح أقوى عندما نعلم أن الله قد سامحنا (أفسس 4: 32).

---

[4] صليب الغفران بحسب الصفحة 98 من كتاب تشستر وبيتسي كيلسترا:
The Forgiveness Cross is from Chester and Betsy Kylstra, *Restoring the Foundations*, p. 98.

يمكنكم إيجاد "صلاة الغفران" في قسم الموارد الإضافية في نهاية هذا الدليل التدريبي.

جروح الروح

قد تفتح جروح الروح المجال أمام مواطئ القدم. وفي الواقع، قد تكون جروح الروح مؤلمة أكثر من جروح الجسد. وعندما نتأذى جسديًا، قد نتأذى روحيًا أيضًا. لنفترض أن شخصًا ما تعرض لهجوم مؤلم ومرعب. بعد هذا، أصبح يعاني من الخوف لفترة طويلة. قد يستخدم إبليس هذا الخوف ضد الشخص لاستعباده وتقييده بمزيدٍ من الخوف.

عندما كنت، أنا مارك دوري، أدرس عن الإسلام ذات مرة، اتصلت بي امرأة من جنوب أفريقيا، كانت قد مرت منذ حوالي 10 سنوات بتجربة مؤلمة شملت أشخاصًا من الخلفية المسلمة. وبناءً على طلب من معهد اللاهوت المحلي، عرضت أسرتها أن تستضيف رجلين ادعيا بأنهما عبرا من الإسلام. كانت هذه بداية وقت صعب ومؤلم للغاية. كان الضيفان في منزلها عدوانيين وقد سخرا منها ومن عائلتها باستمرار. كانا يدفعانها على الجدران، وينعتانها بالخنزيرة، ويلعنانها، وحتى يبصقان عليها كلما مرّا بجانبها. حتى أنها وجدت قطعًا صغيرةً من الورق في أماكن مختلفة من أنحاء منزلها مكتوب عليها لعنات باللغة العربية. طلبت الأسرة المساعدة من كنيستهم، لكن لم يصدقهم أحد. في النهاية، لم يتمكنوا من التخلص من هذين "الضيفين" إلا من خلال استئجار سكن بديل لهم. كتبت المرأة: "في ذلك الوقت، كنا مستنزفين ماليًا وروحيًا

وعاطفيًا وجسديًا. كنا قد وصلنا إلى الحضيض. فقدت ثقتي بنفسي وشعرت بأنني لا أصلح لأي شيء، إذ عاملاني وكأنني قذارة." بعد أن سمعتني وأنا أعلم عن القيود الإسلامية، واجهت ورفضت شكها في ذاتها والمخاوف التي كانت قد اجتاحتها. صلينا معًا من أجل شفائها من التجارب المؤلمة، وجحدها للترهيب. شفيت بشكل رائع وقالت: "أمجد الرب على هذا اللقاء السماوي... أشعر بالارتياح والاستحقاق لخدمة الرب كامرأة. المجد الرب!" في وقت لاحق كتبت لي:

"ما زلنا نخدم الرب، نحبه أكثر من ذي قبل، وقد تعلمنا الكثير من الثقافة والمعتقدات الإسلامية وأصبحنا أقوى من خلال كل هذا، ويمكننا القول إننا نحب المسلمين بمحبة الرب ولن نتوقف أبدًا عن استخدام حياتنا كأداة لنظهر لهم حجم محبة يسوع لكل واحد منهم."

عندما يعاني الناس من الجروح الروحية، يحاول إبليس أن يطعمهم الأكاذيب. الأكاذيب ليست صحيحة، لكن قد يصدقها الشخص لأن شعور الألم حقيقي. بالنسبة لهذه المرأة، كانت الكذبة هي أن لا قيمة لها وأنها "لا تصلح لشيء".

لتحقيق التحرير من مثل هذه الأكاذيب، يمكننا تطبيق هذه الخطوات الخمس:

1. أولًا، ادعوا الشخص ليسكب روحه أمام الرب، ويخبر الرب بما يشعر تجاه ألمه.
2. ثم صلوا إلى يسوع ليشفي الصدمة.

3. بعد ذلك، يغفر الشخص من آذاه.

4. ثم يتخلّى الشخص عن الخوف والآثار الضارة الأخرى للصدمة، معلنًا ثقته في الله.

5. أخيرًا، يعترف الشخص بأي أكاذيب صدقها بسبب الأذى ويرفضها.

بعد القيام بذلك، يمكن مقاومة هجمات إبليس بنجاح أكبر، إذ تمت إزالة مواطئ قدمه.

الكلمات

يمكن أن تكون الكلمات قويةً جدًا. باستخدام كلماتنا، يمكننا سجن الآخرين وأنفسنا أيضًا. لهذا السبب يحاول إبليس استخدام كلماتنا ضدنا. قال يسوع:

> "عَلَى أَنِّي أَقُولُ لَكُمْ: إِنَّ كُلَّ كَلِمَةٍ بَاطِلَةٍ يَتَكَلَّمُ بِها النَّاسُ، سَوْفَ يُؤَدُّونَ عَنْهَا الْحِسَابَ فِي يَوْمِ الدَّيْنُونَةِ. فَإِنَّكَ بِكَلامِكَ تَتَبَرَّرُ، وَبِكَلامِكَ تُدَانُ!" (متى 12: 36-37)

علمنا يسوع أن نستخدم كلماتنا للبركة وليس للعن: "... أَحِبُّوا أَعْدَاءَكُمْ؛ أَحْسِنُوا مُعَامَلَةَ الَّذِينَ يُبْغِضُونَكُمْ؛ بَارِكُوا لاعِنِيكُمْ؛ صَلُّوا لأَجْلِ الَّذِينَ يُسِيئُونَ إِلَيْكُمْ" (لوقا 6: 27-28).

إن تحذير يسوع من التفوه بكلماتنا باستهتار ينطبق على كل ما نتكلم به، بما في ذلك النذور والوعود والعهود المنطوقة التي

قطعناها على أنفسنا. تأملوا في السبب الذي أعطاه يسوع لتلاميذه حتى لا يحلفوا بأي شيء:

"أَمَّا أَنَا فَأَقُولُ لَكُمْ: لَا تَحْلِفُوا أَبداً... لِيَكُنْ كَلامُكُمْ: نَعَمْ، إِنْ كَانَ نَعَمْ؛ أَوْ: لا، إِنْ كَانَ لا. وَمَا زَادَ عَلَى ذَلِكَ فَهُوَ مِنَ الشِّرِّيرِ." (متى 5: 34 و37)

لماذا لا يجب أن نحلف إذن؟ لأن هذا يأتي من "الشِّرِّيرِ"، من إبليس نفسه، كما شرح يسوع. يريدنا إبليس أن نحلف لأنه يخطط لاستخدام كلماتنا ضدنا، لإيذائنا. وهذا قد يعطيه موطئ قدم فينا، وأساسًا له لاتهامنا. ويمكن أن يكون هذا صحيحًا حتى لو لم نفهم قوة الكلمات التي نطقنا بها.

ماذا يمكننا أن نفعل إذن عندما نحلف أو ننذر أو نعد أو نتعهد بكلماتنا (وربما أيضًا بأفعالنا الطقوسية)، ما يربطنا بطريق سيئ لم يكن يجب أن نتبعه، وهو ليس طريق الله لنا؟

نجد في لاويين 5: 4-10 تفسير لما توجب على شعب إسرائيل أن يفعلوه عندما حلف شخص ما "بِشَفَتَيْهِ دُونَ أَنْ يَتَفَكَّرَ" وأصبح ملزمًا بكلامه. تم توفير طريقة للتحرر من هذا القسم. كان على الشخص أن يحضر ذبيحة للكاهن الذي كان سيكفر عن هذه الخطيئة، وبعد ذلك يتم إطلاق سراح الشخص من قسمه الطائش.

يبشرنا الخبر السار بأنه يمكننا أن نتحرر من الوعود الشريرة والأقسام والعهود التي قطعناها بسبب الصليب. ويا له من أمر رائع أن يعلمنا الكتاب المقدس أن دم يسوع "يَتَكَلَّمُ مُطَالِباً بِأَفْضَلَ مِمَّا طَالَبَ بِهِ دَمُ هَابِيلَ":

"وَلَكِنَّكُمْ قَدِ اقْتَرَبْتُمْ إِلَى جَبَلِ صِهْيَوْنَ... تَقَدَّمْتُمْ إِلَى يَسُوعَ، وَسِيطِ الْعَهْدِ الْجَدِيدِ، وَإِلَى دَمِهِ الْمَرْشُوشِ الَّذِي يَتَكَلَّمُ مُطَالِباً بِأَفْضَلَ مِمَّا طَالَبَ بِهِ دَمُ هَابِيلَ." (عبرانيين 12: 22-24)

ما يعنيه هذا هو أن دم يسوع قادرٌ على إلغاء كل اللعنات التي ترتبت ضدنا بسبب الكلمات التي قلناها. على وجه الخصوص، يتخطى العهد القائم بدم يسوع جميع الاتفاقات التي أبرمناها بالخوف أو الموت ويلغيها تمامًا.

الأفعال الطقسية: التحرر من مواثيق الدم

لقد ناقشنا قوة الكلمات في تقييدنا. في النصوص المقدسة العبرية، كان ميثاق الدم هو الطريقة المعيارية المعتمدة لإلزام النفس بأي عهد. كان هذا يشمل نطق الكلمات بالتزامن مع القيام بأفعال طقسية.

عندما قطع الله عهده الشهير مع إبراهيم في تكوين 15، تم تفعيله من خلال الذبيحة. قدم إبراهيم الحيوان وذبحه ووضع قطع منه على الأرض. ثم مر بينها "تَنُّورُ دُخَانٍ وَمِشْعَلُ نَارٍ" - يمثل حضور الله ومشاركته في العهد. استدعى هذا الطقس لعنة مفادها " إذا كسرت هذا العهد، ليتني أصبح مثل هذا الحيوان" أي "ليتني أُقتل وأُقطع إلى أجزاء".

وينعكس هذا في التحذير الذي أعطاه الله من خلال النبي إرميا:

"وَأُسَلِّمُ النَّاسَ الَّذِينَ تَعَدَّوْا عَلَى عَهْدِي وَلَمْ يُنَفِّذُوا بُنُودَ مِيثَاقِي الَّذِي قَطَعُوهُ أَمَامِي (عِنْدَمَا) شَقُّوا الْعِجْلَ إِلَى

شَطْرَيْنِ وَاجْتَازُوا بَيْنَهُمَا، مِنْ رُؤَسَاءِ يَهُوذَا وَمِنْ رُؤَسَاءِ أُورُشَلِيمَ وَالْخِصْيَانِ وَالْكَهَنَةِ وَشَعْبِ الأَرْضِ جَمِيعِهِ، الَّذِينَ اجْتَازُوا بَيْنَ شَطْرَيِ الْعِجْلِ، إِلَى يَدِ أَعْدَائِهِمْ وَطَالِبِي نُفُوسِهِمْ، فَتُصْبِحُ جُثَثُهُمْ مَأْكَلاً لِجَوَارِحِ السَّمَاءِ وَلِوُحُوشِ الأَرْضِ." (إرميا 34: 18-20)

يمكن أن تتضمن طقوس التكريس، مثل الطقوس التي تُمارس في السحر، إلزام الشخص بالاتفاق من خلال استخدام تضحية دموية. في مثل هذه الطقوس، قد يتم استدعاء الموت، ليس بالدم الفعلي، ولكن بشكل رمزي: على سبيل المثال، من خلال النطق بلعنات تدمير الذات؛ أو من خلال ارتداء رموز الموت، كحبل المشنقة حول الرقبة؛ أو عن طريق تمثيل الموت في الطقوس، كالاستلقاء في التابوت أو الخضوع للطعن الرمزي في القلب. (سننظر لاحقًا في مثال على هذا النوع من الطقوس فيما يتعلق بالإسلام).

تستدعي مواثيق الدم، بما في ذلك طقوس الموت الرمزية، لعنة الموت على الشخص وأحيانًا على أولادهم وأحفادهم. هذا أمر خطير روحيًا، لأن مثل هذه الطقوس تفتح الأبواب للاضطهاد الروحي. أولًا، تربط هذه الطقوس الشخص بشروط الميثاق، ثم تثبت الإذن الروحي لقتل الشخص أو موته في سبيل تحقيق لعنات الميثاق.

عاشت إحدى النساء المسيحيات في مجتمع هيمن الحكم الإسلامي عليه لأجيال عديدة. كانت تعاني من الكوابيس، حيث كان

يطلب أقاربها المتوفون منها المجيء إلى أرض الموتى. كما أنها كانت مصابة بأفكار انتحارية غير منطقية تمامًا، لم يكن لها أي تفسير واضح. بعدما تحدثنا وصليت معها، اتضح أن أفراد آخرين من عائلتها، في الأجيال السابقة، كانوا يعانون أيضًا من الكوابيس المزعجة جدًا المتعلقة بالموت التي لا تفسير لها. فأدركتُ أن الخوف من الموت كان يضطهدها، ما كان نتيجة عيش أسلافها في ظل الحكم الإسلامي وخضوعهم لعهد الاستسلام بالذمة. كان هناك طقس محدد كان على أسلافها الذكور المسيحيين أن يمروا به كل عام، عند دفع ضريبة "الجزية" إلى المسلمين وفقًا لشروط الذمة. كجزء من هذه الطقوس، كان يتم ضربهم على جانب الرقبة كرمز لقطع رؤوسهم إذا كسروا شروط ميثاق الاستسلام للإسلام. (سنناقش هذه الطقوس في الدرس 6.) صليتُ مع المرأة لإلغاء هذا، ووبخت قوة الموت وألغيت لعنة الموت المحددة المرتبطة بطقس قطع الرأس هذا. بعد هذه الصلوات التي كسرت قوة هذه الطقوس، شعرت بارتياح كبير من الكوابيس وأفكار الموت.

المعتقدات الشريرة (الأكاذيب)

إحدى الاستراتيجيات الرئيسية التي يستخدمها إبليس ضدنا هي إطعامنا الأكاذيب. عندما نقبل هذه الأكاذيب ونصدقها، يمكنه استخدامها ضدنا لاتهامنا وإرباكنا وخداعنا. لا تنسوا أبدًا أن إبليس هو "كَذَّابٌ وَأَبُو الْكَذِبِ!" (يوحنا 8: 44). (في قصة المرأة من جنوب أفريقيا الموجودة في هذا الدرس، كانت الكذبة أن لا قيمة لها).

عندما نصبح تلاميذ ناضجين ليسوع المسيح، نتعلم كيفية تحديد ورفض الأكاذيب التي قبلناها في السابق على أنها صحيحة. قد تظهر هذه الأكاذيب أو المعتقدات الشريرة في حياتنا بطرق مختلفة: فيما نقوله، وفيما نفكر فيه ونؤمن به، وفي حديثنا الذاتي، أي ما نفكر فيه أو نقوله لأنفسنا عندما لا يستمع إلينا أي شخص آخر. أمثلة على المعتقدات الشريرة هي:

- "يستحيل أن يحبني أي أحد أبدًا."
- "الناس لا تتغير."
- "لن أكون في أمان أبدًا."
- "جزء مني خاطئ بشكل أساسي."
- "إذا اكتشف الناس ما أنا عليه حقًا فسوف يرفضونني."
- "الله لن يغفر لي أبدًا."

قد تكون بعض الأكاذيب جزءًا من ثقافة مجتمعنا. على سبيل المثال: "النساء ضعيفات" أو "لا يمكنك الوثوق بالرجال". أنا من الثقافة الإنجليزية (الأنجلو سكسونية)، وإحدى الأكاذيب في ثقافتي هي أنه من الخطأ أن يُظهر الرجال مشاعرهم. هناك قول مأثور إنجليزي مفاده أن "الرجال الحقيقيين لا يبكون". تصف ثقافتي هذا الأمر بـ "الحفاظ على صلابة الشفة العليا" (أي عدم إظهار أي مشاعر). لكن هذا غير صحيح: الرجال الحقيقيون أحيانًا يبكون!

عندما ننمو إلى مرحلة النضج كتلاميذ للميسح، نتعلم تحدي الأكاذيب التي هي جزء من ثقافتنا واستبدالها بالحقيقة.

تذكروا: الكذبة المثالية هي تلك التي "نشعر" أنها صحيحة. في بعض الأحيان، حتى لو عرفنا في أذهاننا أن المعتقد الشرير غير صحيح، فلا يزال بإمكاننا أن نشعر بصحته في قلوبنا.

لقد علمنا يسوع: "«إِنْ ثَبَتُّمْ فِي كَلامِي، كُنْتُمْ حَقّاً تَلامِيذِي. وَتَعْرِفُونَ الْحَقَّ، وَالْحَقُّ يُحَرِّرُكُمْ»." (يوحنا 8: 31-32)

يساعدنا الروح القدس على تحديد وتسمية الأكاذيب التي صدقناها، ومن ثم رفضها (1 كورنثوس 2: 14-15). عندما نتبع يسوع ونتعلم أن نرفض أكاذيب العالم، يمكن أن يختبر فكرنا الشفاء والتغيير. شرح بولس أنه بهذه الطريقة يمكننا تجديد أذهاننا:

> "وَلا تَتَشَبَّهُوا بِهَذَا الْعَالَمِ، بَلْ تَغَيَّرُوا بِتَجْدِيدِ الذِّهْنِ، لِتُمَيِّزُوا مَا هِيَ إِرَادَةُ اللهِ الصَّالِحَةُ الْمَقْبُولَةُ الْكَامِلَةُ." (رومية 12: 2)

الخبر السيئ هو أن الأكاذيب قد تعطي إبليس موطئ قدم. الخبر السار هو أننا قادرين على التخلص من مواطئ القدم هذه من خلال مقابلة الحقيقة. عندما نميز الحقيقة، نتمكن من تمييز الأكاذيب التي قبلناها ورفضها والتخلي عنها.

هناك صلاة للتعامل مع الأكاذيب في قسم الموارد الإضافية من هذا الدليل التدريبي.

الخطيئة المتوارثة عبر الأجيال واللعنات الناتجة عنها

استراتيجية أخرى يمكن أن يستخدمها إبليس ضدنا هي الخطيئة المتوارثة عبر الأجيال: خطايا أسلافنا. وقد تأتي هذه مع لعنات قد تؤثر علينا بشكل سيئ.

لقد رأينا جميعًا عائلات تنتقل فيها خطيئة معينة أو صفة سيئة من جيل إلى آخر. هناك مثل إنجليزي حول هذا يقول: "التفاحة لا تسقط بعيدًا عن الشجرة". يمكن للعائلات أن تنقل الميراث الروحي أيضًا الذي يؤثر على نسلها، من خلال توفير باب مفتوح لإبليس. قد يؤثر الاضطهاد الروحي على أجيال متعددة، حيث يتقيد الجيل الثاني بخطايا الجيل الأول، وتنتشر اللعنات الناتجة لهذه الخطايا الشر من جيل إلى جيل.

يجد بعض المسيحيين أن مفهوم العبودية الروحية المتوارث بين الأجيال غير مقبول أو حتى غير عقلاني. قد يشيرون بدلًا من ذلك إلى تأثير سلوكيات الوالدين على الأطفال. على سبيل المثال، إذا كان الأب كاذبًا، فقد يقلده أطفاله ويتعلمون أن يكونوا كاذبين مثله أيضًا. أو إذا شتمت الأم طفلها، فقد تتكون لدى الطفل صورة ذاتية سيئة نتيجة لذلك. هذا هو السلوك المكتسب. ولكن هناك أيضًا ميراث روحي ينقله الوالدان إلى أولادهما، وهو يختلف عن هذا.

إن النظرة العالمية الكاملة للكتاب المقدس فيما يتعلق بالعهود واللعنات والبركات تتفق مع هذا الرأي. يصف الكتاب المقدس كيف قطع الله العهد مع شعب إسرائيل، وكيف تعامل معهم كمجتمع من الورثة، رابطًا إياهم كأجيال بنظام البركات واللعنات الذي ينطبق

عليهم وعلى أولادهم – البركات حتى الجيل الألف، واللعنات حتى الجيل الثالث أو الرابع (خروج 20: 5؛ و34: 7).

وبما أن الله قد تعامل مع الناس هكذا بحسب ميراث الأجيال، فمن السهل بالتأكيد أن نفهم أن إبليس يدعي امتلاكه حقوق متوارثة فيما بين الأجيال ضد البشرية! تذكروا أن إبليس هو "الْمُشْتَكِي الَّذِي يَتَّهِمُ إِخْوَتَنَا أَمَامَ إِلهِنَا لَيْلاً وَنَهَاراً" (رؤيا 12: 10)، والذي يرمينا بكل ما يقدر أن يمسكه علينا. وسوف يتهمنا بخطايا أسلافنا. على سبيل المثال، أطلقت خطية آدم وحواء لعناتٍ متوارثة فيما بين الأجيال ضد نسلهم، بما في ذلك آلام الولادة (تكوين 3: 16)، وسيادة الرجال على النساء (تكوين 3: 16)، والعمل الشاق لكسب لقمة العيش (تكوين 3: 17-18)، وفي النهاية الموت والتحلل (تكوين 3: 19). هكذا تعمل "سُلْطَة الظَّلامِ" وإبليس يعرف ذلك، ويستخدمه ضدنا.

يتنبأ الكتاب المقدس بتغيير في هذه الأمور، حيث لا يحاسب الله الناس على خطايا أسلافهم فيما بعد، بل يصبح كل شخص مسؤول عن خطاياه:

"وَمَعَ ذَلِكَ تَقُولُونَ: لِمَاذَا لَا يُعَاقَبُ الابْنُ بِوِزْرِ أَبِيهِ؟ حِينَ يُمَارِسُ الابْنُ الإِنْصَافَ وَالْحَقَّ وَيَعْمَلُ بِكُلِّ فَرَائِضِي فَإِنَّهُ حَتْماً يَحْيَا. أَمَّا النَّفْسُ الَّتِي تُخْطِئُ فَهِيَ تَمُوتُ. لَا يُعَاقَبُ الابْنُ بِإِثْمِ أَبِيهِ وَلا الأَبُ بِإِثْمِ ابْنِهِ. يُكَافَأُ الْبَارُّ بِبِرِّهِ وَيُجَازَى الشِّرِّيرُ بِشَرِّهِ." (حزقيال 18: 19-20)

يجب فهم هذا المقطع على أنه نبوءة للعصر المسيحي، أي ملكوت يسوع المسيح. هذا ليس تغييرًا جوهريًا في الطريقة التي تعمل بها "سُلْطَة الظَّلامِ" تحت حكم إبليس، بل إنه وعد بعالم مختلف، عالم تحول بحلول ملكوت ابن الله الحبيب. بحسب هذا وعد، وبموجب العهد الجديد، سيتعامل الله مع كل شخص وفقًا لخطاياه، وكذلك أيضًا ستنكسر قوة إبليس في ربط الناس من خلال خطايا والديهم وأجدادهم بقوة موت وقيامة يسوع المسيح.

صحيح أن عهد الناموس القديم، أي ناموس الخطيئة والموت، تكلم عن الخطايا التي تنتقل من جيل إلى آخر، وصحيح أن إبليس بموجبه ادعى الحق في ربط الناس بخطايا أسلافهم. لكن وضع المسيح هذا القانون القديم جانبًا، ما جعله باطلًا وفارغًا من خلال الصليب. لكل المسيحيين كامل الحق في المطالبة بهذه الحرية لأنفسهم.

إذن، كيف يمكننا المطالبة بتحريرنا من اللعنات المتوارثة؟ الجواب موجود في الكتاب المقدس. تشرح التوراة أن حرية الأجيال اللاحقة من آثار خطايا أسلافهم ممكنة "إِنِ اعْتَرَفُوا بِخَطَايَاهُمْ وَخَطَايَا آبَائِهِمْ..." (لاويين 26: 40). ثم يقول الله في الآية 5: "أَذْكُرُ عَهْدِي مَعَ آبَائِهِمِ الأَوَّلِينَ..." ليشفيهم ويشفي أرضهم.

يمكننا هنا استخدام نفس الاستراتيجية. يمكننا:

- الاعتراف بخطايا أسلافنا وخطايانا،
- رفض هذه الخطايا وجحدها، وثم
- كسر كل اللعنات التي تسببت بها هذه الخطايا.

لدينا السلطان للقيام بذلك بسبب صليب المسيح. للصليب القدرة على تحريرنا من كل لعنة: "إِنَّ الْمَسِيحَ حَرَّرَنَا بِالْفِدَاءِ مِنْ لَعْنَةِ الشَّرِيعَةِ، إِذْ صَارَ لَعْنَةً عِوَضاً عَنَّا..." (غلاطية 3: 13).

هناك "صلاة من أجل خطيئة الأجيال" في قسم الموارد الإضافية في هذا الدليل التدريبي.

في الأقسام التالية، سننظر في السلطان الذي لنا في المسيح وكيفية استخدامه في ظرفنا المحدد. سنصف أيضًا خمس خطوات لهزيمة استراتيجيات إبليس.

سلطان ملكوتنا

شرح يسوع لتلاميذ أنهم يمتلكون القدرة على "ربط" و "حل" الشؤون في السماوات وعلى الأرض، أي في كل من العالم الروحي والمجال المادي:

> "فَالْحَقَّ أَقُولُ لَكُمْ: إِنَّ كُلَّ مَا تَرْبِطُونَهُ عَلَى الأَرْضِ يَكُونُ قَدْ رُبِطَ فِي السَّمَاءِ، وَمَا تَحُلُّونَهُ عَلَى الأَرْضِ يَكُونُ قَدْ حُلَّ فِي السَّمَاءِ." (متى 18: 18؛ انظر أيضًا 16: 19)

إن الوعد بسلطاننا على إبليس معلن بالفعل في بداية الكتاب المقدس في تكوين 3: 15 حيث يقول الله للحية أن نسل المرأة سوف "يَسْحَقُ رَأْسَكِ". وقد تحدث بولس عن هذا أيضًا: "وَإِلَهُ السَّلاَمِ سَيَسْحَقُ الشَّيْطَانَ تَحْتَ أَقْدَامِكُمْ سَرِيعاً." (رومية 16: 20)

عندما أرسل المسيح تلاميذه، الاثني عشر أولًا وثم الاثني والسبعين، أعطاهم السلطان لطرد الشياطين أثناء إعلانهم مجيء ملكوت الله (لوقا 9: 1). في وقت لاحق، عندما عاد التلاميذ، أعربوا عن دهشتهم من هذا السلطان، قائلين: "«يَا رَبُّ، حَتَّى الشَّيَاطِينُ تَخْضَعُ لَنَا بِاسْمِكَ!» فَقَالَ لَهُمْ: «قَدْ رَأَيْتُ الشَّيْطَانَ وَهُوَ يَهْوِي مِنَ السَّمَاءِ مِثْلَ الْبَرْقِ." (لوقا 10: 17-18)

إنها لراحة رائعة أن المسيحيين يمتلكون السلطان لهزيمة وتدمير استراتيجيات إبليس. هذا يعني أن للمؤمنين السلطان لكسر وإلغاء المواثيق والعهود الشريرة، لأن العهد بدم المسيح يلغي قوة كل ميثاق تم إجراؤه لأغراض شريرة. هذا وعد ينعكس في نبوءات زكريا عن المسيا:

> "أَمَّا أَنْتُمْ فَبِفَضْلِ دَمِ عَهْدِي مَعَكُمْ أُطْلِقُ أَسْرَاكُمْ مِنَ الْجُبِّ الَّذِي لَا مَاءَ فِيهِ." (زكريا 9: 11)

مبدأ التحديد

عند السعي وراء الحرية، من الضروري اتخاذ إجراءات محددة تتصدى وتتعامل مع الأبواب المفتوحة والمواطئ القدم الشريرة. يأمر العهد القديم بتدمير الأصنام وأماكن عبادتها بالكامل. يقدم مثالًا لكيفية تنقيب الأراضي الروحية المؤهلة بالأوثان في تثنية 12: 1-3، حيث أمر الله شعبه بتدمير المرتفعات (أماكن العبادة)، ومواقع الطقوس، والأدوات الطقسية، والمذابح، إضافةً إلى الأصنام نفسها.

من الجيد والمفيد أن يذكر المرء خطاياه على وجه التحديد خلال وقت الاعتراف. بنفس الطريقة، عندما نطالب بحريتنا الروحية، يجب أن نكون محددين أيضًا. هذا يضيء نور حق الله في كل مجال يحتاج إلى الغفران. إذا تم الاشتراك في مواثيق شريرة، يجب إلغاؤها ميثاقًا تلو الآخر، بالإضافة إلى جميع شروطها وعواقبها. على الشخص أن يكون محددًا. بشكل عام، كلما كانت الإستراتيجية التي يستخدمها إبليس أكثر قوة، كلما احتجنا إلى أن نكون محددين أكثر عند كسر قوته.

ينطبق مبدأ التحديد هذا عندما نختار أن نحرر أنفسنا من الالتزامات الشريرة التي قطعناها على أنفسنا بكلماتنا وأفعالنا. على سبيل المثال، يحتاج الشخص الذي ألزم نفسه بنذر الصمت من خلال ذبيحة الدم، إلى التوبة والتخلي عن مشاركته في هذه الطقوس وإلغاء النذر الذي قطعه من خلالها. وبالمثل، على الشخص الذي يعاني بسبب عدم الغفران والذي نطق بكلمات مثل " ما دمت حيًا، لن أغفر أبدًا لفلان" أن يتوب عن هذا النذر، ويتخلى عن هذا الالتزام، ويطلب مغفرة الله على نطقه به. على ضحايا الاعتداء الجنسي الذين وافقوا على التزام الصمت عند التهديد بالأذى أو الموت أن يتخلوا عن تعهدهم بالصمت من أجل المطالبة بحريتهم. على سبيل المثال: "أتخلى عن صمتي بشأن ما حدث لي، وأطالب بحقي في التكلم."

فقدت امرأة تدعى سوزان عدة أشخاص كانت تحبهم: والدها ووالدتها وزوجها. كانت خائفة من أن تحب شخصًا جديدًا، خوفًا من أن تفقده أيضًا. لذلك تعهدت أمام نفسها: "لن أحب أي شخص آخر

في المستقبل". بعد ذلك، أصبحت مريرة للغاية ومعادية للآخرين. كانت تشتم وتلعن أي شخص يقترب منها. ولكن عندما أصبحت في الثمانينيات من عمرها، وجدت يسوع وانضمت إلى الكنيسة. أعطاها هذا الأمل وتخلت أخيرًا بعد 50 عام، عن تعهدها بألا تحب مجددًا. بعد أن تحررت من الخوف، أقامت صداقاتٍ عميقةً وجميلةً مع نساء أخريات في الكنيسة، وتغيرت حياتها تمامًا حيث انكسرت قبضة إبليس على حياتها.

خمس خطوات نحو الحرية

هنا نموذج بسيط للخدمة، يتضمن خمس خطوات يمكن استخدامها لمقاومة وتدمير استراتيجيات إبليس ضدنا.

1. اعترفوا وتوبوا

الخطوة الأولى هي الاعتراف بأي خطيئة، وكذلك إعلان حقيقة الله التي تنطبق على هذا الموضوع. على سبيل المثال، إذا كنتم قد اعتنقتم معتقدًا شريرًا، فيمكنكم الاعتراف به بشكل محدد كخطيئة، وطلب مغفرة الله على ذلك، والتوبة عنه. يمكنكم أيضًا إعلان حق الله الذي ينطبق في هذه الحالة.

2. اجحدوا

الخطوة التالية هي الجحد. هذا يعني أن تعلنوا علنًا أنكم لم تعودوا تدعمون أو تؤمنون بهذا الشيء، ولا توافقون عليه أو تمتلكون أي صلة به. على سبيل المثال، إذا كنتم قد شاركتم في طقوس شريرة، عندما تتخلون عن هذه الطقوس، فإنكم تسحبون أو تلغون

التزامكم السابق بها. كما أوضحنا سابقًا، من المهم القيام بذلك على وجه التحديد.

3. اكسروا

تتضمن هذه الخطوة استخدام السلطان في العالم الروحي لكسر قوة شيء ما. على سبيل المثال، إذا كانت هناك لعنة، يمكنكم أن تعلنون: "أنا أكسر هذه اللعنة". لقد أعطى تلاميذ المسيح السلطان باسم المسيح على "قُدْرَةَ الْعَدُوِّ كُلَّهَا" (لوقا 10: 19). يجب أن يتم كسرها أيضًا على وجه التحديد.

4. اطردوا

عندما تستغل الشياطين موطئ قدم أو باب مفتوح لضرب شخص ما، بمجرد أن تتعامل مع أي أبواب مفتوحة أو مواطئ قدم، وتزيلهم عن طريق الاعتراف والتخلي والكسر، يجب أن تأمروا الشياطين بالخروج والرحيل.

5. باركوا واملؤوا

الخطوة الأخيرة هي أن تباركوا الشخص وتصلوا أن يملأه الله بكل شيء جيد، بما في ذلك عكس ما أصابه. على سبيل المثال، إذا كان يعاني من الخوف من الموت، باركوه بالحياة والشجاعة.

يمكن استخدام هذه الخطوات الخمس لجميع أنواع العبودية، لكن تركيزنا هنا هو التحرر من الإسلام. لذلك سنتعلم في الدروس اللاحقة كيفية استخدام هذه الخطوات لتحرير الناس من عبودية الإسلام.

دليل الدراسة

الدرس 2

المفردات

- الجدد
- أبواب مفتوحة
- الحديث الذتي
- الحرية
- *توبوس*
- مقابلة الحقيقة
- المسيا
- الحقوق القانونية
- جروح الروح
- إبليس
- صليب الغفران
- الخطيئة المتوارثة عبر الأجيال
- ملكوت الله
- القسم
- الميراث الروحي
- سلطة الظلام
- ميثاق الدم
- ما بين الأجيال
- احتفال النصر الروماني
- الجزية
- مبدأ التحديد
- مواطئ القدم

أسماء جديدة

- القس جايمز لزلي هولدن: زميل في كلية ترينيتي أكسفورد (مواليد 1929)

- القس جون هنري برنارد: الأسقف الأنجليكاني الأيرلندي (1860-1927)

- دونالد أرثور كارسون: بروفيسور في العهد الجديد (مواليد 1946)

الكتاب المقدس في هذا الدرس

رومية 8: 21	مرقس 11: 25-26
إشعياء 61: 1-2	متى 6: 14-15
لوقا 4: 18-21	2 كورنثوس 2: 10-11
يوحنا 10: 10 و8: 44	أفسس 4: 32
كولوسي 1: 13	متى 12: 36-37
يوحنا 12: 31	لوقا 6: 27-28
2 كورنثوس 4: 4	متى 5: 34 و37
أفسس 2: 2	لاويين 5: 4-10
1 يوحنا 5: 19	عبرانيين 12: 22-24

أفسس 6: 12
فيلبي 2: 15
أعمال 26: 18
كولوسي 1: 12-14
مرقس 1: 15
لوقا 10: 18
كولوسي 2: 13-15
أفسس 6: 18
1 بطرس 5: 8
رؤيا يوحنا 12: 10
المزامير 109: 6-7
زكريا 3: 1-3
أيوب 1: 9-11
2 كورنثوس 2: 11
أفسس 4: 26-27
يوحنا 14: 30-31 و5: 19
1 يوحنا 1: 7
رومية 5: 9 و4: 7

تكوين 15
إرميا 34: 18-20
يوحنا 8: 31-32
1 كورنثوس 2: 14-15
رومية 12: 2
خروج 20: 5 و34: 7
تكوين 3: 16-19
حزقيال 18: 19-20
لاويين 26: 40 و45
غلاطية 3: 13
متى 18: 18
متى 16: 19
تكوين 3: 15
رومية 16: 20
لوقا 10: 17-18
زكريا 9: 11
تثنية 12: 1-3

أسئلة الدرس 2

- ناقشوا دراسة الحالة.

1. ما الذي فاجأ رضا عندما حاول أن يصلي صلاة **جحد الإسلام**؟

2. بعد أن تمكن من تلاوة الصلاة، ما الذي تغير في حياة رضا؟

يسوع يبدأ في التعليم

3. ما هو الحق الطبيعي لكل مسيحي؟

4. بما بدأ يسوع تعليمه العلني؟

5. ما هو الوعد الذي قال إنه جاء للوفاء به؟

6. ما هي الأشياء التي حرر يسوع الناس منها؟

وقت للاختيار

7. تُرك باب سجن السجين مفتوح. ماذا على السجين أن يفعل إذا أراد أن يتمتع **بحريته**؟ ماذا يخبرنا هذا عن **الحرية** الروحية؟

إبليس وملكوته

8. ما هي بعض ألقاب **إبليس** وماذا تعلمنا؟

9. بحسب يوحنا 12: 31 والآيات الأخرى المذكورة معها، ما الذي يعترف دوري بأن إبليس يمتلكه، ولكن بشكل محدود؟

10. ما الذي يعلمنا دوري أن نقيمه في الإسلام؟

الانتقال العظيم

11. بحسب كولوسي 1: 12-14 وجايمز لزلي هولدن، الطبيعة البشرية في عبودية لأي قوة؟

12. بحسب أعمال الرسل 26: 18، من أي قوى يتم تحرير الناس وفدائهم ونقلهم؟

13. بحسب بولس، عندما ينقذنا الله، ماذا يحدث لنا؟

14. ما الذي يريد بولس أن يكون أهل كولوسي ممتنين له؟

15. ما هي الجوانب الخمسة لنقل ولائنا الكامل ليسوع المسيح؟

المعركة

16. بناء على مرقس 1: 15 والآيات الأخرى المذكورة معها، في أي مواجهة يجد المسيحيون أنفسهم؟

17. ما هو التحذير الذي يوجهه دوري إلى الكنيسة في تعاملها اليومي مع قوى الشر؟

18. بحسب بولس، ما الذي يمكن للمسيحيين أن يكونوا متأكدين منه في هذه المعركة؟

19. كيف يستخدم بولس فكرة احتفال النصر الروماني لشرح انتصار الصليب؟

المشتكي

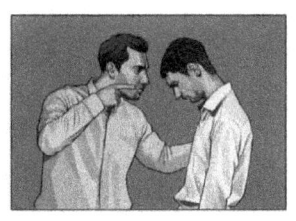

20. ماذا تعني الكلمة العبرية المترجمة **إبليس**؟

21. في ضوء أنشطة **إبليس**، ما الشيء الذي يحذر كل من بطرس وبولس المسيحيين من فعله؟

22. بماذا يتهمنا **إبليس**؟

23. ما هي الاستراتيجيات الست التي ذكرها دوري والتي يستخدمها **إبليس** لاتهامنا؟

24. ما هي الخطوة الرئيسية في إيجاد **الحرية** الروحية؟

الأبواب المفتوحة ومواطئ القدم

25. كيف يُعرّف دوري:
- الباب المفتوح؟

- موطئ القدم؟

26. إذا رفضنا الاعتراف بالخطية والتخلي عنها، فما الذي قد نسلمه **لإبليس**؟

27. ماذا تعني كلمات المسيح "وَلا شَيْءَ لَهُ فِيَّ"؟

28. ما الذي لم يقدر أن يجده **إبليس** في يسوع ليطالبه به؟

29. لماذا من المهم أن يسوع صلب كرجل بريء؟

الخطيئة

30. ماذا علينا أن نفعل **بالأبواب المفتوحة ومواطئ القدم**؟

31. كيف نغلق **الباب المفتوح** للخطيئة في حياتنا؟

عدم الغفران

32. بحسب يسوع، ما هو الشرط للحصول على الغفران؟

33. لماذا يسمح عدم غفراننا **لإبليس** أن يخدعنا؟

34. ما هي الأبعاد الثلاثة للغفران؟

35. إذا سامحنا هل هذا يعني أنه يجب علينا أن ننسى أيضًا؟

جروح الروح

36. كيف يستخدم **إبليس جراح الروح** ضدنا؟

37. ما الشيء الذي شُفيت منه المرأة القادمة من جنوب أفريقيا، وما الذي احتاجت إلى **جحده**؟

38. ما هي الخطوات الخمس الضرورية إذا كان **موطئ القدم** جرحًا في الروح؟

الكلمات

39. بحسب متى 12، ما الذي يجب أن نقدم حسابًا عنه في يوم الدينونة؟

40. لماذا يريدنا **إبليس** أن نتعهد ونحلف؟

41. ما الذي يمتلك القدرة على إلغاء القوة المدمرة لكلماتنا المنطوقة؟

الأفعال الطقسية: التحرر من مواثيق الدم

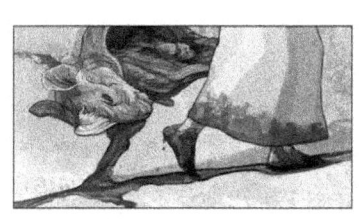

42. ماذا يعني **ميثاق الدم** الذي عقده إبراهيم مع الله في تكوين 15؟ (ضع في اعتبارك أيضًا إرميا 34: 18-20).

43. لماذا تعتبر **مواثيق الدم** خطيرة؟

44. ما الذي كانت ترمز إليه الضربة على رقبة المسيحيين الذين عاشوا في ظل الإسلام، عندما حان وقت دفع ضريبة **الجزية** السنوية للمسلمين؟

المعتقدات الشريرة (الأكاذيب)

45. ما هي إحدى استراتيجيات إبليس الرئيسية لإلحاق الضرر بنا؟

46. بحسب دوري، ما الذي تحتاج إلى القيام به لكي نصبح تلاميذ ناضجين للمسيح؟

47. بحسب دوري، ما هي الكذبة الموجودة في الثقافة الإنجليزية؟

48. بحسب لدوري، ما هي "الكذبة المثالية"؟

49. أي أفعال وأي "مقابلة" تسمح لنا من إغلاق الباب أمام أكاذيب **إبليس**؟

الخطيئة المتوارثة عبر الأجيال واللعنات الناتجة عنها

50. بحسب دوري، ما الذي يمكن نقله من جيل إلى آخر في الأسرة نفسها، تمامًا كما تنتقل الجينات الوراثة إلى الأطفال؟

51. بحسب دوري، ما الذي يفشل في تقديم تفسير كامل لنطاق الاضطهاد الروحي الذي يعاني منه بعض الناس؟

52. في أي نظام ربط الله شعب إسرائيل كوِحدة واحدة في عهده معهم؟ (راجع خروج 20: 5 و34: 7.).

53. كمثال على الإرث المتناقل **فيما بين الأجيال**، ما الذي أطلقته خطيئة آدم وحواء؟ (أنظر رؤيا 12: 10 وتكوين 3: 16-19).

54. كيف يرد دوري على الإعلان الوارد في حزقيال 18، بأن الأبناء لا يحملون خطايا آبائهم؟

55. ما هي الخطوات الثلاث التي يمكن استخدامها للتعامل مع آثار **الخطيئة المتوارثة عبر الأجيال**؟

سلطان ملكوتنا

56. ما هو السلطان الموعود به للبشرية في تكوين 3: 15، والذي سلمه يسوع للتلاميذ بحسب متى 16: 19 و18: 18، كتحقيق لنبوءة زكريا 9: 11؟

مبدأ التحديد

57. لماذا يعتبر التعليم المتعلق بالأصنام في العهد القديم نموذج لكيفية التعامل مع المناطق الروحية؟ (راجع تثنية 12: 1-3.)

58. ما الذي يمتلك القدرة على كسر وإلغاء قوى المواثيق الشريرة التي لربما دخلنا فيها؟

59. بحسب دوري، ما أنواع الإجراءات نحتاج إلى اتخاذها عند التعامل مع الأبواب المفتوحة ومواطئ القدم؟

60. ما هو النذر الداخلي الذي قطعته سوزان؟ ما هي العواقب التي جلبتها إلى حياتها؟ كيف تحررت من هذا النذر؟

خمس خطوات نحو الحرية

61. ما هي الخطوات الخمس نحو الحرية؟ هل يمكنك أن تحفظها؟

62. لكي يطالب الشخص بحريته ويحصل عليها، بما عليه أن يعترف؟ وماذا عليه أن يعلن؟

63. بحسب دوري، ما هي البركة التي يجب أن تطلبها من أجل الشخص بعد حصوله على حريته؟

3

فهم الإسلام

"وَتَعْرِفُونَ الْحَقَّ، وَالْحَقُّ يُحَرِّرُكُمْ."

يوحنا 8: 32

أهداف الدرس

أ. فهم دور الخضوع في تحول الشخص إلى الإسلام.

ب. تقدير الدور المسيطر لشخصية محمد في خضوع المسلم لله.

ج. فهم لماذا وجود قوانين **الشريعة** الإسلامية أمر ضروري لتوجيه المسلمين.

د. فهم كيف يشكل "النجاح" و "الخسارة" قناعات المسلمين.

هـ. وصف الأنواع الأربعة من الناس كما يراها القرآن.

و. فهم تعاليم محمد والإسلام عن المسيحيين واليهود.

ز. التعرف على الآثار المترتبة للصلاة الإسلامية الأكثر تكرارًا على المسيحيين واليهود.

ح. التفكير في الضرر الناجم عن قوانين **الشريعة**.

ط. توضيح لماذا الخداع مسموح به في الإسلام.

ي. تشجيع المسيحيين على الاطلاع على الإيمان المحروس من قِبل الخبراء.

ك. التمييز بين عيسى، ويسوع الإسلامي، ويسوع التاريخي الحقيقي.

دراسة حالة: ماذا ستفعل؟

بعد صلوات كثيرة، شعرتم أنتم وفريق كنيستكم بقيادة الروح لبدء كنيسة منزلية في منطقة فرعية جديدة يعيش فيها العديد من المسلمين. بعد عدة أشهر من اللقاءات السرية مع العائلة والجيران في منزل رجل ملقب بـ "رجل السلام" (لوقا 10: 6)، وبعد أحد الاجتماعات، أخبركم المضيف أن رئيس البلدة المحلية طلب مقابلتكما. عندما وصلتمم إلى هناك، لاحظتم وجود إمام وعدد من شيوخ المسجد. بعد أن صافحتم الأيادي، اكتشفتم بسرعة أنهم يتهمونكما بتعكير صفو السلام من خلال اجتماعاتكما السرية التي يتم فيها إهانة نبيهم محمد. تقومون أنتم ومضيفكم بنفي هذا بشدة. ثم يقول الإمام: "أنتم المسيحيون لا تؤمنون بالله وترفضون نبيه الأخير محمد. سوف تذهبون إلى الجحيم. الله يعتبر أن المسلمين متفوقون وأنه من واجبنا أن نحكم عليكم. إن لم تخضعا للإسلام، فنحن مكلفون بمقاومتكما، وحتى عيسى سيحاربكما عندما يعود إلى الأرض. يجب أن تتوقفوا وتمتنعوا عن إجبار الأشخاص الضعفاء في مجتمعنا على دخول دينكم الفاسد". أنتم لا تعرفون ما هو دين رئيس البلدة، لكنه ينظر إليكم بطريقة سمحت لكم بالرد على هذا الاتهام.

ماذا ستقول؟

في هذه الأقسام نقدم الشهادة ونوضح كيف تربط المسلمين بضرورة اتباع مثال محمد.

كيف تصبحون مسلمين

كلمة "الإسلام" تعني "الاستسلام" أو "الخضوع". وكلمة "مسلم" تعني "الخاضع" أي شخص سلم أمره لله.

ماذا يعني هذا الاستسلام والخضوع؟ الصورة السائدة لله في القرآن هي السيد صاحب السيادة والسلطان المطلق على كل شيء. الموقف المتوقع اتخاذه تجاه هذا السيد هو الخضوع لسلطته.

من يعتنق الإسلام يوافق على الخضوع لله ولطرق رسوله. يتم هذا الاتفاق من خلال الاعتراف بالشهادة، وهي العقيدة الإسلامية:

"أشهد أن لا إله إلا الله،

وأشهد أن محمدًا رسول الله."

إذا قبلتم الشهادة ونطقتم بها، فقد أصبحتم مسلمين.

على الرغم من أن هذه ليست سوى بضع كلمات، إلا أن آثارها واسعة. النطق بالشهادة هو إعلان عهد بأن محمد سيكون مرشدكم مدى الحياة. أن تكونوا مسلمين – أي "خاضع" - يعني

اتباع محمد باعتباره رسول الله المميز والأخير، الذي يقدم التوجيه لكل تفاصيل الحياة.

نجد توجيه محمد في مصدرين، يشكلان معًا الوحي الإسلامي:

- القرآن وهو كتاب الوحي الذي أعطاه الله لمحمد.
- السنة وهي مثال محمد، وتشمل:
  - التعاليم: الأمور التي علمها محمد للناس كي يقتدوا بها.
  - الأفعال: الأمور التي فعلها محمد.

يتم ذكر مثال محمد (السنة) للمسلمين في شكلين رئيسيين. الشكل الأول هو الأحاديث، وهي أقوال تقليدية يُعتقد أنها تنقل ما فعله محمد وقاله. الشكل الثاني هو السيرة النبوية، أي السيرة الذاتية لمحمد وتدعي أنها تحكي قصة حياته من البداية إلى النهاية.

شخصية محمد

أي شخص ملزم بالشهادة ملزم باتباع مثال محمد والاقتداء بشخصيته. كل هذا ينبع من الشهادة بأن محمد رسول الله. إن تلاوة هذه الكلمات في الشهادة تعني أنكم قبلتم إرشاد محمد لحياتكم وأنكم ملزمون باتباعه.

في القرآن، يتم وصف محمد بالمثال الأفضل الذي يجب على الجميع اتباعه:

لَّقَدْ كَانَ لَكُمْ فِى رَسُولِ ٱللَّهِ أُسْوَةٌ حَسَنَةٌ لِّمَن كَانَ يَرْجُوا۟ ٱللَّهَ وَٱلْيَوْمَ ٱلْءَاخِرَ وَذَكَرَ ٱللَّهَ كَثِيرًا (الأحزاب: 21)

مَّن يُطِعِ ٱلرَّسُولَ فَقَدْ أَطَاعَ ٱللَّهَ... (النساء: 80)

وَمَا كَانَ لِمُؤْمِنٍ وَلَا مُؤْمِنَةٍ إِذَا قَضَى ٱللَّهُ وَرَسُولُهُۥٓ أَمْرًا أَن يَكُونَ لَهُمُ ٱلْخِيَرَةُ مِنْ أَمْرِهِمْ ۗ وَمَن يَعْصِ ٱللَّهَ وَرَسُولَهُۥ فَقَدْ ضَلَّ ضَلَٰلًا مُّبِينًا (الأحزاب: 36)

يقول القرآن إن أتباع محمد سيكونون ناجين ومباركين:

وَمَن يُطِعِ ٱللَّهَ وَرَسُولَهُۥ وَيَخْشَ ٱللَّهَ وَيَتَّقْهِ فَأُو۟لَٰٓئِكَ هُمُ ٱلْفَآئِزُونَ (النور: 52)

وَمَن يُطِعِ اللّهَ وَالرَّسُولَ فَأُوْلَـئِكَ مَعَ الَّذِينَ أَنْعَمَ اللّهُ عَلَيْهِم... (النساء: 69)

أما معارضة تعليمات محمد ومثاله فهي التخلي عن الإيمان، ما يؤدي إلى الفشل في هذه الحياة والنار في الآخرة. وقد وضعت هذه اللعنات على المسلمين في القرآن:

وَمَن يُشَاقِقِ ٱلرَّسُولَ مِنۢ بَعْدِ مَا تَبَيَّنَ لَهُ ٱلْهُدَىٰ وَيَتَّبِعْ غَيْرَ سَبِيلِ ٱلْمُؤْمِنِينَ نُوَلِّهِۦ مَا تَوَلَّىٰ وَنُصْلِهِۦ جَهَنَّمَ ۖ وَسَآءَتْ مَصِيرًا (النساء: 115)

... وَمَآ ءَاتَىٰكُمُ ٱلرَّسُولُ فَخُذُوهُ وَمَا نَهَىٰكُمْ عَنْهُ فَٱنتَهُوا۟ ۚ وَٱتَّقُوا۟ ٱللَّهَ ۖ إِنَّ ٱللَّهَ شَدِيدُ ٱلْعِقَابِ (الحشر: 7)

حتى أن القرآن يأمر بقتال كل من يرفض محمد:

قَـٰتِلُواْ ٱلَّذِينَ لَا يُؤْمِنُونَ بِٱللَّهِ وَلَا بِٱلْيَوْمِ ٱلْـَٔاخِرِ وَلَا يُحَرِّمُونَ مَا حَرَّمَ ٱللَّهُ وَرَسُولُهُۥ وَلَا يَدِينُونَ دِينَ ٱلْحَقِّ مِنَ ٱلَّذِينَ أُوتُواْ ٱلْكِتَـٰبَ حَتَّىٰ يُعْطُواْ ٱلْجِزْيَةَ عَن يَدٍ وَهُمْ صَـٰغِرُونَ (التوبة: 29)

... فَثَبِّتُواْ ٱلَّذِينَ ءَامَنُواْ ۚ سَأُلْقِى فِى قُلُوبِ ٱلَّذِينَ كَفَرُواْ ٱلرُّعْبَ فَٱضْرِبُواْ فَوْقَ ٱلْأَعْنَاقِ وَٱضْرِبُواْ مِنْهُمْ كُلَّ بَنَانٍ. ذَٰلِكَ بِأَنَّهُمْ شَآقُّواْ ٱللَّهَ وَرَسُولَهُۥ ۚ وَمَن يُشَاقِقِ ٱللَّهَ وَرَسُولَهُۥ فَإِنَّ ٱللَّهَ شَدِيدُ ٱلْعِقَابِ (الأنفال: 12-13)

لكن هل يستحق مثال محمد أن يتم الاقتداء به؟ في حين أن بعض جوانب حياة محمد إيجابية، وبعضها الآخر مثير للإعجاب، والعديد منها رائع، إلا أن بعض الأشياء التي فعلها محمد خاطئة بالنسبة لأي معيار أخلاقي تقريبًا. العديد من أفعال محمد في السيرة والأحاديث مثيرة للصدمة، بما في ذلك أعمال القتل، والتعذيب، والاغتصاب وغيرها من الانتهاكات ضد النساء، والاستعباد، والسرقة، والخداع، والتحريض ضد غير المسلمين.

هذه المعلومات ليست مجرد أدلة مزعجة على هوية محمد كفرد فحسب، بل إن آثارها تترتب على جميع المسلمين من خلال الشريعة. شرع الله مثال محمد في القرآن كأفضل نموذج يحتذى به، لذلك أصبحت جميع الحوادث في حياة محمد، حتى السيئة منها، معايير للمسلمين ليتبعوها.

القرآن – وثيقة محمد الشخصية

يؤمن المسلمون الملتزمون أن القرآن هو الوحي الحرفي الكامل لإرشاد الله للبشرية، الذي تم إنزاله على رسوله محمد. إذا قبلت الرسول، فيجب أن تقبل رسالته. لذلك تلزم الشهادة المسلم بأن يؤمن بالقرآن ويطيعه.

الشيء الرئيسي الذي يجب فهمه عن القرآن هو أن محمد والقرآن مترابطان بشكل وثيق مثل الجسد وعموده الفقري. السنة – تعاليم محمد ومثاله – هي الجسد والقرآن هو العمود الفقري. لا يمكن لأي منهما أن يقف بدون الآخر، ولا يمكنكم فهم أحدهما دون الآخر.

الشريعة الإسلامية - "الطريق" لتكونوا مسلمين

لاتباع تعاليم ومثال محمد، يجب على المسلم أن ينظر إلى القرآن والسنة. ومع ذلك، فإن هذه المادة الخام معقدة للغاية، ويصعب على معظم المسلمين الوصول إليها وفهمها واستخدامها. في القرون الإسلامية المبكرة، اتضح للقادة الدينيين أن على غالبية المسلمين أن يعتمدوا على عدد صغير من الخبراء القادرين على تصنيف وتنظيم المواد الخام لسنة محمد والقرآن في مجموعة منهجية ومتسقة من قواعد الحياة. لذلك، واستنادًا إلى القرآن وسنة محمد، وضع الفقهاء المسلمون ما أصبح يعرف بالشريعة، أي "الطريق" أو "السبيل" للعيش كمسلم.

تُعرف الشريعة الإسلامية أيضًا باسم شريعة محمد، لأنها تستند إلى مثال محمد وتعاليمه. يقوم نظام قواعد الشريعة بتحديد طريقة حياة كاملة للفرد والمجتمع. لا إسلام بدون شريعة.

نظرًا لأن سنة محمد هي أساس الشريعة الإسلامية، فمن المهم أن نفهم ونهتم بالتفاصيل المسجلة لما فعله محمد وقاله كما هو مسجل في الأحاديث والسيرة. أي جهل بشأن محمد هو جهل بالشريعة، وهذا جهل بحقوق الإنسان للأشخاص الذين يعيشون في ظل الظروف الإسلامية أو المتأثرين بالإسلام. توصي الشريعة المسلمين بالاقتداء بما فعله محمد، ما يؤثر على حياة الجميع، مسلمين وغير مسلمين. قد لا تكون العلاقة بين حياة محمد وحياة المسلمين اليوم علاقة مباشرة دائمًا، لكنها تظل قوية ومهمة للغاية.

يجب ملاحظة شيء آخر بخصوص الشريعة. على عكس القوانين التي تضعها البرلمانات والناس والتي يمكن تغييرها، فإن الشريعة بالنسبة للمسلمين مفروضة بسلطان إلهي. لذلك يزعم أن الشريعة كاملة وغير قابلة للتغيير. ومع ذلك، هناك بعض المرونة في تعض المجالات، إذ تستمر الظروف الجديدة في الظهور، ويتوجب على الفقهاء المسلمين أن يحددوا كيفية تطبيق الشريعة عليها. لكن هذه التعديلات تعنى فقط بحواشي القضايا التي تعتبر جزءًا من النظام المُلزم المثالي والخالد.

في الأقسام التالية، سندرس التعاليم الإسلامية حول نجاح المسلمين وتفوقهم على الآخرين.

"حي على الفلاح"

بحسب القرآن، ما هي نتيجة الهداية الصحيحة؟ بالنسبة لأولئك الذين يخضعون لله ويقبلون إرشاده، فإن النتيجة المقصودة هي النجاح في هذه الحياة والآخرة. دعوة الإسلام هي دعوة للنجاح.

هذه الدعوة إلى النجاح معلنة في الأذان، أو الدعوة إلى العبادة، والتي تصدر للمسلمين خمس مرات في اليوم:

الله أكبر! الله أكبر!
الله أكبر! الله أكبر!
أشهد أن لا إله إلا الله.
أشهد أن لا إله إلا الله.
أشهد أن محمدًا رسول الله.
أشهد أن محمدًا رسول الله.
حي على الصلاة. حي على الصلاة.
حي على الفلاح. حي على الفلاح.
الله أكبر! الله أكبر!
الله أكبر! الله أكبر!
لا إله إلا الله.

يؤكد القرآن على أهمية النجاح كثيرًا. فإنه يقسم البشرية إلى فئتين: الفالحون، والبقية أي "الخاسرون" الذين لا يقبلون هداية الله:

وَمَن يَبْتَغِ غَيْرَ ٱلْإِسْلَٰمِ دِينًا فَلَن يُقْبَلَ مِنْهُ وَهُوَ فِى ٱلْءَاخِرَةِ مِنَ ٱلْخَٰسِرِينَ (آل عمران: 85)

وَلَقَدْ أُوحِىَ إِلَيْكَ وَإِلَى ٱلَّذِينَ مِن قَبْلِكَ لَئِنْ أَشْرَكْتَ لَيَحْبَطَنَّ عَمَلُكَ وَلَتَكُونَنَّ مِنَ ٱلْخَٰسِرِينَ (الزمر: 65)

إن تركيز الإسلام على النجاح والفشل يعني أن هذا الدين يعلم المسلمين أن يعتبروا أنفسهم متفوقين على غير المسلمين. وكلما ازدادت تقوى المسلم، كلما ازداد تفوقه على المسلم الأقل تقوى. وهكذا نرى كيف أن المحاباة هي أسلوب حياة في الإسلام.

عالم منقسم

في جميع فصوله، يقول القرآن الكثير عن المسلمين وعن أتباع الديانات الأخرى أيضًا، وخاصةً المسيحيين واليهود. يشير القرآن والمصطلحات الشرعية الإسلامية إلى أربع فئات مختلفة من الناس:

1. الفئة الأولى والأهم هي فئة المسلمين الحقيقيين.
2. ثم هناك فئة المنافقين، وهم المسلمون المتمردون.

3. ثم نجد الفئة المهيمنة بين العرب قبل ظهور محمد وهي فئة المشركين. هؤلاء هم الأشخاص الذين ارتكبوا خطيئة "الشرك"، فجعلوا لله شركاء في قوته وحكمه أو شبهوا الأشخاص أو الأشياء بالله.

4. وأخيرًا نجد فئة أهل الكتاب، وهم فئة فرعية من المشركين. تشمل هذه الفئة المسيحيين واليهود، ويتوجب اعتبارهم مشركين لأن القرآن يتهمهم بالإشراك (التوبة: 30-31 وآل عمران: 64).

يشير مفهوم أهل الكتاب إلى أن المسيحية واليهودية مرتبطتان بالإسلام ومشتقتان منه، حيث يعتبر الإسلام الدين الأم الذي تفرع منه المسيحيون واليهود على مر القرون. بحسب القرآن، يتبع المسيحيون واليهود عقيدة كانت في الأصل هي التوحيد الخالص – أي بعبارة أخرى، الإسلام – لكن تم تحريف كتبهم المقدسة ولم تعد أصلية. وبهذا المعنى، تعتبر المسيحية واليهودية معتقدان مشتقان ومشوهان للإسلام، قد ضل أتباعهما عن الطريق المستقيم.

يتضمن القرآن تعليقات إيجابية وسلبية عن المسيحيين واليهود. على الجانب الإيجابي، يذكر أن بعض المسيحيين واليهود مخلصون ومؤمنون حقًا (آل عمران: 113-114). ومع ذلك، تقول نفس السورة أن الصادقين والحقيقيين منهم سيصبحون مسلمين (آل عمران: 199).

بحسب للإسلام، لم يكن تحرير المسيحيين واليهود من جهلهم ممكنًا حتى جاء محمد حاملًا القرآن (الفجر: 1). يعلم الإسلام أن محمد كان هبة الله للمسيحيين واليهود لتصحيح سوء الفهم. وهذا يعني أنه على المسيحيين واليهود قبول محمد رسولًا لله وقبول القرآن كإعلانه الأخير (النساء: 47؛ المائدة: 15؛ الحديد: 28-29).

فيما يلي أربعة ادعاءات يقدمها القرآن والسنة عن غير المسلمين، وعن المسيحيين واليهود على وجه الخصوص:

1. المسلمون "خَيْرَ أُمَّةٍ" وهم متفوقون على الشعوب الأخرى. دورهم هو إرشاد الآخرين بشأن الصواب والخطأ، والأمر بالصواب والنهي عن الخطأ (آل عمران: 110).

2. مصير الإسلام هو أن يحكم على جميع الأديان الأخرى (الفتح: 28).

3. لتحقيق هذه السيطرة، على المسلمين أن يقاتلوا اليهود والمسيحيين (أهل الكتاب) حتى ينهزموا ويتواضعوا، ويجبروا على دفع الجزية للمجتمع المسلم (التوبة: 29).

4. المسيحيون واليهود الذين يتشبثون بإشراكهم ويستمرون في الكفر بمحمد وتوحيده - أي الذين لا يعتنقون الإسلام - سيذهبون إلى الجحيم (المائدة: 72؛ النساء: 47-56).

على الرغم من أن اليهود والمسيحيين يشكلون معًا فئة واحدة وهي أهل الكتاب، إلا أن اليهود يتعرضون لمزيد من الانتقادات. في القرآن والسنة، يتم تقديم العديد من الادعاءات اللاهوتية

المحددة ضدهم. على سبيل المثال، علم محمد أنه في النهاية، ستتكلم الحجارة لمساعدة المسلمين على قتل اليهود. ويقول القرآن إن المسيحيين "أَقْرَبَهُم مَّوَدَّةً" للمسلمين، فيما أن اليهود (والمشركين) أكبر أعداء لهم (المائدة: 82).

ولكن في النهاية، فإن الحكم النهائي للقرآن سلبي على كل من اليهود والمسيحيين على حد سواء. يتم دمج هذه الإدانة حتى في صلوات المسلم الملتزم اليومية.

اليهود والنصارى في صلوات المسلمين اليومية

أشهر سورة في القرآن هي سورة الفاتحة. تتلى هذه السورة كجزء من جميع الصلوات اليومية الإلزامية وتتكرر في جميعها. يردد المسلمون المؤمنون الذين يلتزمون بالصلاة هذه السورة 17 مرة على الأقل في اليوم، وأكثر من 5000 مرة في السنة.

سورة الفاتحة هي دعاء للهداية:

بِسْمِ ٱللَّهِ ٱلرَّحْمَٰنِ ٱلرَّحِيمِ

ٱلْحَمْدُ لِلَّهِ رَبِّ ٱلْعَٰلَمِينَ

ٱلرَّحْمَٰنِ ٱلرَّحِيمِ

مَٰلِكِ يَوْمِ ٱلدِّينِ

إِيَّاكَ نَعْبُدُ وَإِيَّاكَ نَسْتَعِينُ

ٱهْدِنَا ٱلصِّرَٰطَ ٱلْمُسْتَقِيمَ

صِرَٰطَ ٱلَّذِينَ أَنْعَمْتَ عَلَيْهِمْ غَيْرِ ٱلْمَغْضُوبِ عَلَيْهِمْ وَلَا ٱلضَّآلِّينَ

(الفاتحة: 1-7)

في هذه صلاة، يطلب المؤمن من الله أن يقوده في "ٱلصِّرَٰطَ ٱلْمُسْتَقِيمَ". وهذا هو لب رسالة الإسلام عن الهداية.

ولكن من هم الذين غضب الله عليهم، أو الذين ضلوا عن الطريق المستقيم؟ من هم هؤلاء الناس الذين يستحقون أن يتم التحدث عنهم بشكل سيء في صلاة كل مسلم، كل يوم، مئات الآلاف من المرات في حياة العديد من المسلمين؟ أوضح محمد معنى هذه السورة قائلًا إن المغضوب هم اليهود والضالين هم النصارى (أي المسيحيين).

من اللافت للنظر أن جوهر الإسلام الظاهر في الصلوات اليومية لكل مسلم يتضمن رفض المسيحيين واليهود باعتبارهم مضللين وأهداف لغضب الله.

في الأقسام التالية، سندرس الضرر الناجم عن الشريعة الإسلامية، والذي يعود سببه إلى مثال محمد وتعاليمه.

إشكاليات الشريعة

عندما يترسخ الإسلام في بلد ما، تقوم الشريعة بإعادة تشكيل ثقافة المجتمع بعد فترة طويلة. تسمى هذه العملية "الأسلمة".

وبما أن العديد من الأمور في حياة وتعاليم محمد لم تكن جيدة، فإن الشريعة تجلب الكثير من الظلم والمشاكل الاجتماعية. ما يعني أن مجتمعات الشريعة غالبًا ما تتسبب بالكثير من الأذى للناس، رغم وعود الإسلام بالنجاح. إذا نظرنا حول العالم اليوم، يمكننا أن نرى أن تطور العديد من الدول الإسلامية ضعيف، وأن تأثير الإسلام فيها يجعلها تعاني من العديد من قضايا حقوق الإنسان.

بعض المظالم والمشاكل التي تسببها الشريعة هي:

- تمتع المرأة بوضع أدنى في المجتمعات الإسلامية ومعاناتها من العديد من الانتهاكات بسبب الشريعة الإسلامية. سننظر في مثال قصة أمينة لوال أدناه.

- تسبب التعاليم الإسلامية للجهاد في الصراعات والأضرار لملايين الرجال والنساء والأطفال في جميع أنحاء العالم.

- قساوة وشدة العقوبات الشريعة على جرائم معينة: كقطع يد اللصوص وقتل المرتدين لرفضهم الإسلام.

- عدم قدرة الشريعة على تغيير الناس لجعلهم صالحين. عندما حدثت الثورات الإسلامية في بعض البلدان واستولى المسلمون المتطرفون على الحكومة، كانت النتيجة أن الفساد ازداد ولم يقل. التاريخ الحديث لإيران هو مثال على ذلك: بعد الثورة الإسلامية الإيرانية في عام 1978، عندما

تمت الإطاحة بالشاه، استولى العلماء المسلمون على الحكومة. ولكن على الرغم من وعودهم، زاد الفساد.

- سماح محمد للمسلمين بل وشجعهم على الكذب في ظروف معينة. سنناقش عواقب هذا لاحقًا.
- التمييز ضد غير المسلمين في المجتمعات الإسلامية بسبب التعاليم الإسلامية. معظم الاضطهاد الذي يختبره المسيحيين في العالم اليوم يحدث على يد المسلمين.

قضية أمينة لوال

سننظر الآن في قصة امرأة مسلمة، كانت حياتها مهددة من قبل الشريعة. في عام 1999، أدخلت نيجيريا محاكم الشريعة إلى الولايات ذات الأغلبية المسلمة في شمال البلاد. وبعد ثلاث سنوات، في عام 2002، حكم القاضي الشرعي على أمينة لوال بالإعدام رجمًا لأنها أنجبت طفلًا بعد طلاقها. أعطتهم اسم والد الطفل، ولكن بدون اختبار الحمض النووي، لم تتمكن المحكمة من إثبات أنه الأب، لذلك وجد الرجل غير مذنب. أدينت المرأة وحدها بالزنا وحكم عليها بالرجم.

كما حكم القاضي بأن رجم أمينة يجب ألا يحدث إلا بعد فطام طفلها. هذا الحكم وتطبيقه بعد فطام الطفل يتبع عن كثب مثال محمد، الذي رجم امرأة مسلمة حتى الموت بعد أن اعترفت بالزنا، ولكن فقط بعد فطام الطفل وتناوله الطعام الصلب.

قانون الرجم في الشريعة سيئٌ لعدة أسباب:

- إنه شديد ومبالغ فيه.
- إنه قاسي: الموت بالرجم طريقة مروعة للموت.
- إنه يضر بالرجال الذين يقومون بالرجم.
- إنه تمييزي ويستهدف المرأة الحامل دون الرجل الذي تسبب في حملها.
- إنه يحرم الطفل الرضيع من أمه، أي يجعله يتيمًا.
- إنه يتجاهل إمكانية تعرض الامرأة للاغتصاب.

أثارت قضية أمينة الغضب على المستوى الدولي. تم إرسال أكثر من مليون رسالة احتجاج إلى السفارات النيجيرية في جميع أنحاء العالم. لحسن حظ أمينة، ألغت محكمة الاستئناف الحكم الصادر بحقها. لكن بإلغاء حكمها، لم ترفض محكمة الاستئناف الشرعية المبدأ القائل بأن عقوبة الزنا الإسلامية هي الرجم حتى الموت، بل قدمت أسباب أخرى. على سبيل المثال، تحججت محكمة الاستئناف بأنه كان ينبغي أن يحكم ثلاثة قضاة على أمينة، وليس قاضي واحد فقط.

الخداع المشروع

أحد الجوانب الإشكالية للشريعة الإسلامية هي تعاليمها حول الكذب والخداع. في حين يتوجب الاعتراف بأن الكذب خطيئة خطيرة

للغاية في الإسلام، إلا أن السلطات الإسلامية تسمح بالكذب لا بل تلزم الناس به في بعض الحالات، بناءً على مثال محمد.

هناك العديد من الظروف المتميزة التي يسمح فيها للمسلمين بأن يكذبوا أو يطلب منهم الكذب. على سبيل المثال، في مجموعة أحاديث صحيح البخاري، هناك فصل بعنوان "لَيْسَ الْكَاذِبُ الَّذِي يُصْلِحُ بَيْنَ النَّاسِ". بحسب هذا الجانب من مثال محمد، فإن أحد الظروف التي يسمح فيها للمسلمين بقول أشياء غير صحيحة هو عندما يكون للكذب تأثير إيجابي في المصالحة بين الناس.

سياق آخر للكذب الشرعي هو عندما يكون المسلمون في خطر من غير المسلمين (آل عمران: 28). يستمد مفهوم التقية من هذه الآية، وهو يشير إلى ممارسة الخداع من أجل الحفاظ على سلامة المسلمين. أجمع العلماء المسلمين على أنه يجوز للمسلمين أن يظهروا الود واللطف لغير المسلمين كإجراء وقائي عندما يعيشون تحت هيمنة سياسية غير إسلامية، لطالما بقوا متمسكين بإيمانهم (وعداوتهم) في قلوبهم. أحد الآثار المترتبة على هذه العقيدة هو أنه من المتوقع أن يصبح سلوك المسلمين الملتزمين تجاه غير المسلمين أقل ودية، وأن تصبح معتقداتهم علنية أكثر، مع زيادة قوتهم السياسية.

فيما يلي بعض الظروف الأخرى التي تشجع فيها الشريعة المسلمين على الكذب: بين الأزواج والزوجات للحفاظ على الانسجام الزوجي؛ عند حل النزاعات؛ عندما يؤدي قول الحقيقة إلى

تجريم الذات (وبخ محمد أحيانًا الأشخاص الذين اعترفوا بجريمتهم)؛ عندما يبوح لك شخص ما بسره؛ وفي الحرب. بشكل عام، يدعو الإسلام إلى اتباع أخلاقيات الكذب بحيث تبرر الغاية الوسيلة.

لقد ميز بعض العلماء المسلمين بين أنواع مختلفة من الكذب. على سبيل المثال، يستحسن إعطاء انطباع مضلل بدلًا من الكذب بشكل كامل. أخلاقيات الكذب المنفعي - "الغاية تبرر الوسيلة" – عندما قد يسبب قول الحقيقة الكثير من الضرر للمجتمع. هذا يدمر الثقة ويخلق الارتباك، ويضر بالثقافات المحلية والسياسية. الأمة الإسلامية – أي مجتمع جميع المسلمين - هي مجتمع متضرر أخلاقيًا بسبب هذا. على سبيل المثال، إذا اعتاد الأزواج الكذب على زوجاتهم لتسوية الخلافات، كما علم محمد، فإن هذا سيؤدي إلى تفتت الثقة داخل الزواج. إذا لاحظ الأطفال أن آباءهم يكذبون على أمهاتهم، فإن هذا سيمنحهم الإذن بالكذب على الآخرين، ويجعل ثقتهم بالآخرين أمرًا صعبًا. تتسبب ثقافة الخداع الشرعي في انهيار الثقة في المجتمع بأسره. وهذا يعني، على سبيل المثال، أن ممارسة الأعمال التجارية مكلفة أكثر، وأن الصراعات تمتد وتطول، وأن تحقيق المصالحة أصعب بكثير.

عندما يترك شخصٌ ما الإسلام، من المهم أن يتخلى على وجه التحديد عن هذا الجانب من مثال محمد. سنعود إلى هذا في الدرس 7.

فكر بنفسك

بسبب طريقة تنظيم المعرفة في الإسلام وحراستها، قد تصعب معرفة ما يعلمه الإسلام حقًا فيما يخص بعض المواضيع المعينة. وقد تجعل ثقافة الكذب هذه المشكلة أسوأ.

المصادر الأساسية للإسلام كبيرة ومعقدة. واشتقاق أحكام الشريعة من مصادر القرآن والسنة عملية تتطلب مهارات عالية وسنوات طويلة من التدريب، ما لا تقدر الغالبية العظمى من المسلمين أن تفعله. هذا يعني أنه على المسلمين أن يعتمدوا على علمائهم لإرشادهم في مسائل الإيمان. في الواقع، تعلم الشريعة الإسلامية المسلمين أن يبحثوا عن شخص أكثر دراية بمسائل الإيمان منهم واتباه. إذا كان لدى المسلمين أسئلة حول الشريعة الإسلامية، فمن المفترض أن يسألوا شخصًا يمتلك الخبرة المطلوبة.

لم تتخذ المعرفة الدينية الإسلامية الطابع الديمقراطي مثلما فعلت المعرفة الكتابية في القرون الأخيرة. بل يتم توفيرها فقط عند الحاجة إلى معرفتها. في الإسلام، لا تتم مناقشة بعض الأشياء إذا لم يكن هناك حاجة لذكرها أو إذا وضعت الإسلام في صورة سيئة. وكثيرًا ما اختبر المسلمون توبيخ أستاذ الدين عندما طرحوا "السؤال الخطأ".

لا يجب أن يخاف أي أحد من الادعاءات التي تمنع الفرد من حقه في التعبير عن آرائه حول الإسلام أو القرآن أو سنة محمد. في هذا

العصر، وبما أن المواد الأساسية المتعلقة بهذه الموضوعات متاحة بسهولة، يجب على الجميع - مسيحيين ويهود وملحدين ومسلمين - أن ينتهزوا كل فرصة لدراسة هذه الأمور بأنفسهم والتحدث عن آرائهم حولها. لكل شخص متأثر بالإسلام الحق في تثقيف نفسه وتكوين آرائه الخاصة حول هذه الأمور.

في الأقسام التالية، سنناقش فهم الإسلام ليسوع، ونوضح لماذا لا يقدر يسوع الإسلامي أن يوفر الحرية للبشر.

عيسى النبي الإسلامي

على أهل الإيمان أن يتخذوا قرارًا مهمًا: هل سيتبعون يسوع الناصري، أم سيتبعون محمد ابن مكة؟ هذا خيار مهم للغاية، ولديه عواقب وخيمة على الأفراد والدول أيضًا.

من المعروف أن المسلمين يعتبرون يسوع، الذي يسمونه "عيسى"، رسول لله، تمامًا مثل محمد. يعلم الإسلام أن يسوع ولد بأعجوبة من مريم العذراء، لذلك يشار إليه أحيانًا باسم "ابن مريم". يلقب القرآن عيسى المسيح أيضًا بـ "المسيا" ولكن دون تقديم أي تفسير لما قد يعنيه هذا اللقب.

يُذكر يسوع في القرآن باسم عيسى أكثر من عشرين مرة – في حين لم يتم ذكر اسم محمد إلا أربع مرات فقط – ويُشار إلى يسوع بألقاب مختلفة في القرآن 93 مرة.

يعلم الإسلام أنه كان هناك العديد من الرسل أو الأنبياء قبل محمد، الذين أرسلهم الله إلى شعوب الماضي. ويشدد القرآن على أن كل هؤلاء، بمن فيهم عيسى، كانوا مجرد بشر.

يدعي القرآن أن هؤلاء الرسل السابقين جلبوا نفس رسالة محمد: رسالة الإسلام. على سبيل المثال، يدعي القرآن أن الأمر بالقتال والقتل والوعد بالجنة للشهداء المؤمنين قد أُعطوا سابقًا ليسوع وموسى (التوبة: 111)، وبعد ذلك تم إعطاء نفس الأمر والوعد من خلال محمد. لكن بالطبع، لم يعلم يسوع الناصري الحقيقي بمثل هذه الأشياء ولم يعد بها.

في القرآن، يعلن تلاميذ عيسى: " نَحْنُ أَنصَارُ ٱللَّهِ ءَامَنَّا بِٱللَّهِ وَٱشْهَدْ بِأَنَّا مُسْلِمُونَ" (آل عمران: 52؛ انظر أيضًا المائدة: 111). ويقول القرآن: "مَا كَانَ إِبْرَاهِيمُ يَهُودِيًّا وَلاَ نَصْرَانِيًّا وَلَكِن كَانَ حَنِيفًا مُّسْلِمًا وَمَا كَانَ مِنَ الْمُشْرِكِينَ" (آل عمران: 67). كما يدعي القرآن أن بعض الشخصيات الكتابية الأخرى كانت أنبياء للإسلام، مثل إسحاق ويعقوب وإسماعيل وموسى وهارون وداود وسليمان وأيوب ويونان ويوحنا المعمدان.

يقر الإسلام بأن الشريعة المزعومة التي جلبها هؤلاء "الأنبياء الأوائل للإسلام" لم تكن بالضبط نفس شريعة محمد. ومع ذلك، يزعم أن الشريعة السابقة قد ألغيت واستبدلت عندما جاء محمد، فعندما يعود يسوع سيحكم بشريعة محمد:

بما أن شريعة جميع الأنبياء السابقين قد تم نسخها مع ظهور الرسول محمد، فإن يسوع سيحكم بحسب قانون الإسلام.[5]

يدعي القرآن أيضًا أن الله أعطى كتابًا اسمه الإنجيل لعيسى كما أعطى القرآن لمحمد. وتعليم الإنجيل هو نفس رسالة القرآن، لكن تم فقدان نص الإنجيل الأصلي. يؤمن المسلمون بأن الأناجيل في الكتاب المقدس تحتوي فقط على أجزاء معدلة ومحرفة للإنجيل الأصلي. ومع ذلك، يزعم أن هذا غير مهم إذ أرسل الله محمد لإعطاء الكلمة الأخيرة.

في الأساس، ما يعلمه الإسلام وما يؤمن به معظم المسلمين هو التالي: لو كان يسوع حيًا اليوم لقال للمسيحيين: "اتبعوا محمدا!" أي إذا أراد شخص ما أن يسمع تعليم عيسى وأراد أن يتبعه، فعليه اتباع محمد والخضوع للإسلام. ويشرح القرآن أن المسيحي واليهودي الصالح سيعترف بمحمد كنبي حقيقي لله (آل عمران: 199).

---

[5] Siddiqi, Abdul Hamid, trans. *Sahih Muslim*, vol. 2, p. 111, fn. 288

يحذر القرآن المسيحيين من تسمية يسوع "ابن الله" أو عبادته كإله. بل يؤكد على أن عيسى كان مجرد إنسان (آل عمران: 59) وعبد لله (مريم: 30).

يعلم الإسلام أنه سيتم تدمير اليهودية والمسيحية على يد عيسى قبل نهاية العالم. يساعدنا هذا التعليم عن الأيام الأخيرة على فهم المنظور الإسلامي. تأملوا في الحديث التالي من سنن أبو داود:

[عندما يعود عيسى، سوف] يقاتل الناس على الإسلام فيدق الصليب ويقتل الخنزير ويضع الجزية ويهلك الله في زمانه الملل كلها إلا الإسلام ويهلك المسيح الدجال فيمكث في الأرض أربعين سنة ثم يتوفى

يقول محمد هنا إنه عندما يعود عيسى إلى الأرض سوف "يكسر الصليب" - أي يدمر المسيحية - و "يضع الجزية" - أي يضع حد للتسامح القانوني مع المسيحيين الذين يعيشون تحت الحكم الإسلامي. هذا يعني أنه لن يعود بإمكان المسيحيين أن يدفعوا ضريبة للحفاظ على دينهم المسيحي. يفسر العلماء المسلمون أن هذا يعني أنه سيجبر جميع غير المسلمين، بما في ذلك المسيحيين، على اعتناق الإسلام عندما يعود عيسى/يسوع المسلم.

إتباع يسوع الناصري الحقيقي

ذكرنا سابقًا أنه على الناس أن يقرروا من سيتبعون: إما يسوع أو محمد. ومع ذلك، يتعلم المسلمون أن لا فرق بين الخيارين: اتباع يسوع هو نفس الشيء كاتباع محمد. يتعلم المسلمون أنهم يتبعون يسوع ويحبونه من خلال اتباع محمد ومحبته. لقد استبدل المسلمون يسوع التاريخي المذكور في الأناجيل بيسوع مختلف، بعيسى المذكور في القرآن. هذا التحول في هوية يسوع يخفي خطة الله الخلاصية ويعمل كحاجز أمام المسلمين للعثور على يسوع الحقيقي واتباعه.

الحقيقة تقول إننا نقدر أن نعرف يسوع الحقيقي التاريخي من خلال الأناجيل الأربعة، التي تم تدوينها كذكرى حية ليسوع. هذه الأناجيل هي سجلات موثوقة ليسوع، ولرسالته وخدمته. لا يمكن الاعتماد على تعاليم الإسلام، التي تم وضعها بعد أكثر من 600 عام من حياة يسوع على الأرض، للحصول على معلومات حول يسوع الناصري.

عندما يرفض شخص ما الإسلام، يجب أن يرفض ليس فقط مثال محمد، بل أيضًا النسخة المزيفة ليسوع في القرآن. إن الطريقة الأصح والأفضل للعيش كتلميذ ليسوع هي أن تتعلم منه ومن رسالة أتباعه المحفوظة لك في الأناجيل الأربعة، "لِتَتَأَكَّدَ لَكَ صِحَّةُ الْكَلامِ الَّذِي تَلَقَّيْتَهُ" (لوقا 1: 4).

هذا أمر مهم جدًا إذ أن مفتاح التحرر من العبودية الروحية هو حياة وموت يسوع المسيح. وحده يسوع الناصري الحقيقي، يسوع الأناجيل، يقدر أن يوفر لنا هذه الحرية.

دليل الدراسة

الدرس 3

المفردات

الإسلام	الرسول	الصلاة
الشهادة	الأذان	الأسلمة
القرآن	المشرك	صحيح البخاري
السنة	الشرك	التقية
الحديث	أهل الكتاب	الأمة
السيرة	الفاتحة	الإنجيل

أسماء جديدة

- أمينة لوال: امرأة نيجيرية (مواليد 1972)
- عيسى: اسم القرآن ليسوع

الكتاب المقدس في هذا الدرس

لوقا 1: 4

القرآن في هذا الدرس

الأحزاب: 21

النساء: 80

الأحزاب: 36

النور: 52

النساء: 69

النساء: 115

الحشر: 7

التوبة: 29

الأنفال: 12-13

آل عمران: 85

الزمر: 65

التوبة: 30-31

آل عمران: 64

آل عمران: 113-114

آل عمران: 199

البينة: 1

النساء: 47

المائدة: 15

الحديد: 28-29

آل عمران: 110

الفتح: 28

المائدة: 72

النساء: 47-56

المائدة: 82

الفاتحة: 1-7

آل عمران: 28

التوبة: 111

آل عمران: 52

المائدة: 111

آل عمران: 67

آل عمران: 59

مريم: 30

أسئلة الدرس 3

- ناقش دراسة الحالة.

كيف تصبح مسلم

1. ما هو المعنى الجذري للكلمة **الإسلام** وما شرحها؟

2. ماذا تصبح إذا نطقت **بالشهادة**؟

3. من الذي تعلن أنه مرشد حياتك عندما تنطق **الشهادة**؟

4. ما المصدران لفهم هداية محمد؟ وكيف يختلفان؟

5. في أي نوعين من النصوص نجد مثال محمد؟

شخصية محمد

6. إذا رغب المسلمون في طاعة الله، فمن يجب أن يطيعوا؟

7. ا شرع الله جميع أفعال محمد كأفضل نموذج على جميع المسلمين يحتذوا به، فما هي الآثار المترتبة على ذلك؟

8. من هم الموعودون بالانتصار حسب سورة النور: 52؟

9. ما هو العقاب الموعود للذين يعصون الله **ورسوله**؟

10. بحسب التوبة: 29 و الأنفال: 12-13، من هم الذين يجب على المسلمين أن يقاتلوهم؟

11. اعترف دوري أن بعض الأشياء التي فعلها محمد كانت المثيرة للإعجاب. لكن ما هي الأمثلة الثمانية الصادمة التي ذكرها؟

القرآن – وثيقة محمد الشخصية

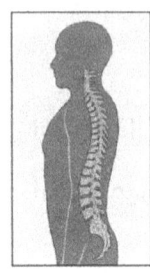

12. إذا نطقت **الشهادة**، فما الذي يجب عليك أيضًا أن تؤمن به وتطيعه؟

13. ما هو الرسم التوضيحي الذي يستخدمه دوري لشرح العلاقة بين **السنة والقرآن**؟

الشريعة الإسلامية - "الطريق" لتكون مسلم

14. لتنظيم **السنة والقرآن** في مجموعة منهجية من القواعد تسمى الشريعة، من هم أصحاب السلطة والخبرة الذين يجب أن يعتمد عليهم المسلمون؟

15. بحسب دوري، لا يمكن أن يكون هناك إسلام بدون ماذا؟

16. لماذا تختلف الشريعة عن القوانين التي تضعها البرلمانات؟

"حي على الفلاح"

17. ما هي دعوة الإسلام؟

18. تقسم دعوة القرآن البشرية إلى أي نوعين من الناس. ما هما؟

19. يعلم الإسلام التمييز والشعور بالتفوق بطريقتين. ما هما؟

عالم منقسم

20. ما هي الفئات الأربع للناس في **القرآن** والشريعة الإسلامية؟

21. ماذا الاسم الذي يطلقه محمد على من يربط أي شخص أو أي شيء بالله؟

22. في البداية، وصف القرآن اليهودية والمسيحية (**أهل الكتاب**) بأنهما شكلان نقيان من التوحيد. لكن هذا تغير. اكتب أربعة أشياء تجعل المسلمين يدينون اليهود والمسيحيين:

(1

(2

(3

(4

23. ما هي الأشياء الإيجابية التي تقال عن اليهود والمسيحيين في **القرآن؟**

24. كيف تعتبر الادعاءات اللاهوتية الأربعة التي يقدمها المسلمون ضد غير المسلمين أربع طرق لاضطهاد اليهود والمسيحيين؟

(1

(2

(3

(4

25. كيف يتم تصوير علاقة اليهود بالمسلمين في **القرآن؟**

اليهود والنصارى في صلوات المسلمين اليومية

26. ما هي الأشياء الثلاثة التي تجعل السورة الافتتاحية للقرآن، والتي تسمى **الفاتحة**، سورة فريدة من نوعها؟

27. بحسب دوري، تتكلم **الفاتحة** عن أشخاص ضلوا وعن أشخاص يستحقوا غضب الله. من هم؟

إشكاليات الشريعة

28. ما هو المصدر الأساسي للمشاكل التي تسببها الشريعة؟

29. ما اسم العملية التي تؤدي إلى تغيير ثقافة الأمة لجعلها متوافقة مع الإسلام؟

30. حدد ست مشكلات ينسبها دوري إلى الشريعة:

(1

(2

(3

(4

(5

(6

قضية أمينة لوال

31. ما هو التغيير الذي حدث في نيجيريا عام 1999 والذي أدى إلى إدانة أمينة لاوال بتهمة الزنا؟

32. من هو المثال الذي اتبعه القاضي الشرعي عن كثب عندما حكم على أمينة لوال بالرجم حتى الموت؟

33. قدم دوري ستة انتقادات لقانون الرجم الإسلامي. ما هي؟

(1

(2

(3

(4

(5

(6

الخداع المشروع

34. ما هي الظروف التي ذكرها دوري لتوضيح حق المسلمين في الكذب؟

35. ماذا تعني **التقية**؟

36. بحسب دوري، ما هو الضرر الأخلاقي للكذب المعتاد؟

فكر بنفسك

37. على ماذا يعتمد معظم المسلمين للحصول على التوجيه في مسائل الإيمان؟

38. ما الذي يشجعنا دوري على فعله الآن بعد أن أصبحت المصادر الأساسية للإسلام متاحة لنا في العصر الحديث للإنترنت؟

عيسى النبي الإسلامي

39. ما هو الخيار المهم الذي يواجهه الناس؟

40. أي اسم مذكور أكثر في **القرآن**: محمد أم عيسى (يسوع)؟

41. بحسب الإسلام، ما الذي تسبب محمد في إبطاله؟

42. بحسب **القرآن**، ما هو **الإنجيل**؟

43. بحسب **الأحاديث**، ماذا سيفعل **عيسى** عندما يعود؟

إتباع يسوع الناصري الحقيقي

44. ماذا يتعلم المسلمون عن اتباع يسوع؟

45. ما الذي تخفيه هذه القناعة عن المسلمين؟

46. كيف يمكننا أن نتعرف بشكل موثوق على يسوع الناصري الحقيقي؟

47. لماذا من المهم التمييز بين **عيسى** الموجود في **القرآن** ويسوع الموجود في الأناجيل؟

4

محمد والرفض

"... أَحِبُّوا أَعْدَاءَكُمْ، أَحْسِنُوا مُعَامَلَةَ الَّذِينَ يُبْغِضُونَكُمْ"

لوقا 6: 27

أهداف الدرس

أ. تقدير السنوات الأربعين الأولى المؤلمة من حياة محمد في شبه الجزيرة العربية.

ب. فهم كيف كان رفض الذات والشك في الذات لدى محمد جزء لا يتجزأ من تأسيس الإسلام في مكة.

ج. فهم كيف تم استخدام "الوحي" المكي لدعم محمد في مواجهة السخرية والاضطهاد من أهل مكة.

د. تقدير الشخصيات الرئيسية في حياة محمد المكية: أنصاره المتحمسون وأعداؤه الغاضبون.

ه. فهم كيف تحول مفهوم محمد الأصلي للفتنة من الاضطهاد أو الإغراء إلى عقيدة عنيفة للحرب، بداية من أواخر الفترة المكية وحتى أيامه في المدينة المنورة.

و. فهم كيف قامت رغبة محمد في أخذ الثأر والانتقام في التأثير على لاهوته ومعاملته لغير المؤمنين، وخاصة اليهود.

ز. إدراك كيف تحول أسلوب محمد في معارضته للرفض إلى شعور عالمي بالعدوان وتبني المسلمين لشخصية الضحية المستهدَفة.

ح. فهم كيف يساهم تأثير الشريعة في إعادة إنتاج صفات محمد السيئة في حياة المسلمين اليوم.

ط. تقدير حاجة أولئك الذين يتركون الإسلام إلى الانفصال عن شخصية محمد ومثاله.

دراسة حالة: ماذا ستفعل؟

تتطلب منكم مهنتكم أن تأخذوا ندوات معينة لتحسين مؤهلاتكم. خلال إحدى ورش العمل، تم وضعكم في مجموعة عمل مؤلفة منكم ومن مسلم متدين، وملحد ساخر، وكاثوليكي اسمي. كان العمل مع هذا الفريق يتضمن أحيانًا تناول الطعام معًا. خلال إحدى المحادثات أثناء وقت الغذاء، قرر الرجل المسلم سرد جميع أشكال العنف التي قام بها المسيحيون على مر القرون ضد المسلمين، بما في ذلك كل الشرور التي تُرتكب ضد الدول الإسلامية اليوم. من منظاره، "المسلمون ضحايا مضطهدون. والمسيحيون هم المعتدون". انضم الملحد إلى صف المسلم في مهاجمة استخدام "الحروب المقدسة" الدموية من قبل الصليبيين. فغضب الزميل الكاثوليكي ونظر إليكم طلبًا للمساعدة.

ماذا ستقولون لكلٍ من المسلم والملحد، اللذان ينظران إليكم الآن أيضًا؟

محمد هو جذر الإسلام وهيكله. يقدم هذا الدرس لمحة عامة عن بعض التجارب المؤلمة في حياة محمد، والطريقة الضارة التي استجاب بها لصعوباته. في القسم الأول سنتناول ظروفه العائلية الصعبة والمشاكل الأخرى التي مر بها في مكة.

البدايات العائلية

ولد محمد في حوالي سنة 570 م في قريش، وهي قبيلة عربية في مكة. توفي والده عبد الله بن عبد المطّلب قبل ولادة محمد. فقامت عائلة أخرى بالاعتناء بمحمد في سنواته الأولى. توفيت والدته عندما كان في السادسة من عمره، واعتنى به جده الجبار لفترة من الوقت، لكنه توفي بعد ذلك عندما كان محمد في الثامنة من عمره. فذهب محمد للعيش مع أبي طالب شقيق والده، حيث تم تكليفه بمهمة متواضعة وهي رعاية جمال وأغنام عمه. في وقت لاحق، ادعى محمد أن جميع الأنبياء قد قاموا بعمل رعاية القطعان بهدف تحويل خلفيته المتواضعة إلى شيء خاص ومميز.

على الرغم من أن بعض أعمام محمد الآخرين كانوا أثرياء، يبدو أنهم لم يفعلوا شيئًا لمساعدته. يزدري القرآن بأحد الأعمام المعروف بأبو لهب، أي "أبو شعلة النار"، ويذكر إنه سيحترق في الجحيم بسبب احتقاره لمحمد:

تَبَّتْ يَدَآ أَبِى لَهَبٍ وَتَبَّ
مَآ أَغْنَىٰ عَنْهُ مَالُهُۥ وَمَا كَسَبَ
سَيَصْلَىٰ نَارًا ذَاتَ لَهَبٍ
وَٱمْرَأَتُهُۥ حَمَّالَةَ ٱلْحَطَبِ
فِى جِيدِهَا حَبْلٌ مِّن مَّسَدٍ (المسد)

الزواج والأسرة

عندما كان محمد شابًا في الخامسة والعشرين من عمره، اقترحت خديجة، المرأة الثرية التي كان يعمل عندها، أن يتزوج منها. كانت أكبر منه، وبحسب التقليد كما نقله ابن كثير، خشيت خديجة أن يرفض والدها هذا الزواج. فدفعت والدها إلى عقد قرانهما وهو سكران. عندما عاد والدها إلى رشده واكتشف ما حدث، غضب بشدة.

في الثقافة العربية، كان على الرجل أن يدفع المهر لعروسه أولًا، وعلى أساسه تصبح ملكًا له. إذا توفي زوجها، كانت تعتبر جزءًا من ممتلكاته وكان يمكن لوريثه الذكر الزواج منها إذا رغب في ذلك. على عكس الوضع المعتاد، كانت خديجة قوية وثرية، حيث وصفها كاتب سيرة محمد ابن إسحاق بأنها امرأة "ذات شرف ومال"، فيما كان محمد فقيرًا وذا إمكانيات قليلة. إضافة إلى ذلك، كانت خديجة متزوجة مرتين من قبل. وهنا يظهر التناقض بين الفهم المعتاد للزواج عند العرب في ذلك الوقت، والترتيب الغريب الذي حدث بين خديجة ومحمد.

كان لخديجة ومحمد ستة أطفال (أو سبعة بحسب بعض الروايات). كان لمحمد ثلاثة (أو أربعة) أبناء، لكنهم ماتوا جميعًا في عمر صغير، فلم يبقَ له وريث ذكر. كان هذا بلا شك مصدرًا آخر لخيبة الأمل في تجربة محمد في مجال الحياة الأسرية، بالإضافة إلى تجارب طفولته.

في الختام، كانت هناك العديد من السمات المؤلمة في حياة محمد العائلية، بما في ذلك أنه تيتم وفقد جده، ثم أصبح شخصًا فقيرًا ومتكلًا، ثم اضطر إلى الزواج بينما كان والد زوجته سكران، وأخيرًا

فقد أبنائه، فأصبح هدفًا لعداوة أقاربه الأقوياء. الاستثناءان الكبيران لهذا النمط من الرفض وخيبة الأمل كانا الرعاية التي أبداها له عمه أبو طالب، وقرار خديجة أن يكون هو زوجها، ما أنقذه من الفقر.

تأسيس دين جديد (مكة)

كانت الظروف العائلية لمحمد صعبة. وعندما أسس دينه الجديد، استمر في مواجهة الصعوبات.

كان محمد يبلغ حوالي 40 عامًا عندما بدأ يختبر زيارات روح، قال لاحقًا إنه الملاك جبريل. في البداية، كانت هذه الزيارات تزعجه للغاية، حتى أنه تساءل عما إذا كان ممسوسًا وفكر في الانتحار، قائلًا: "لأعمدنّ إلى حالقٍ من الجبل فلأطرحنّ نفسي منه أقتلها فلأستريح." فقامت زوجته خديجة بتعزيته في قلقه الشديد وأخذته إلى ابن عمها، ورقة، وهو مسيحي، الذي أعلن أنه نبي وليس مجنونًا.

في وقت لاحق، عندما توقف الوحي لبعض الوقت، أخذت الأفكار الانتحارية ترتاد محمد مرةً أخرى. ولكن في كل مرة كان على وشك إلقاء نفسه من الجبل، كان جبريل يظهر له ويطمئنه قائلاً: "يا محمد، أنت رسول الله حقًا".

يبدو أن محمد خشي أن يُرفض باعتباره محتال، إذ أكد الله له في إحدى السور المبكرة أنه لن يتخلى عنه أو يرفضه (الضحى).

نما المجتمع المسلم ببطء في البداية. كانت خديجة أول من اعتنق الإسلام. الثاني كان ابن عم محمد الشاب علي بن أبي طالب، الذي

نشأ في منزل محمد. ثم تبعهم آخرون من بين الفقراء، والعبيد، والعبيد المحررين بشكل رئيسي.

قبيلة محمد

في البداية، تم إخفاء الدين الجديد من قبل أتباعه. ولكن بعد ثلاث سنوات قال محمد إن الله أمره بإعلانه. وقد فعل ذلك من خلال عقد مؤتمر عائلي دعا فيه أقاربه إلى اعتناق الإسلام.

في البداية، كان رفاق محمد من قبائل قريش في مكة على استعداد للاستماع إليه. ولكن تغير الوضع عندما بدأ في مهاجمة آلهتهم. بعد ذلك أصبح المسلمون أقلية محتقرة كما وصفهم ابن إسحق. فازدادت التوترات، وتعرض الجانبان للضربات.

ومع تصاعد المعارضة، قام أبو طالب عم محمد بحمايته. وعندما جاء إليه آخرون في مكة قائلين: "إن ابن أخيك قد سب آلهتنا، وعاب ديننا، وسفه أحلامنا، وظلل آباءنا... فإما أن تكفه عنا وإما أن تخلي بيننا وبينه"، فقال لهم أبو طالب قولًا رقيقًا وردهم ردًا جميلًا فمضى رسول الله صلى الله عليه وآله على ما هو عليه.

نظم العرب غير المسلمين مقاطعة اقتصادية واجتماعية ضد عشيرة محمد، ومنعوا التجارة والتزاوج معهم. بسبب فقرهم، كان المسلمون ضعفاء. يلخص ابن إسحق معاملتهم على يد قريش كالتالي:

انهم عدوا علي من اسام واتبع رسول الله صلعم من أصحابه، فوثبت كل قبيلة علي من فبها من المسامين، فجعلوا

يحبسونهم ويعذّبونهم بالضرب والجوع والعطش وبرمضاء مكة اذا اشتد الحر، من استضعفوا منهم يفتنونهم عن دبنهم، فمنهم من بغتتن من شدة. البلاء الذي بُصيبه، ومنهم من بصلب لهم ويعصمه الله منهم.

لم يفلت محمد نفسه من المخاطر والإهانات: فقد رموا عليه الأوساخ وحتى أمعاء الحيوانات عندما كان يصلي.

عندما استمر الاضطهاد، هاجر 83 رجلًا مسلمًا وعائلاتهم ولجأوا إلى الحبشة المسيحية حيث وجدوا الحماية.

في الأقسام التالية، سننظر إلى كيفية استجابة محمد لرفض قومه في مكة.

الشك الذاتي والتأييد الذاتي

في مرحلةٍ ما، وتحت ضغط من قريش، بدا أن محمد تردد في إيمانه بإله واحد. فقد عرضوا عليه صفقة بحيث يعبدون الله إذا عبد هو آلهتهم. لم يقبل هذه الصفقة، معلنًا "لَكُمْ دِينُكُمْ وَلِىَ دِينِ" (الكافرون: 6). ومع ذلك، لا بد أن محمد قد تردد، إذ كتب الطبري أنه أثناء تلقيه سورة النجم، كُشفت "الآيات الشيطانية" لمحمد، والتي وصفت الآلهة المكية اللات والعزى ومناة على أنها "الغَرانِيقُ العُلا، وأنَّ شَفاعَتَهُنَّ تُرْتَضى".

عندما سمعوا هذه الآية، فرح وثنيو قريش وبدأوا في العبادة مع المسلمين. ومع ذلك، وبخ الملاك جبريل محمد، لذلك فأعلن محمد

أن الآية قد نسخت (أي تم إلغاؤها) وأنها جاءت من الشيطان. قام إعلان محمد لنسخ هذه الآية بإثارة المزيد من الازدراء من قريش، الذين أصبحوا أكثر عداءً لمحمد وأتباعه.

بعد ذلك، كتب محمد آية تدعي أن جميع الأنبياء الذين سبقوه قد ضللهم الشيطان أيضًا (الحج: 52). هنا مرة أخرى نرى محمد وهو يأخذ سببًا محتملًا للعار ويحوله إلى علامة تمييز.

في وجه السخرية والاتهامات بدجله التي لسعته بشدة، أفاد محمد أنه تلقى آيات من الله تثبت صدقه وتشيد بشخصيته الاستثنائية. يقول القرآن إنه لم يكن مخطئًا، بل كان رجلًا نزيهًا (النجم: 1-3؛ القلم: 1-4).

تشير مجموعة متنوعة من الأحاديث أيضًا إلى أن محمد أخذ يؤمن بتفوق عرقه وقبيلته وعشيرته ونسبه. ردًا على الادعاءات بغير شرعيته، قال محمد إن جميع أسلافه ابتداءً من آدم، ولدوا في نطاق الزواج، وأن لا أحد منهم ولد خارج الزواج. بحسب حديث ابن كثير، أعلن محمد أنه الرجل الأفضل من العشيرة الأفضل (الهاشميون) من الأمة الفضلى (العرب)، قائلًا: "أنا خيركم نفسا، و خيركم أنا... فأنا خِيارٌ من خيار، فمن أحَبَّ العرب فبحُبِّي أَحبَّهم".

خلال السنوات الـ 13 التي قضاها محمد في مكة، ظهر المفهوم الإسلامي للفلاح (أي النجاح) والحقل المعجمي للفائزين والخاسرين كأفكار رئيسية في القرآن. على سبيل المثال، في الإشارات المتكررة إلى الصراعات بين موسى وعبدة الأوثان المصريين، يصف القرآن النتائج بلغة الفائزين والخاسرين (طه: 64

و68؛ الشعراء: 40-44). بدأ محمد أيضًا في تطبيق مصطلحات النجاح على الصراع بينه وبين خصومه، معلنًا أن أولئك الذين يرفضون وحي الله سيكونون "مِنَ الْخَاسِرِينَ" (يونس: 95).

المزيد من الرفض والحلفاء الجدد

لم تكن الأمور تسير على ما يرام لبعض الوقت في مكة، إذ فقد محمد زوجته خديجة وعمه أبو طالب في نفس العام. كانت هذه ضربات ضخمة. بدون دعمهما وحمايتهما، أصبح أبناء قريش أكثر جرأة وأكثر عدائية ضد محمد ودينه.

كان المجتمع العربي قائمًا على التحالفات والعلاقات مع العملاء. للعثور على الأمان، كان على الفرد إيجاد حماية شخص أقوى منه. لذا، مع تزايد المخاطر عليه وعلى أتباعه، وبعد أن رفضته قبيلته، ذهب محمد إلى الطائف، وهو مكان بالقرب من مكة، للبحث عن حماية بديلة. ومع ذلك، تعرض في الطائف للسخرية والازدراء، كما وطاردته عصابة.

في طريق العودة من الطائف، تشير التقاليد الإسلامية إلى أن مجموعة من الجن (أي الشياطين) سمعوا محمد وهو يتلو آيات من القرآن خلال صلاته في منتصف الليل. وقد تأثروا بما سمعوه لدرجة أنهم قبلوا الإسلام على الفور. ثم ذهب هؤلاء الجن المسلمون للتبشير بالإسلام لبقية الجن. أشير إلى هذه الحادثة مرتين في القرآن (الأحقاف: 29-32؛ الجن: 1-15).

هذه الحادثة مهمة لسببين. أولًا، إنها تتفق مع نمط محمد في تأييد الذات: إذ ادعى بأن الجن عرفوه على "حقيقته" أي أنه رسول حقيقي من الله، على الرغم من أن البشر في الطائف قد رفضوه.

ثانيًا، فكرة أن الجن يقدرون أن يكونوا مسلمين يخافون الله فتحت بابًا للعالم الشيطاني في الإسلام. هذه الحادثة في حياة محمد، وإشارتها إلى الجن المسلمين، أعطت المسلمين مبررًا لمحاولة الاتصال بعالم الأرواح (بحسب المفهوم الإسلامي له). إضافةً إلى ذلك، وجد المسلمون سببًا آخر للتواصل مع عالم الأرواح، هو إشارات القرآن والأحاديث إلى القرين، وهو الروح المصاحب والملازم لكل شخص (الخزف: 36، ق: 23 و27).

عندما عاد محمد إلى مكة، لم تبدُ الأمور جيدة بالنسبة له. ومع ذلك، تمكن في النهاية من العثور على مجتمع مستعد لحمايته: عرب مدينة يثرب، التي لقبت لاحقًا بالمدينة المنورة، والتي عاش فيها العديد من اليهود أيضًا. خلال أحد المعارض السنوي في مكة، تعهدت مجموعة من الزوار القادمين من المدينة المنورة بالولاء والطاعة لمحمد، ووافقوا على العيش بحسب رسالته التوحيدية.

في هذا التعهد الأول، لم يكن هناك أي التزام بالقتال. ومع ذلك، في معرض العام التالي، تعهدت مجموعة أكبر من سكان المدينة بتقديم الحماية التي كان محمد يسعى إليها. فتعهد أبناء المدينة، الذين أصبحوا يعرفون باسم "الأنصار" أي المساعدين، بالقتال كتعبير لإطاعتهم الكاملة للرسول.

بعد ذلك، هاجر المسلمون المكيون إلى المدينة المنورة كمأوى سياسي آمن لهم. كان محمد آخر من فر من مكة، وقد هرب في منتصف الليل عبر النافذة الخلفية. في المدينة، تمكن محمد من إعلان رسالته دون عوائق، واعتنق تقريبًا جميع عرب المدينة الإسلام خلال السنة الأولى. في هذا الوقت، كان محمد يبلغ 52 عامًا.

خلال السنوات المكية، تم رفض محمد من قبل عائلته وقبيلته. مع استثناءات قليلة، لم يؤمن به إلا الفقراء المتواضعين فقط، وقد تعرض للسخرية والتهديد والإذلال والهجوم من قبل البقية.

في البداية، كان محمد غير واثق من نفسه أبدًا وخائف من أن يُرفض إحساسه بالدعوة النبوية. في مرحلة ما، يبدو أنه قبل آلهة قريش. لكن في النهاية، وعلى الرغم من كل المعارضة، ثابر محمد بحزم واكتسب مجموعة من الأتباع المخلصين.

هل كان محمد فعلًا مسالمًا في مكة؟

ادعى العديد من الكُتّاب أن شهادة محمد في مكة طوال تلك السنوات العشر كانت سلمية. وهذا صحيح من ناحية. لكن على الرغم من عدم أمره بالعنف الجسدي في الفصول المكية من القرآن، فقد فكر محمد فيه بالتأكيد، كما وأدان الوحي المبكر جيران محمد باستخدام مصطلحات مرعبة، واصفًا العذاب الرهيب في آخرة كل من يرفض دينه.

إحدى وظائف آيات الدينونة المكية في القرآن كانت تأييد صحة محمد في وجه رفض عرب قريش له. على سبيل المثال، يقول

القرآن إن الذين يضحكون على المسلمين سيعاقبون في هذه الحياة والآخرة. أما المؤمنون، الذين يجلسون يشربون الخمر في رفاهية على أرائكهم في الفردوس، سوف يضحكون عندما يحدقون في غير المؤمنين الذين يحترقون في نار جهنم (المطففين: 29-36).

لا شك في أن رسائل الدينونة هذه أشعلت نيران الصراع في مكة. لم يُعجب المشركون الكافرون بما سمعوا.

لم يبشر محمد بالدينونة الأبدية فحسب، بل ذكر ابن إسحق أنه في وقت مبكر من العصر المكي، تنبأ محمد لأول مرة بنيته أن يقتل المكيين الكافرين. فقال لهم: "اتسمعون يا معشر قريش اما والذي نفس محمد بيده لقد جيتكم بالذبح".

في وقت لاحق، وقبل فرار محمد إلى المدينة المنورة، جاءت إليه مجموعة من قريش وواجهته بتهمة التهديد بقتل الذين رفضوه: يدعي محمد أنكم إذا لم تتبعوه "تفعلوا كان له فبكم ذبح ثم بعثتم من بعد موتكم فجعلت لكم نار تحرقون". فاعترف محمد بأن هذا صحيح، قائلًا: "أقول ذلك".

بعد المعاناة من الرفض والاضطهاد في مكة، اختار المجتمع المسلم خوض الحرب ضد خصومهم بقيادة نبيهم محمد.

في هذه الأقسام، سندرس لجوء محمد إلى العنف ضد الذين رفضوه ورسالته.

من الاضطهاد إلى القتل

الكلمة العربية "فتنة"، والتي تعني الاختبار والامتحان والتجربة، هي كلمة محورية لفهم تحول محمد إلى قائد عسكري. جذر الكلمة "فتن" يعني ابتلاه واختبره وامتحنه واستهواه وأدهشه. معناه الأساسي هو صهر المعدن وتنقيته في النار لاختبار جودته. إذن يمكن أن تشير الفتنة إلى الإغراء أو التجربة، بما في ذلك وسائل الإقناع الإيجابية والسلبية. وقد تشمل تقديم الحوافز المالية وغيرها من المحفزات، أو ممارسة التعذيب.

أصبحت الفتنة مفهومًا رئيسيًا في الفكر اللاهوتي المرتبط بتجارب المجتمع المسلم المبكر مع غير المؤمنين. كانت تهمة محمد ضد قريش أنهم استخدموا الفتنة - بما في ذلك الإهانة والتجريح والتعذيب والطرد والضغوط الاقتصادية وغيرها من أساليب الضغط - من أجل دفع المسلمين على ترك الإسلام أو والاستهانة بادعاءاته.

أوضحت الآيات القرآنية الأولى المتعلقة بالقتال أن الغرض الكامل من القتال والقتل هو القضاء على الفتنة:

وَقَـٰتِلُوا۟ فِى سَبِيلِ ٱللَّهِ ٱلَّذِينَ يُقَـٰتِلُونَكُمْ
وَلَا تَعْتَدُوٓا۟ ۚ إِنَّ ٱللَّهَ لَا يُحِبُّ ٱلْمُعْتَدِينَ
وَٱقْتُلُوهُمْ حَيْثُ ثَقِفْتُمُوهُمْ
وَأَخْرِجُوهُم مِّنْ حَيْثُ أَخْرَجُوكُمْ ۚ
وَٱلْفِتْنَةُ أَشَدُّ مِنَ ٱلْقَتْلِ

...

وَقَـٰتِلُوهُمْ حَتَّىٰ لَا تَكُونَ فِتْنَةٌ

وَيَكُونَ ٱلدِّينُ لِلَّهِۖ

فَإِنِ ٱنتَهَوْاْ [أي كفوا عن كفرهم ومعارضتهم للإسلام]

فَلَا عُدْوَٰنَ إِلَّا عَلَى ٱلظَّـٰلِمِينَ

(البقرة: 190-193)

فكرة أن فتن المسلمين "أَشَدُّ مِنَ ٱلْقَتْلِ" مهمة للغاية، إذ تتكرر العبارة مرةً أخرى بعد الهجوم على القافلة المكية (البقرة: 217) خلال الشهر الحرام (الذي كان فيه الغزو محظورًا بحسب التقاليد القبلية العربية). ما يعني أن سفك دماء الكفار أرحم من تضليل المسلمين عن عقيدتهم.

هناك عبارة أخرى مهمة في هذا المقطع من سورة البقرة وهي "وَقَـٰتِلُوهُمْ حَتَّىٰ لَا تَكُونَ فِتْنَةٌ". والتي تكررت أيضًا بعد غزوة بدر التي حدثت في السنة الثانية لوجودهم في المدينة المنورة (الأنفال: 39).

قامت هذه العبارتين عن الفتنة، الذي نزل كل منها مرتين، بتثبيت مبدأ الجهاد وتبريره في وجود أي عائق أمام دخول الناس إلى الإسلام، أو في وجه الحوافز كي يتخلى المسلمون عن عقيدتهم. فمهما كان القتال وقتل الآخرين سيئًا، فإن الازدراء بالإسلام وعرقلته أسوأ.

وسع العلماء المسلمين مفهوم الفتنة ليشمل حتى مجرد وجود الكفر، حيث يمكن تفسير العبارة على أنها تقول إن الكفر أسوأ من القتل.

من هذا المنظار، أصبحت عبارة "الْفِتْنَةُ أَشَدُّ مِنَ ٱلْقَتْلِ" فرض عالمي لمحاربة وقتل جميع الكفار الذين رفضوا رسالة محمد، سواء تدخلوا في المسلمين أم لا. بحسب المفسر العظيم ابن كثير، إن كفر غير المسلمين هو شر أكبر من أن يُقتلوا. وقد وفر هذا المبرر المطلوب للحرب بهدف القضاء على الكفر وجعل الإسلام الدين المهيمن على جميع الأديان الأخرى (البقرة: 193؛ الأنفال: 39).

"نحن الضحية!"

من خلال هذه المقاطع في القرآن، كان محمد يؤكد على أن المسلمين ضحايا مستهدفون. لتبرير القتال والغزو، ادعى محمد أن الأعداء الكفار مذنبون ويستحقون أن يهاجَموا. ولتبرير العنف، استند محمد على موقف الضحية الهش للمسلمين: فكلما زاد تطرف عقاب المسلمين لأعدائهم، كلما كان الإصرار على ذنب هؤلاء الأعداء أمرًا ضروريًا. بعد أن أعلن الله أن معاناة المسلمين "أَشَدُّ مِنَ ٱلْقَتْلِ"، أصبح واجبًا على المسلمين أن يعتبروا استهدافهم كضحايا شرًا أكبر من أي أذًى ألحقوه بأعدائهم.

هنا يكمن الأساس اللاهوتي المتجذر في القرآن وسنة محمد، الذي يفسر إصرار بعض المسلمين، مرارًا وتكرارًا، على أن كونهم ضحايا أكثر هشاشة من أعدائهم. وقد أظهر البروفيسور جزائري

في السياسة الدينية أحمد بن محمد تبنيه لهذا المنطق في مناظرة مع الدكتورة وفاء سلطان على قناة الجزيرة، بعد أن أشارت الدكتورة سلطان إلى أن بعض المسلمين قد قتلوا أناسًا أبرياء. فغضب أحمد بن محمد من حجج الدكتورة سلطان، وأخذ يصرخ هذه الكلمات حرفيًا:

نحن الضحية! ... علينا أن نبدأ بأبرياء المسلمين. أبرياؤنا بالملايين! وأبرياؤكم هم أبرياء بالعشرات أو بالمئات، وفي أقصى الحالات بالآلاف.

ولا تزال عقلية الضحية هذه تعصف بمسلمي العديد من المجتمعات حتى يومنا هذا، وتضعف قدرتهم على تحمل المسؤولية عن أفعالهم.

الانتقام

مع نمو قوة محمد العسكرية في المدينة المنورة وتحقيقه لبعض الانتصارات، كشفت معاملته لأعدائه المهزومين الكثير عن دوافعه للقتال. يمكننا تعلم الكثير من حادثة معاملة محمد لعقبة بن أبي معيط عند إلقاء القبض عليه في غزوة بدر، بعد أن كان قد ألقى على الرسول أوساخ وأمعاء الجمل في وقت سابق. بعد أن طلب عقبة الرحمة وتوسل إلى محمد أن يحفظ حياته كي يرعى أولاده، رد محمد: "وأُتْبِعَ أَصْحَابُ القَلِيبِ لَعْنَةً" والقليب هي حفرة حفرها المسلمون ليلقوا فيها جثث المكيين الذين قتلوهم، والتي كان يزورها محمد في منتصف الليل للسخرية من الأموات.

تظهر مثل هذه الحوادث سعي محمد إلى تأييد ذاته من خلال الانتقام من أولئك الذين رفضوه. أصر على أن تكون له الكلمة الأخيرة، حتى أمام الأموات.

كان الذين رفضوا محمد على رأس قائمة اغتيالاته. عندما غزا مكة، طلب محمد وقف القتل. ومع ذلك، كانت هناك قائمة صغيرة من الأشخاص الذين كان يتوجب قتلهم. تضمنت هذه القائمة ثلاثة مرتدين، ورجل وامرأة قد أهانا محمد في مكة، وجاريتين كانتا تغنيان أغانٍ ساخرةً عنه.

تعكس قائمة الاغتيالات المكية الخاصة بمحمد درجة اشمئزازه من أي رفض له. وكان استمرار وجود المرتدين شكلًا من أشكال الفتنة، إذ كانت حياتهم دليلًا على إمكانية ترك الإسلام، في حين كان الذين سخروا من محمد أو أهانوه خطرين لامتلاكهم القدرة على الازدراء بإيمان الآخرين.

الآثار المترتبة على غير المسلمين

إن رفض الشريعة الإسلامية لغير المؤمنين متجذر في نظرة محمد العاطفية للعالم واستجاباته الخاصة للرفض.

في البداية، ركز محمد عداوته على زملائه من أبناء قبائل العرب الوثنيين. ويمكننا أن نلاحظ نمطًا متكررًا في معاملته لهؤلاء العرب: يستخدم الشعور بالإهانة نتيجة محاكماتهم للمسلمين لتبرير اعتباره الكفر شكل من أشكال الفتنة. نجد نفس الموقف أيضًا في تعامل محمد مع أهل الكتاب. باعتبارهم رافضين للإسلام، لقد

صنفهم بشكل دائم على أنهم مذنبون، ومستحقون لهيمنة المسلمين والدونية في المعاملة.

قبل فتح مكة، رأى محمد نفسه يحج إلى مكة في رؤيا. كان هذا مستحيل في ذلك الوقت، إذ كان المسلمون في حرب مع المكيين. بعد الرؤيا، عقد محمد صلح الحديبية الذي سمح له بالحج. كان من المقرر أن تكون المعاهدة صالحةً لمدة عشر سنوات، وكان أحد شروطها أن يعيد محمد إلى المكيين أي شخص يأتي إليه دون إذن من ولي أمرهم. وشمل ذلك العبيد والجواري والنساء. كما سمح هذا الصلح للناس من الجانبين بالتحالف مع بعضهم البعض.

لم يلتزم محمد بجانبه من المعاهدة: عندما جاء الناس إليه من مكة لاستعادة زوجاتهم أو عبيدهم، كان يرفض إعادة الهاربين، مستشهدًا بسلطة الله. الحالة الأولى كانت عندما جاء إخوة امرأة اسمها أم كلثوم لاستعادتها. فرفض محمد تسليمها لهم إذ، بحسب ابن اسحاق، نهاه الله عن ذلك (انظر أيضًا الممتحنة: 10).

تأمر سورة الممتحنة المسلمين بعدم اتخاذ الكفار كأصدقاء لهم. تقول إنه إذا أحب المسلمُ المكيَ سرًا فقد ضل، لأن رغبة الكفار هي جعل المسلمين يكفرون. تتعارض سورة الممتحنة بأكملها مع جوهر صلح الحديبية، الذي نص على أنه "وان بيننا عيبة مكفوفة وانه لا إسلال ولا إفلال" . ومع ذلك، في وقت لاحق، عندما هاجم المسلمون مكة واحتلوها، يقال إنهم برروا هذا على أساس أن قريش هي التي انتهكت المعاهدة.

بعد ذلك، أعلن الله أنه لا يمكن عقد المزيد من المعاهدات مع المشركين – إذ "أَنَّ ٱللَّهَ بَرِيٓءٌ مِّنَ ٱلْمُشْرِكِينَ" وقد أمر: "فَٱقْتُلُواْ ٱلْمُشْرِكِينَ حَيْثُ وَجَدتُّمُوهُمْ" (التوبة: 3 و5).

يوضح تسلسل الأحداث هذا كيف تكونت وجهة النظر الراسخة في الإسلام، التي تقول إن الكفار غير المسلمين بطبيعتهم منتهكين للاتفاقيات، وغير قادرين على حفظ العهود (التوبة: 7-8). في الوقت نفسه، ادعى محمد بتعليمات من الله حقه في خرق المواثيق مع الكفار. عندما انتهك محمد اتفاقاته، مدعيًا امتلاكه لسلطة قوة متفوقة، لم يُعتبر هذا إثمًا.

مثل من خلال هذه الحوادث، ومن خلال تصنيف محمد لغير المؤمنين بأنهم فاتنون يغوون المسلمين عن عقيدتهم، نكتشف أن محمد جعل العلاقات الطبيعية فيما بين المسلمين وغير المسلمين أمرًا مستحيلًا، طالما رفضوا قبول الإسلام.

في الأقسام التالية سنرى كيف أعاد محمد توجيه استياءه وعدوانه ضد يهود الجزيرة العربية، مع عواقب مأساوية. تشكل تفاعلات محمد مع يهود الجزيرة العربية أساس سياسة الإسلام تجاه غير المسلمين، بما في ذلك نظام عهد الذمة لأهل الكتاب (الذي سنتناوله في درس لاحق).

آراء محمد المبكرة عن اليهود

في البداية، كان اهتمام محمد الرئيسي باليهود متعلقًا بادعائه بأنه نبي منحدر من سلسلة طويلة من الأنبياء اليهود. في أواخر أيامه في مكة وأوائل أيامه في المدينة، تكلم عدة مرات عن اليهود، وغالبًا ما أشار إليهم على أنهم أهل الكتاب. خلال هذا الوقت، أعلن القرآن أن رسالة محمد ستأتي كبركة لجميع اليهود، سواء كانوا مؤمنين أم كانوا كفرة (البينة: 1-8).

إضافةً إلى ذلك، كان محمد قد التقى أيضًا ببعض المسيحيين، وكانت اتصالاته بهم مشجعة. كما وكان ورقة، ابن عم خديجة المسيحي، قد أكد أن محمد نبي. وبحسب التقاليد، التقى محمد في رحلاته براهب يدعى بحيرة، أعلن هو أيضًا أن محمد كان نبي. يبدو أنه كان لمحمد أمل بشأن اليهود، وهو أن "تَأْتِيَهُمُ ٱلْبَيِّنَةُ" من الله (البينة: 1) وأن يستجيبوا بشكل إيجابي لرسالته. في الواقع، قال محمد إن تعليمه هو نفسه تعليم الدين اليهودي، بما في ذلك "الصَّلَوٰةَ وَ... الزَّكَوٰةَ" (البينة: 5؛ وهما اثنان من أركان الإسلام الخمسة). حتى أنه أمر أتباعه بأن يعتمدوا الشام قبلةً لهم عند الصلاة، أي القدس، وهكذا يكون قد نسخ العادات اليهودية للصلاة.

بحسب التقليد الإسلامي، أبرم محمد ميثاقًا بين المسلمين واليهود عندما وصل إلى المدينة المنورة. وهكذا اعترف هذا الميثاق بالدين اليهودي – "لَكُمْ دِينُكُمْ وَلِيَ دِينِ" – وأمر بولاء اليهود لمحمد.

المعارضة في المدينة المنورة

بدأ محمد في تقديم رسالته إلى السكان اليهود في المدينة المنورة، لكنه واجه مقاومة غير متوقعة. يعتبر التقليد الإسلامي أن سبب هذه المقاومة كان الحسد. أشارت بعض الآيات التي كتبها محمد إلى آيات ومفاهيم التوراتية، ما حرض اعتراض الحاخامات على نصوصه بدون شك، مشيرين إلى التناقضات في تفسيرات محمد.

انزعج نبي الإسلام من أسئلة الحاخامات. وفي بعض الأحيان، كان الوحي يأتيه ويزوده بمزيد بالردود. وكما نقرأ في الآيات القرآنية، كلما تحدوه بأسئلتهم، حول محمد الحدث إلى فرصة لتأييد ذاته.

إحدى أبسط استراتيجيات محمد كانت تأكيده على خداع اليهود، الذين كانوا يقتبسون المقاطع التي تدعم قضيتهم ويخفون المقاطع الأخرى التي لا تناسبهم (يس: 76؛ البقرة: 77). كما قدم الله جوابًا آخر، وهو أن اليهود قد حرفوا كتبهم المقدسة عمدًا (البقرة: 75).

بحسب التقاليد الإسلامية، كانت محادثات الحاخامات مع محمد غير صادقة وكانت إجاباتهم على ادعاءات محمد غير معقولة، بل كلها كانت أشكالًا من الفتنة، هدفها محاولة تدمير الإسلام وإيمان المسلمين.

لاهوت عدائي للرافضين

ساهمت محادثات محمد المحبطة مع اليهود في عدائه المتزايد لهم. في حين أن بعض آيات القرآن كانت سابقًا تقول إن بعض

اليهود مؤمنون، أعلن القرآن فيما بعد أن العرق اليهودي بأكمله ملعون، وأن فقط عدد قليل جدًا منهم كان يؤمن بحق (النساء: 46).

بحسب القرآن، تحول بعض اليهود في الماضي إلى قردة وخنازير بسبب خطاياهم (البقرة: 65؛ المائدة: 60؛ الأعراف: 166). كما دعاهم الله بقتلة الأنبياء (النساء: 155؛ المائدة: 70). كما قيل إن الله قد تخلى عن علاقته باليهود الناقضين للعهد، مُقسيًا قلوبهم. لذلك يقدر المسلمون أن يتوقعوا دائمًا أن يجدوهم غدارين (باستثناء البعض) (المائدة: 13). بعد أن نقض اليهود عهدهم، أصبحوا من الخاسرين الذين تركوا الهداية الحقيقية (البقرة: 27).

في المدينة المنورة، توصل محمد إلى قناعة أنه أُرسِل لتصحيح أخطاء اليهود (المائدة: 15). في أوائل أيامه في المدنية، أشارت رؤى محمد إلى أن اليهودية كانت صحيحة (البقرة: 62)، لكن الآية 85 من سورة آل عمران نسخت هذه الآية. فاستنتج محمد أن مجيئه نسخ جميع من أتى قبله، وأن الدين الذي أتى به، أي دين الإسلام، قد نسخ الدين اليهودي، فأصبح الدين الأخير، والقرآن الوحي الأخير. كل من يرفض هذه الرسالة هو خاسر (آل عمران: 85)، لذا لم يعد من المقبول لليهود أو المسيحيين أن يتبعوا دينهم القديم: كان عليهم أن يعترفوا بمحمد، وأن يصبحوا مسلمين أيضًا.

في آيات القرآن، شن محمد هجومًا لاهوتيًا واسع النطاق على الدين اليهودي. نشأ هذا من الإهانة العميقة التي شعر بها محمد بسبب رفض اليهود لرسالته. كان هذا تأييدًا ذاتيًا آخر لمحمد، كما

حدث مع المشركين المكيين الذين لجأ إليهم. بعد ذلك، ذهب محمد إلى أبعد من ذلك، ونفذ ردودًا عدوانيةً أيضًا.

تحول الرفض إلى عنف

في المدينة المنورة، شن محمد حملة لتخويف اليهود والقضاء عليهم في نهاية المطاف. شجعه انتصاره على المشركين في غزوة بدر، فقام بزيارة القبيلة اليهودية بنو قينقاع وهددهم بانتقام الله. ثم وجد ذريعة لمحاصرة يهود قينقاع وطردهم من المدينة المنورة.

فبدأ محمد سلسلة من الاغتيالات المستهدفة لليهود، وأمر أتباعه: "من ظفرتم بد من رجال يهود فاقتلوه". فيما قدم نصيحته لليهود أعلن أسلم تسلم: "اقبلوا الإسلام وستكونون آمنين".

هنا، نشهد حدوث تحول عميق في فهم محمد: لم يعد لغير المسلمين أي حقوق متعلقة بممتلكاتهم وحياتهم، إلا إذا دعموا وأكرموا الإسلام والمسلمين. أي شيء آخر كان يعتبَر فتنة وذريعة كافية للقتال.

لم تكن مهمة محمد في تعامله مع يهود المدينة قد اكتملت بعد، إذ سرعان ما جذب بنو النضير انتباهه، واتهمهم جميعًا بخرق العهد. فهجم عليهم، وبعد حصار طويل، طردهم من المدينة المنورة بنفس الطريقة، فارضًا عليهم ترك ممتلكاتهم كغنائم للمسلمين.

بعد ذلك، حاصر محمد القبيلة اليهودية المتبقية الأخيرة، بنو قريظة، بناءً على أمر من الملاك جبريل. عندما استسلم اليهود دون قيد أو

شرط، تم قطع رؤوس 600 إلى 900 من الرجال اليهود في سوق المدينة المنورة (بحسب الروايات المختلفة) وتم توزيع النساء والأطفال اليهود كغنائم (أي عبيد) على المسلمين.

لكن على الرغم من ذلك، لم يكن محمد قد انتهى تمامًا من يهود الجزيرة العربية. فبعدما طهر المدينة المنورة من وجودهم، هجم على خيبر وغزاها. بدأت حملة غزوات خيبر بخيارين عرضهما محمد على اليهود: إما اعتناق الإسلام أو القتل. ومع ذلك، عندما هزم المسلمون يهود خيبر، تم التفاوض على خيار ثالث: الاستسلام المشروط. وهكذا أصبح يهود خيبر أول أهل الذمة (انظر الدرس 6).

بهذا نختتم مناقشتنا لمعاملات محمد مع اليهود.

من المهم أن نلاحظ هذه النقطة: بما أن القرآن يعامل المسيحيين واليهود على حد سواء كممثلين لفئة واحدة تعرف باسم أهل الكتاب، فإن معاملة اليهود في القرآن ومعاملة محمد لهم في سيرة حياته أصبحت هي النموذج المعياري لمعاملة المسيحيين عبر العصور.

ردود الفعل الثلاثة لمحمد على الرفض

في قصة مسيرته النبوية، رأينا كيف اختبر محمد الرفض بعدة طرق: في ظروفه العائلية، من قبل مجتمعه في مكة، ومن قبل اليهود في المدينة المنورة.

كما لاحظنا بعض أشكال ردود فعله على الرفض. في الأيام الأولى، استجاب محمد برفض للذات، بما في ذلك الأفكار الانتحارية، والخوف من المس، واليأس.

ثم تبنى مواقف لتأييد ذاته، كما لو كانت ردود فعل عكسية لمواجهة خوفه من الرفض.[6] بعض أشكال هذه التأكيدات هي: عقاب الله لأعداء محمد في النار؛ ادعاءات محمد تغطية نقاط الإحراج كالتأكيد على أن جميع الأنبياء قد ضلوا في مرحلة ما من قبل الشيطان؛ والآيات التي أنزلها الله والتي أعلنت أن أتباع وحي محمد سيكونون من الفائزين في هذه الحياة والآخرة.

في النهاية، أصبحت ردود محمد العدوانية هي الردود المهيمنة. وقد نتج عن ذلك عقيدة الجهاد للقضاء على الفتنة من خلال مقاتلة غير المسلمين وقهرهم.

في ردوده، مر محمد برفض الذات، ثم بتأييد الذات، وأخيرًا وصل إلى العدوان. وهكذا أصبح محمد اليتيم محمد صانع الأيتام. وتحول ذاك الذي شك في نفسه وفكر في الانتحار خوفًا من أن تعذبه الشياطين، إلى الرافض الأعظم الذي فرض عقيدته من خلال القتال لتنسخ جميع الأديان الأخرى وتحل محلها في نهاية المطاف.

---

[6] بالنسبة لمناقشة الرفض والاستجابات له، راجع كتاب نويل وفيل جيبسون، "طرد المحتلين الشياطين وكسر القيود".

بحسب نظرة محمد العاطفية للعالم، فإن هزيمة الكفار وإذلالهم يفيدان في شفاء مشاعر أتباعه وإطفاء غضبهم. يصف القرآن هذا "السلام الإسلامي" الشافي، الذي تم تحقيقه من خلال المعركة، كالتالي:

قَـٰتِلُوهُمْ يُعَذِّبْهُمُ ٱللَّهُ بِأَيْدِيكُمْ وَيُخْزِهِمْ وَيَنصُرْكُمْ عَلَيْهِمْ وَيَشْفِ صُدُورَ قَوْمٍ مُّؤْمِنِينَ وَيُذْهِبْ غَيْظَ قُلُوبِهِمْ... (التوبة: 14-15)

في البداية، عانى محمد وأتباعه من الاضطهاد الفعلي على أيدي المشركين المكيين. ومع ذلك، عندما تولى السلطة في المدينة المنورة، اعتبر محمد أن عدم الايمان بنبوته هو اضطهاد للمسلمين، فرخص استخدام العنف للتعامل مع الكفار والمستهزئين - سواء كانوا عبدة أوثان أو يهود أو مسيحيين - كي يتم إسكاتهم وترهيبهم وإخضاعهم. وضع محمد برنامج أيديولوجي وعسكري للقضاء على جميع أشكال الرفض له ولدينه ومجتمعه. في وقت لاحق، ادعى أن نجاح برنامجه أثبت صحة نبويته.

في نفس الوقت، كان محمد يمارس المزيد والمزيد من السيطرة على أتباعه المسلمين. في بداياته في مكة، كان القرآن قد أعلن أن محمد لم يكن "إِلَّا مُبَشِّرًا وَنَذِيرًا" (الإسراء: 105). لكن بعد الهجرة إلى المدينة المنورة أصبح أمير للمؤمنين، ونظم حياتهم لدرجة أن القرآن يعلن أن لا خيار أمام المؤمنين سوى الإطاعة دون سؤال بمجرد أن يقرر "ٱللَّهَ وَرَسُولَهُ" مسألة ما (الأحزاب: 36)، وطريقة الوحيدة لإطاعة الله هي عبر إطاعة الرسول (النساء: 80).

لا تزال الضوابط التي أدخلها محمد في الآيات المدنية تسبب الصدمة لكثير من المسلمين اليوم من خلال الشريعة. أحد الأمثلة على ذلك هو قانون الشريعة الذي قدمه محمد، المتعلق بطلاق الرجل من زوجته بقوله "أنت طالق" ثلاث مرات؛ فإذا أراد الزوجان بعد ذلك الزواج من بعضهما البعض مرة أخرى، فيتوجب على المرأة أن تتزوج من رجل آخر أولًا، وأن تمارس الجنس معه ثانيًا، وأخيرًا أن تُطلَّق من قبل زوجها الثاني كي تتمكن من الزواج من زوجها الأول مجددًا. تسببت هذه القاعدة في الكثير من الحزن للمرأة المسلمة.

يبين لنا القرآن التقدم الذي أحرزته مسيرة محمد النبوية: فإنه وثيقة محمد الشخصية، وسجل بمشاعره المتفاقمة بالعداء والعدوان في وجه الرفض، واستعداده المتزايد للسيطرة على حياة الآخرين. أما الأمور التي تم فرضها فيما بعد على غير المسلمين - كالصمت والشعور بالذنب والامتنان – فقد جاءت من تطور استجابات محمد للرفض، حيث فرض الفشل والرفض بعنف على كل من رفض أن يعلن: "أشهد أن لا إله إلا الله، وأشهد أن محمدًا رسول الله."

بهذا نختتم استعراضنا لتجربة محمد واستجاباته للرفض، سواء التي تلقاها أو فرضها على الآخرين، وكذلك سعيه لتأييد ذاته بهدف النجاح على أعدائه.

"أُسْوَةٌ حَسَنَةٌ"

في هذا الدرس كنا نتعلم عن بعض الخصائص الرئيسية لمحمد. على الرغم من أنه يعتبر في الإسلام أفضل مثال يمكن للبشرية أن تقتد به، فقد رأينا أنه تأثر وتضرر بشدة بسبب الرفض. تضمنت

ردوده رفض الذات، والتحقق من الذات، والسيطرة، والعدوان. كانت لاستجاباته للرفض مضرة بحقه، ولا تزال سبب ضرر للعديد من الناس في يومنا هذا.

تاريخ محمد الشخصي مهم لأن مشاكله الشخصية أصبحت مشاكل عالمية من خلال الشريعة ونظرتها للعالم. وهكذا يرتبط المسلم بشخصية محمد ومثاله على المستوى الروحي. يتم تأكيد هذا التعهد من خلال طقس تلاوة الشهادة، وبقية الطقوس الإسلامية المتعلقة بالشهادة. الكلمات الأولى التي يسمعها الطفل المسلم عند ولادته هي كلمات الشهادة التي يتلونها في أذنيه.

تعلن الشهادة أن محمد هو رسول الله، وهذا تأكيد على أن القرآن، الذي نزل على محمد رسول الله، هو كلام الله. إن الموافقة على الشهادة هي موافقة على كل ما يقوله القرآن عن محمد، بما في ذلك اقتداء أتباع بمثاله، وموافقة على التهديدات واللعنات التي نطق بها محمد على الذين لا يتبعونه، وكذلك موافقة على واجب معارضة الذين يرفضون رسالته ويرفضون اتباعه، وحتى محاربتهم أيضًا.

في الواقع، إن الشهادة هي إعلان لعالم الأرواح – أي "قِوَى الشَّرِّ الرُّوحِيَّةِ فِي السَّمَاوَاتِ" (أفسس 6: 12) – بأن المؤمن المسلم ملزم بعهد يتوافق مع مثال محمد: أي أن لديه "أربطة روحية" مع محمد (انظر الدرس 7). يمنح هذا العهد الإذن للمسؤولين والسلطات بفرض نفس المشاكل الأخلاقية والروحية التي تحدت محمد وربطته على المؤمنين المسلمين، خاصة أنها أصبحت جزء لا

يتجزأ من الشريعة الإسلامية، ومتجذرة في عمق ثقافات المجتمعات الإسلامية.

لم نناقش سوى القليل من الجوانب السلبية العديدة لسنة محمد، التي تتكرر من خلال حياة العديد من المسلمين بسبب تأثير الشهادة والشريعة. فيما يلي قائمة ببعض الخصائص السلبية التي ميزت مثال محمد وتعاليمه:

- العنف والحرب
- القتل
- الاستعباد
- الثأر والانتقام
- الكراهية
- كراهية المرأة
- كراهية اليهود
- الاستغلال
- العار وتعيير الآخرين
- الترهيب
- الخداع
- الشعور بالإساءة
- الشعور بالاستهداف / شخصية الضحية

- تأييد الذات
- الشعور بالتفوق
- تشويه صورة الله
- التسلط على الآخرين
- الاغتصاب.

عندما ينطق المسلمون بالشهادة فإنهم يؤيدون ادعاءات القرآن والسنة حول المسيح والكتاب المقدس. بما في ذلك:

- إنكار موت المسيح على الصليب
- كراهية الصليب
- إنكار أن يسوع هو ابن الله (ولعنة المؤمنين بذلك)
- اتهام اليهود والمسيحيين بتحريف كتبهم المقدسة
- الادعاء بأن يسوع سيعود لتدمير المسيحية وإجبار العالم كله على الخضوع لشريعة محمد.

هذه الادعاءات هي عبء ثقيل فعلًا. أحد التحديات التي يواجهها أولئك الذين يتركون الإسلام ليتبعوا يسوع المسيح هو أنهم سيستمرون في المعاناة من اتخاذ هذه الأمور مواطئ قدم في نفوسهم ما لم يتعاملوا معها بشكلٍ حاسم. وهذا هو أحد الأسباب خلف معاناة المسلمين الذين يأتون إلى المسيح من مواجهتهم للصراعات والصعوبات في مسيرتهم كمسيحيين.

إذا لم يتم جحد أن محمد رسول الله بكل صراحة، فإن اللعنات والتهديدات الموجودة في القرآن ومعارضة محمد لموت المسيح وسيادته قد تكون سبب التقلقل الروحي لدى العابر، مما قد يتسبب في تخويفه بسهولة، وولادة الضعف وانعدام الثقة لديه كتابع ليسوع. وقد يضر هذا عملية تلمذة العابر بشكل شديد.

لهذا السبب، عندما يترك شخص ما الإسلام، نوصي بأن يرفض ويجحد القرآن ومثال وتعاليم محمد على وجه التحديد، وكذلك الإرث وجميع اللعنات المشمولة في الشهادة. سوف نتعلم كيف نفعل ذلك في الدرس التالي، بينما نفكر في حياة يسوع المسيح وصليبه، ونقترح مفاتيح قوية للتحرر من مثال محمد.

دليل الدراسة

الدرس 4

المفردات

الآيات الشيطانية	صلح الحديبية
النسخ	الزكاة
الجن	أسلم تسلم
القرين	خيبر
الهجرة	الذمي
الفتنة	أهل الكتاب

ردود الفعل على الرفض: الرفض الذاتي، تأييد الذات، العدوان

أسماء جديدة

- قريش: قبيلة محمد في مكة
- عبد الله بن عبد المطلب: والد محمد العربي (توفي 570 م)
- أبو طالب: عم محمد وراعيه (توفي 620 م)
- أبو لهب: عم محمد وخصمه (توفي 624 م)

- خديجة: زوجة محمد المكية (توفيت 620 م)
- ابن كثير: مؤرخ وعالم سوري (1301-1373م)

- ابن إسحاق: كاتب سوري مسلم، كتب سيرة محمد (704-768 م). تم تسجيل وتحرير روايته لحياة محمد من قبل ابن هشام (حوالي 833 م).
- جبريل: الملاك المزعوم أنه أعطى الرسائل لمحمد
- ورقة: ابن عم خديجة، زوجة محمد الأولى، وهو مسيحي
- علي بن أبي طالب: ابن عم محمد الأصغر، ابن أبي طالب والمؤمن الثاني بدين محمد (601-661 م)
- الطبري: مؤرخ مسلم مؤثر ومفسر للقرآن (839-923 م)
- اللات والعزى ومناة: إلهات مكيات، بنات الله الثلاث
- الهاشميون: أحفاد هاشم، الجد الأكبر لمحمد
- يثرب: الاسم السابق للمدينة المنورة
- الأنصار: أتباع محمد من أبناء المدينة
- الدكتورة وفاء سلطان: طبيبة نفسية سورية أمريكية وناقدة للإسلام (مواليد 1958م)

- أحمد بن محمد: بروفيسور جزائري في السياسة الدينية
- عقبة: عدو عربي مكي لمحمد
- بحيرة: راهب مسيحي التقى به محمد خلال رحلاته

- بنو قينقاع وبنو نادر وبنو قريظة: قبائل يهودية في المدنية

الكتاب المقدس في هذا الدرس

أفسس 6: 12

القرآن في هذا الدرس

المسد

الضحى

الكافرون: 6

النجم

الحج: 52

النجم: 1-3

القلم: 1-4

طه: 64, 69

الشعراء: 40-44

يونس: 95

الأحقاف: 29-32

نوح: 1-15

المطففين: 29-36

البقرة: 190-193

البقرة: 217

الأنفال: 39

البقرة: 193

الممتحنة: 10

التوبة: 3-5 و7-8

البينة: 1-8

يس: 76

البقرة: 77

البقرة: 75

النساء: 46

البقرة: 65

المائدة: 60

الأعراف: 166

النساء: 155

المائدة: 70

المائدة: 13

البقرة: 27

المائدة: 15

البقرة: 61

آل عمران: 85

التوبة: 14-15

الأحزاب: 36

النساء: 80

أسئلة الدرس 4

- ناقش دراسة الحالة.

البدايات العائلية

1. ما هي الأحداث الثلاثة المؤلمة التي حدثت خلال السنوات الأولى لمحمد؟

2. بماذا كان عم محمد **أبو لهب** معروف؟

3. ما هي الجوانب الستة الفريدة لزواج محمد من **خديجة**؟

4. ما هي المعاناة التي واجهها محمد **وخديجة** فيما يخص الأولاد؟

5. من هما الشخصيتان اللتان أظهرتا اهتمام كبير بمحمد؟

تأسيس دين جديد (مكة)

6. كم كان عمر محمد عندما بدأ يختبر زيارات "الملاك" **جبريل** وكيف استجاب لها؟

7. عندما سمع **ورقة** عن الزيارات لمحمد، ماذا أعلن؟

8. ما الذي خشاه محمد مرارًا وتكرارًا، والذي أكد له الله مرارًا وتكرارًا أنه لم يكن صحيح؟

9. من هم أول المؤمنين المسلمين؟

قبيلة محمد

10. لماذا أصبح مجتمع محمد الصغير المؤلف من المسلمين أقلية محتقرة؟

11. ما هو الدور المهم الذي لعبه العم **أبو طالب**، على الرغم من أنه لم يكن مسلم؟

12. ماذا أصبحت السياسة الجديدة لقبيلة **قريش** في مكة تجاه محمد ومجتمعه؟

13. أي أمة مسيحية فر إليها الكثير من المسلمين، وكم عدد الرجال الذين فروا مع عائلاتهم؟

الشك الذاتي والتأييد الذاتي

14. ما هي الصفقة التي عُرِضَت على محمد، والتي تم معالجتها في الكافرون: 6؟

15. ما هو التنازل الذي قدمه محمد والذي جعل أهل مكة يفرحون، رغم أنه نسخ لاحقًا ولقب **بالآيات الشيطانية**؟

16. بحسب هذا النسخ، ما العذر الذي قدمه محمد في الحج: 52؟

17. ما هي الأمور العديدة التي تفاخر بها محمد لتعزيز تفوقه؟

18. ما هو مفهوم محمد الجديد "للنجاح" في نهاية العصر المكي؟

المزيد من الرفض والحلفاء الجدد

19. ما هي الضربة المزدوجة التي كانت تنتظر محمد، وأين وجد الحماية الجديدة؟

20. عندما كان محمد عائد من الطائف، من الذي أسلم عند سماعه وهو يصلي؟

21. ما السببان اللذان يعطيهما دوري لانفتاح العديد من المسلمين على عالم الأرواح؟

22. ما هو العهد الذي قطعه **أنصار** المدينة المنورة مع محمد؟

23. ما الذي حققه محمد في سنته الأولى في المدينة المنورة ولم يحققه في مكة؟

هل كان محمد فعلًا مسالم في مكة؟

24. ما هي الإعلانات الوخيمة الموجودة في السور المكية؟

25. ما الذي وعد به محمد لقبيلة **قريش** المكية بحسب **ابن إسحاق**؟

من الاضطهاد إلى القتل

26. ما الذي اتهم محمد **قريش** باستخدامه ضده، والذي بدوره يبرر الغرض الكامل من القتال؟

27. بحسب محمد، ما هو أخطر من قتل الناس وانتهاك الشهر الحرام بعنف؟

28. ما الذي يبرر الجهاد دائمًا؟

29. بحسب علماء المسلمين والعالم الفارسي السوري **ابن كثير**، ما الذي تستحقه إذا كفرت؟

"نحن الضحية!"

30. لماذا يعتبر المسلمون أن كونهم ضحايا أمر أسوأ من قتلهم لأعدائهم؟

31. على ماذا بنى البروفيسور **أحمد بن محمد** قضيته حول استهداف المسلمين كضحايا خلال مواجهته مع الدكتورة **وفاء سلطان**؟

الانتقام

32. ما الذي تشير إليه معاملة محمد **لعقبة** وسلوكه تجاهه؟

33. ماذا تعكس قائمة الاغتيال الخاصة بمحمد المؤلفة من المكيين الأسرى؟

الآثار المترتبة على غير المسلمين

34. ما الذي كان ينتظر **أهل الكتاب** عندما رفضوا هم أيضًا الإسلام؟

35. بحسب دوري، ما الذي سيطر على حياة محمد؟

36. لماذا شعر محمد بأنه يقدر أن ينتهك **صلح الحديبية**؟

37. بحسب التوبة: 3-5، ماذا يتوجب على المسلمين فعله مع عبدة الأوثان؟

آراء محمد المبكرة عن اليهود

38. كيف تتكلم السور المكية في القرآن وسورة البينة عن اليهود؟

39. ما الذي يشير إلى أمل محمد باستجابة اليهود الإيجابية لرسالته؟

المعارضة في المدينة المنورة

40. لماذا اضطر محمد إلى الاعتماد بشكل متزايد على الوحي القرآني المتجدد في محادثاته مع الحاخامات اليهود في المدينة المنورة؟

41. بأي طريقتين استجاب محمد لفتنة اليهود؟

لاهوت عدائي للرافضين

42. بحسب وصف دوري لرسالة محمد الجديدة المعادية لليهود، ماذا يقول القرآن عن اليهود؟

   1) النساء: 46 ...

   2) الأعراف: 166، إلخ ...

   3) المائدة: 70 ...

   4) المائدة: 13 ...

   5) البقرة: 27 ...

43. بحسب قناعته الجديدة، ما الذي **نسخته** رسالة محمد؟

تحول الرفض إلى عنف

44. ماذا فعل محمد بقبيلة **قينقاع**، القبيلة اليهودية الأولى في المدينة؟

45. لماذا بشر محمد بمبدأ **"أسلم تسلم"** لليهود المتبقين في المدينة المنورة؟

46. ماذا فعل محمد بقبيلة **نادر**، القبيلة اليهودية الثانية في المدينة؟

47. ماذا فعل محمد بقبيلة **قريظة**، القبيلة اليهودية الثالثة في المدينة؟

48. ماذا فعل محمد بقبيلة **خيبر** اليهودية؟

49. من هم **أهل الكتاب** في الإسلام؟

ردود الفعل الثلاثة لمحمد على الرفض

50. نتيجة لأشكال **الرفض** المتعددة، ما هي المراحل الثلاث التي مر بها محمد ردًا على ذلك؟

51. بحسب سورة التوبة: 14-15، ما الذي "يَشْفِ صُدُورَ" محمد وأتباعه ويطفئ غضبهم؟

52. ماذا فعل محمد لوقف رفضه ورفض مجتمعه؟

53. كيف تغير دور محمد بعد هجرته إلى المدينة المنورة؟

54. بحسب الآيات اللاحقة في القرآن، ما هي الطريقة لإطاعة الله؟

55. على ماذا يستند الصمت الإلزامي والشعور بالذنب والامتنان لدى غير المسلمين؟

"أُسْوَةٌ حَسَنَةٌ"

56. كيف أصبحت مشاكل محمد مشاكل للعالم كله؟

57. ما هي الكلمات الأولى التي تتلى في أذن المولود الجديد؟

58. ما الأمران اللذان يؤيدهما المسلمون عندما يقولون الشهادة؟

59. بحسب دوري، ما هو الإذن الذي يمنحه النطق بالشهادة للقوى الروحية؟

60. إذا كنت قد قابلت أناس مسلمين شخصيًا، فهل لاحظت في سلوكهم أي من الصفات الـ 18 لمثال محمد المذكورة أدناه؟ (ضع دائرة حول واحدة أو أكثر.)

- العنف / الحرب
- الخداع
- القتل
- الشعور بالإساءة

- الاستعباد
- الثأر / الانتقام
- الكراهية
- كراهية المرأة
- كراهية اليهود
- الاستغلال
- العار / تعيير الآخرين
- الترهيب
- الشعور بالاستهداف / شخصية الضحية
- تأييد الذات
- الشعور بالتفوق
- تشويه صورة الله
- التسلط على الآخرين
- الاغتصاب
- لا شيء مما سبق

61. كيف يتفاعل القرآن والسنة مع بنوة المسيح الإلهية؟

62. كيف يتفاعل القرآن والسنة مع الكتاب المقدس؟

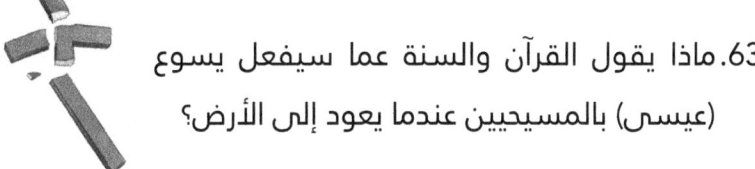

63. ماذا يقول القرآن والسنة عما سيفعل يسوع (عيسى) بالمسيحيين عندما يعود إلى الأرض؟

64. عندما نجحد ونرفض عن مثال محمد واللعنات المصاحبة له، ما الذي نرفضه أيضًا؟

65. ما هي الخصائص الروحية الأربع التي يمكن أن تنتج عن الفشل في جحد محمد بشكل واضح وصريح؟

5

التحرر من الشهادة

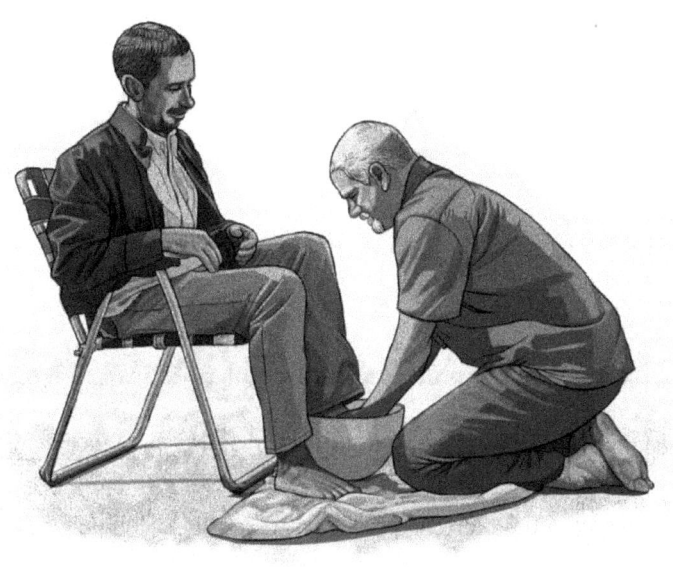

" فَإِنَّهُ إِذَا كَانَ أَحَدٌ فِي الْمَسِيحِ، فَهُوَ خَلِيقَةٌ جَدِيدَةٌ..."

2 كورنثوس 5: 17

أهداف الدرس

أ. مقارنة يسوع ومحمد وفهم مدى اختلاف في الطريقة التي استجابا بها للرفض.

ب. فحص الطرق العديدة التي تم استجواب يسوع بها ورفضه واحتقاره.

ج. فهم كيف احتضن يسوع الرفض، واختار أن يرفض العنف.

د. تقدير التأثير العميق لتعليم المسيح عن محبة أعدائنا.

ه. تقبل تجهيز يسوع لتلاميذه وجميع المسيحيين للاضطهاد القادم.

و. فهم كيف يعالج الله الرفض البشري والإلهي في موت يسوع المسيح على الصليب.

ز. فهم كيف تؤكد القيامة والصعود براءة موت يسوع المسيح.

ح. ملاحظة كراهية محمد الشديدة لصليب يسوع.

ط. تأسيس الالتزام بالمسيح من خلال رفع صلاة لاتباعه.

ي. التأمل في الآيات الكتابية والحقائق الـ 15 التي تعلنها، فيما تستعد لجحد الشهادة.

ك. المطالبة بالتحرر الروحي من الشهادة من خلال رفع صلاة التخلي.

دراسة حالة: ماذا ستفعل؟

دعيتم إلى مدينة جوس في نيجيريا لحضور مؤتمر "الإيمان والعدالة". تم تمويلكم بالكامل وأنتم ذاهبون كمساعدين متطوعين لقسم الإعلام. تجدون أن المناقشات عميقة ومثيرة للاهتمام، وتشجعكم القيادة على الجلوس والاستماع إلى جلسات ورش عمل للمجموعات الصغيرة. فتفعلون ذلك بفرح.

بحلول اليوم الثاني، يكون موضوع النقاش في مجموعتكم الصغيرة هو "هل يجب على المسيحيين أن يديروا الخد الثالث؟"[7] يدافع شخصان في مجموعتكم بقوة عن اللاعنف المستمر واعتماد السلمية المستمرة والهروب من أي سياق عنيف. لكن العديد من المشاركين الآخرين يعترضون على ذلك، قائلين: "إن الهروب بسبب الخوف واللاعنف لن يؤديان إلا إلى تشجيع المسلمين على نشر التطهير الديني في جميع أنحاء نيجيريا". ويجادلون بأن المسلمين لن يحترموا أي موقف سوى المقاومة المتحدية وتدابير الحماية الصارمة لمجتمع كنيسي يقظ. المسيحيون الحقيقيون يدافعون عن منازلهم وقراهم، ولا يهربون منها.

---

[7] أي، هل على المسيحيين أن يستمروا في تقديم الخد الثاني، ليس مرة واحدة فقط، بل مرتين وثلاث؟

يستخدم كلا الجانبين الآيات الكتابية لتأييد قناعاتهم. أخيرًا، يلتفت الجميع إليكم ويسألون: "ما رأيكم؟ أوصانا يسوع أن ندير الخد الآخر. هل يجب أن ندير الخد الثالث أيضًا؟"

ماذا ستقولون؟

في الأقسام التالية، سنتأمل في استجابات يسوع للرفض. لم تحتوِ حياة محمد وحدها على الرفض، بل إن حياة يسوع هي قصة رفض بامتياز، وتصل إلى ذروتها في الصليب. فيما رد محمد على الاضطهاد بالعقاب، رد المسيح بطريقة مختلفة تمامًا، ما يوفر مفتاح التحرر من الإسلام.

بداية صعبة

مثل محمد، كانت ظروف يسوع العائلية بعيدة عن أن تكون مثالية. ولد في ظروف متواضعة، في إسطبل (لوقا 2: 7)، وفي عار لكونه ابن غير شرعي (متى 1: 18-25). بعد ولادته، حاول الملك هيرودس قتله. فأصبح لاجئ وهرب إلى مصر (متى 2: 13-18).

الشك في يسوع

عندما بدأ يسوع خدمته التعليمية في سن الثلاثين تقريبًا، واجه قدرًا كبيرًا من المعارضة. كما حدث مع محمد، طرح القادة الدينيون اليهود على يسوع أسئلة تهدف إلى تحدي سلطته وتقويضها:

"... بَدَأَ الْكَتَبَةُ وَالْفَرِّيسِيُّونَ يُضَيِّقُونَ عَلَيْهِ كَثِيراً، وَأَخَذُوا يَسْتَدْرِجُونَهُ إِلَى الْكَلامِ فِي أُمُورٍ كَثِيرَةٍ، وَهُمْ يُرَاقِبُونَهُ سَعْياً إِلَى اصْطِيَادِهِ بِكَلامٍ يَقُولُهُ." (لوقا 11: 53-54)

وتتعلق هذه الأسئلة بما يلي:

- السبب الذي سمح ليسوع أن يساعد الناس يوم السبت: كان الهدف إظهار أنه خالف الناموس (مرقس 3: 2؛ متى 12: 10)
- السلطان الذي كان له والذي سمح له أن يفعل ما فعله (مرقس 11: 28؛ متى 21: 23؛ لوقا 20: 2)
- سواء يجوز للرجل أن يطلق زوجته أم لا (مرقس 10: 2؛ متى 19: 3)
- سواء يجوز دفع الضرائب لقيصر (مرقس 12: 15؛ متى 22: 17؛ لوقا 20: 22)
- ما هي أعظم وصية (متى 22: 36)
- ابن مَن يكون المسيا (متى 22: 42)
- ابن مَن يكون يسوع (يوحنا 8: 19)
- القيامة (متى 22: 23-28؛ لوقا 20: 27-33)
- طلبات لعمل المعجزات (مرقس 8: 11؛ متى 12: 38 و16: 1).

بالإضافة إلى هذه الأسئلة، تم اتهام يسوع بما يلي:

- أنه مسكون بشيطان ويصنع المعجزات بقوة الشيطان (مرقس 3: 22؛ متى 12: 24؛ يوحنا 8: 52 و10: 20).

- أن تلاميذه لم يحفظوا السبت (متى 12: 2) ولا طقوس النظافة (مرقس 7: 2؛ متى 15: 1-2؛ لوقا 11: 38).

- أنه شهد زورًا (يوحنا 8: 13).

الرافضون

عندما نتأمل في حياة يسوع وتعاليمه، نجد أنه اختبر الرفض من العديد من الأفراد والجماعات المختلفة:

- حاول الملك هيرودس قتله وهو لا يزال رضيعًا (متى 2: 16).

- أساء إليه أهل قريته الناصرة (مرقس 6: 3؛ متى 13: 53-58) وحاولوا إلقائه من على الجبل لقتله (لوقا 4: 28-30).

- اتهمه أفراد عائلته بأنه فقد عقله (مرقس 3: 21).

- هجره العديد من أتباعه (يوحنا 6: 66).

- حاول حشد من الناس أن يرجموه (يوحنا 10: 31).

- تآمر القادة الدينيون لقتله (يوحنا 11: 50).

- خانه يهوذا، أحد المقربين إليه (مرقس 14: 43-45؛ متى 26: 14-16؛ لوقا 22: 1-6؛ يوحنا 18: 2-3).

- نكره تلميذه الرئيسي بطرس ثلاث مرات (مرقس 14: 66-72؛ متى 26: 69-75؛ لوقا 22: 54-62؛ يوحنا 18).

- طالب الحشد في أورشليم بصلبه، رغم أن المدينة استقبلته قبل أيام قليلة فقط بهتافات الفرح بصفته المسيا المحتمل (مرقس 15: 12-15؛ لوقا 23: 18-23؛ يوحنا 19: 15).

- تعرض للكم والبصق والسخرية من قبل القادة الدينيين (مرقس 14: 65؛ متى 26: 67-68).

- تعرض للسخرية والإساءة من قبل الحراس والجنود الرومان (مرقس 15: 16-20؛ متى 27: 27-31؛ لوقا 22: 63-65 و23: 11).

- تم اتهامه زورًا أمام المحاكم اليهودية والرومانية، وحكم عليه بالموت (مرقس 14: 53-65؛ متى 26: 57-67؛ يوحنا 18: 28 وما يليها).

- صلب، وكان الصلب أكثر وسائل الإعدام المهينة المتاحة للرومان، وقد اعتبره اليهود عقابًا ملعونًا من الله (تثنية 21: 23).

- صلب يسوع بين لصين، وتعرض للعن بينما كان يتحمل آلام احتضاره على الصليب (مرقس 15: 21-32؛ متى 27: 32-44؛ لوقا 23: 32-36؛ يوحنا 19: 23-30).

استجابات يسوع للرفض

عندما نفكر في كل هذا الرفض، نجد أن يسوع غير عدواني وغير عنيف في ردوده. لم يسع للانتقام.

في بعض الأحيان، كان المسيح ببساطة لا يرد على الاتهامات الموجهة إليه، وأشهرها هي الاتهامات التي ألقيت عليه قبل صلبه (متى 27: 14). اعتبرت الكنيسة الأولى أن هذا تحقيق لنبوءة مسيانية:

"ظُلِمَ وَأُذِلَّ، وَلَكِنَّهُ لَمْ يَفْتَحْ فَاهُ، بَلْ كَشَاةٍ سِيقَ إِلَى الذَّبْحِ، وَكَنَعْجَةٍ صَامِتَةٍ أَمَامَ جَازِّيهَا لَمْ يَفْتَحْ فَاهُ." (إشعياء 53: 7)

عندما تحدوه لإثبات نفسه، كان المسيح يرفض التجاوب أحيانًا، مفضلًا أن يطرح سؤال بدلًا من ذلك (على سبيل المثال، متى 21: 24 و22: 15-20).

لم يكن يسوع مشاكسًا على الرغم من محاولة الناس أن يدخلوا في معارك معه في كثير من الأحيان:

"لَا يُخَاصِمُ وَلا يَصْرُخُ، وَلا يَسْمَعُ أَحَدٌ صَوْتَهُ فِي الشَّوَارِعِ. قَصَبَةً مَرْضُوضَةً لَا يَكْسِرُ، وَفَتِيلَةً مُدَخِّنَةً لَا يُطْفِئُ، حَتَّى يَقُودَ الْعَدْلَ إِلَى النَّصْرِ..." (متى 12: 19-20، نقلًا عن إشعياء 42: 1-4)

عندما أراد الناس أن يرجموا يسوع أو يقتلوه، كان ببساطة ينتقل إلى مكان آخر (لوقا 4: 30)، باستثناء الأحداث التي أدت إلى صلبه، حيث سار يسوع عمدًا إلى موته.

النقطة المهمة حول هذه الإجابات هي أنه عندما جُرب يسوع باختبارات الرفض، تغلب على التجربة ولم يستسلم للرفض. تلخص الرسالة إلى العبرانيين استجاباته على النحو التالي:

"ذَلِكَ لأَنَّ رَئِيسَ الْكَهَنَةِ الَّذِي لَنَا، لَيْسَ عَاجِزاً عَنْ تَفَهُّمِ ضَعَفَاتِنَا، بَلْ إِنَّهُ قَدْ تَعَرَّضَ لِلتَّجَارِبِ الَّتِي نَتَعَرَّضُ نَحْنُ لَهَا، إِلّا أَنَّهُ بِلا خَطِيئَةٍ." (عبرانيين 4: 15)

تصور الأناجيل يسوع على أنه شخص كان آمنًا ومرتاحًا جدًا مع نفسه. لم يكن فيه انتقام: لم يشعر بالحاجة إلى مهاجمة أو تدمير أولئك الذين أتوا ضده. ولم يرد يسوع بشكل رائع على الرفض فقط، بل علم تلاميذه الإطار اللاهوتي للرد على الرفض، وأيضًا على رفض الرفض. يتم وصف العناصر الرئيسية لهذا اللاهوت لاحقًا في هذا الدرس.

حكايتان عن الرفض

من اللافت للنظر أن كلا يسوع ومحمد، وهما مؤسسا أكبر ديانتين في العالم، تعرضا لتجارب شديدة من الرفض. بدأ الرفض مع ظروف ولادتهما وطفولتهما، وامتد ليشمل طريقة تعامل أفراد أسرتهما والسلطات الدينية معهما. كما وتعرض كلاهما لتهمة الجنون ووقوعهما تحت سيطرة قوى الشر. وكذلك تعرض كلاهما للسخرية والذم والخيانة والتهديدات بالقتل.

ولكن، على الرغم من أوجه التشابه الرائعة، فإن الاختلاف الملحوظ بينها هو الذي يطغو، ما أثر بشكل عميق على الطريقة التي تأسست بها هاتان الديانتان. في حين أن قصة حياة محمد تظهر النطاق الكامل لاستجابات الرفض السلبية الشائعة لدى البشر، بما في ذلك رفض الذات وتأييد الذات والعدوان، لقد سارت حياة يسوع في الاتجاه العاكس تمامًا، حيث تغلب على الرفض، ليس بفرضه

على الآخرين، بل باحتضانه، متغلبًا على قوته وشافيًا آلامه. إذا كانت حياة محمد تحتوي على المفاتيح لفهم الإرث الروحي المستعبد للشريعة، فإن حياة المسيح تقدم المفاتيح للحرية والكمال، للأشخاص الذين يتركون الإسلام وكذلك للمسيحيين الذين يعيشون تحت سلطة الشريعة.

في الأقسام التالية، سندرس كيف فهم يسوع الرفض في ضوء رسالته بصفته المسيا ومخلص، وكيف يمكن لحياته وصليبه أن يحررانا من العواقب المريرة للرفض.

احتضان الرفض

أوضح يسوع أن الرفض كان جزءًا أساسيًا من دعوته بصفته مسيح الله، إذ خطط الله أن يستخدم المرفوض كحجر الزاوية لبنائه:

"... الْحَجَرُ الَّذِي رَفَضَهُ الْبُنَاةُ، هُوَ نَفْسُهُ صَارَ حَجَرَ الزَّاوِيَةِ." (مرقس 12: 10، نقلًا عن مزمور 118: 22-23؛ انظر أيضًا متى 21: 42)

اتضح لأتباع يسوع أنه كان هو خادم إشعياء المرفوض والمتألم (على سبيل المثال، 1 بطرس 2: 21 وما يليها وأعمال الرسل 8: 32-35)، سيجد الناس السلام والخلاص من خطاياهم الذي من خلال آلامه:

"مُحْتَقَرٌ وَمَنْبُوذٌ مِنَ النَّاسِ،

رَجُلُ آلامٍ وَمُخْتَبِرُ الْحُزْنِ،

...

إِلّا أَنَّهُ كَانَ مَجْرُوحاً مِنْ أَجْلِ آثَامِنَا

وَمَسْحُوقاً مِنْ أَجْلِ مَعَاصِينَا،

حَلَّ بِهِ تَأْدِيبُ سَلامِنَا،

وَبِجِرَاحِهِ بَرِئْنَا." (إشعياء 53: 3-5)

كان الصليب الجزء المحوري من هذه الخطة، وقد أشار يسوع مرارًا وتكرارًا إلى حقيقة أنه كان سيقتل:

"وَأَخَذَ يُعَلِّمُهُمْ أَنَّ ابْنَ الإِنْسَانِ لابُدَّ أَنْ يَتَأَلَّمَ كَثِيراً، وَيَرْفُضَهُ الشُّيُوخُ وَرُؤَسَاءُ الْكَهَنَةِ وَالْكَتَبَةُ، وَيُقْتَلَ، وَبَعْدَ ثَلاثَةِ أَيَّامٍ يَقُومُ. وَقَدْ تَحَدَّثَ عَنْ هَذَا الأَمْرِ صَرَاحَةً..." (مرقس 8: 31-32؛ أنظر أيضًا مرقس 10: 32-34؛ متى 16: 21 و20: 17-19 و26: 2؛ لوقا 18: 31؛ يوحنا 12: 23)

نبذ العنف

أدان يسوع بطريقة واضحة ومتكررة أي استخدام للقوة لتحقيق أهدافه، حتى عندما كانت حياته على المحك:

"فَقَالَ يَسُوعُ لَهُ: «رُدَّ سَيْفَكَ إِلَى غِمْدِهِ! فَإِنَّ الَّذِينَ يَلْجَأُونَ إِلَى السَّيْفِ، بِالسَّيْفِ يَهْلِكُونَ...»" (متى 26: 52)

في طريقه إلى الصليب، جحد يسوع استخدام القوة لتأكيد مهمته، حتى لو عنى ذلك الموت:

"أَجَابَ يَسُوعُ: «لَيْسَتْ مَمْلَكَتِي مِنْ هَذَا الْعَالَمِ. وَلَوْ كَانَتْ مَمْلَكَتِي مِنْ هَذَا الْعَالَمِ، لَكَانَ حُرَّاسِي يُجَاهِدُونَ لِكَيْ لَا أُسَلَّمَ إِلَى الْيَهُودِ. أَمَّا الآنَ فَمَمْلَكَتِي لَيْسَتْ مِنْ هُنَا»." (يوحنا 18: 36)

عندما تكلم يسوع عن الآلام المستقبلية للكنيسة، ذكر جلب "سيف"، قائلًا:

"لَا تَظُنُّوا أَنِّي جِئْتُ لأُرْسِيَ سَلاماً عَلَى الأَرْضِ. مَا جِئْتُ لأُرْسِيَ سَلاماً، بَلْ سَيْفاً." (متى 10: 34)

يتم تقديم هذا أحيانًا كدليل على أن يسوع رخص العنف. ولكنه في الواقع يشير إلى الانقسامات التي قد تحدث داخل العائلة الواحدة عندما يتعرض المؤمنون للرفض بسبب إيمانهم بالمسيح: يستخدم النص في لوقا كلمة "الانْقِسَامَ" بدلًا من "سَيْفاً" (لوقا 12: 51). فالسيف إذن رمزي هنا، يشير إلى ما يؤدي إلى الانقسام والتفرقة بين أفراد الأسرة. في السياق الأوسع للنصيحة التي قدمها يسوع حول الاضطهادات المستقبلية، هناك تفسير آخر محتمل وهو إشارة السيف إلى اضطهاد المسيحيين. في هذه الحالة، فإن هذا السيف مرفوع ضد المسيحيين بسبب شهادتهم، وليس ضد الآخرين من قبل المسيحيين.

كان رفض يسوع للعنف مخالفًا للتوقعات الشائعة المتعلقة بالمسيا وبما سيفعله عندما يأتي ليخلص شعب الله. كان الأمل هو أن يكون هذا الخلاص عسكريًا وسياسيًا، وأيضًا روحيًا. لكن رفض يسوع الجانب العسكري، كما وأوضح "لَيْسَتْ مَمْلَكَتِي مِنْ هَذَا

الْعَالَمِ" (يوحنا 18: 36). بل علم الناس أن يعطوا "مَا لِقَيْصَرِ لِقَيْصَرِ، وَمَا لِلهِ لِلهِ" (متى 22: 21). وكذلك أكد على عدم قدرة ملكوت الله أن يتخذ شكلًا ماديًا، لكونه "فِي دَاخِلِكُمْ!" (لوقا 17: 21).

عندما واجهه تلاميذه، الذين كانوا يتجادلون حول من سيحصل على المنصب السياسي المفضل في ملكوت الله – والذي يرمز إليه بموقع جلوسهم – أخبرهم يسوع أن ملكوت الله ليس كالممالك السياسية التي كانوا على دراية بها، حيث يسيطر الناس على بعضهم البعض. بل قال لهم إنه من يريد أن يكون أولًا، فعليه أن يكون آخر الناس (متى 20: 16، 27)، وأن على أتباعه أن يسعوا إلى خدمة الآخرين بدلًا من أن ينتظروا خدمتهم (مرقس 10: 43؛ متى 20: 26-27).

أخذت الكنيسة الأولى تعاليم يسوع عن العنف على محمل الجد. على سبيل المثال، منع المؤمنون الأوائل في القرون الأولى للكنيسة من الانخراط في بعض المهن، بما في ذلك مهنة الجندي، وإذا كان المسيحي جندي لسبب ما، فقد مُنع من القتل.

"أَحِبُّوا أَعْدَاءَكُمْ"

يمكن أن يكون العدوان أحد ردود الفعل المؤذية على الرفض، وهو نتيجة العداوة التي قد تسببها تجربة الرفض. ومع ذلك، علم يسوع:

- أن القصاص لم يعد مقبولًا – بل يجب أن تقابل الأعمال الشريرة بالخير، وليس بالشر (متى 5: 38-42)
- أن إدانة الآخرين أمر خطأ (متى 7: 1-5)

- أنه يجب أن نحب أعداءنا، لا أن نكرههم (متى 5: 44)
- أن الودعاء سيرثون الأرض (متى 5: 5)
- أن صانعو السلام سيدعون أبناء الله (متى 5: 9).

لم تكن هذه التعاليم مجرد كلمات استمع إليها التلاميذ ثم نسوها. بل أوضح أتباع يسوع في رسائلهم المحفوظة في العهد الجديد أن هذه المبادئ أرشدتهم حتى في مواجهة التجارب والمعارضات العظيمة:

> "فَمَازِلْنَا حَتَّى هَذِهِ السَّاعَةِ نَجُوعُ وَنَعْطَشُ، وَنَعْرَى وَنُلْطَمُ وَلَيْسَ لَنَا مَأْوَى... نَتَعَرَّضُ لِلإِهَانَةِ فَنُبَارِكُ، وَلِلاضْطِهَادِ فَنَحْتَمِلُ وَلِلتَّجْرِيحِ فَنُسَالِمُ..." (1 كورنثوس 4: 11-13؛ أنظر أيضًا 1 بطرس 3: 10؛ تيطس 3: 1-2؛ رومية 12: 14-21)

أظهر الرسل للمؤمنين مثال يسوع (1 بطرس 2: 21-25). وكان هذا مؤثرًا جدًا لدرجة أن آية "أَحِبُّوا أَعْدَاءَكُمْ" في متى 5: 44 أصبحت المقطع الكتابي الأكثر اقتباسًا في كتابات الكنيسة الأولى.

استعدوا للاضطهاد

علم يسوع أتباعه أنه لا مفر من الاضطهاد: سيتعرضون للجلد، والكراهية، والخيانة، والقتل (مرقس 13: 9-13؛ لوقا 21: 12-19؛ متى 10: 17-23).

وعندما دربهم على كيفية نقل رسالته إلى الآخرين، حذر يسوع تلاميذه من أنهم سيختبرون الرفض. في تناقض حاد مع مثال وتعاليم محمد، والتي شجعت المسلمين على الرد على المعاناة

بالعنف وحتى الذبح، علم يسوع تلاميذه ببساطة: "وَانْفُضُوا الْغُبَارَ عَنْ أَقْدَامِكُمْ." كلمات أخرى، أوصاهم أن يمضوا قدمًا، غير آخذين معهم أي شيء شرير أو نجس من هذه اللقاءات (مرقس 6: 11؛ متى 10: 14). حتى لا يكون فراقهم مريرًا، بل يعود سلامهم إليهم (متى 10: 13-14).

اتبع يسوع هذا مثل عندما رفضت قرية سامرية استقباله. عندما سأله تلاميذه عما إذا كان يريدهم أن ينزلوا نارًا من السماء على السامريين، وبخهم يسوع ومضى قدمًا (لوقا 9: 54-56).

علم سوع تلاميذه أن يهربوا إلى مكان آخر عندما يضطهدون (متى 10: 23)، وألا يقلقوا لأن الروح القدس سيساعدهم على معرفة ما يقولونه (متى 10: 19-20؛ لوقا 12: 11-12 و21: 14-15)، وكذلك ألا يخافوا (متى 10: 26، 31).

كان تعليم يسوع المميز هو أن على أتباعه أن يفرحوا عندما يضطهدون، فهكذا يكونون كالأنبياء:

> "طُوبَى لَكُمْ مَتَى أَبْغَضَكُمُ النَّاسُ، وَعَزَلُوكُمْ، وَأَهَانُوا اسْمَكُمْ وَنَبَذُوهُ كَأَنَّهُ شِرِّيرٌ، مِنْ أَجْلِ ابْنِ الإِنْسَانِ. افْرَحُوا فِي ذلِكَ الْيَوْمِ وَتَهَلَّلُوا، فَهَا إِنَّ مُكَافَأَتَكُمْ فِي السَّمَاءِ عَظِيمَةٌ: لأَنَّهُ هكَذَا عَامَلَ آبَاؤُهُمُ الأَنْبِيَاءَ." (لوقا 6: 22-23؛ أنظر أيضًا متى 5: 11-12)

هناك الكثير من الأدلة على اعتناق الكنيسة الأولى لهذه الرسالة بكل إخلاص كجزء من ولاءهم للمسيح:

"وَإِنْ كَانَ لابُدَّ أَنْ تَتَأَلَّمُوا فِي سَبِيلِ الْبِرِّ، فَطُوبَى لَكُمْ!" (1 بطرس 3: 14؛ أيضًا 2 كورنثوس 1: 5؛ فيلبي 2: 17-18؛ 1 بطرس 4: 12-14)

كما شجع يسوع تلاميذه أن يأملوا أن ينالوا عطية الحياة الأبدية إلى جانب الاضطهاد. ولكن لكي ينالوا هذا الوعد في الحياة التالية، كان عليهم أن يظلوا أمناء في هذه الحياة (مرقس 10: 29-30 و13: 13).

المصالحة

بحسب الفهم المسيحي، قامت الخطيئة، وهي المشكلة البشرية الأساسية، بالشرخ بين البشرية والله. ومشكلة الخطية ليست مجرد مسألة عصيان؛ بل إنها خرق في العلاقة مع الله. عندما عصى آدم وحواء الله، ابتعدا عنه. لقد اختارا عدم الثقة بالله، بل وضعا ثقتهما في الحية. أدارا ظهرهما لله، ورفضاه، ورفضا العلاقة معه. نتيجةً لذلك، رفضهما الله وأخرجهما من محضره. وهكذا أصبحا عرضة لعنات السقوط.

في تاريخ إسرائيل، قدم الله عهدًا من خلال موسى لإعادة تأسيس العلاقة الصحيحة بين الله والبشر، لكن شعبه عصى الوصايا وذهب في طريقه الخاص. في عصيانهم، رفضوا العلاقة مع الله وخضعوا للدينونة. لكن الله لم يرفضهم تمامًا، إذ كان لديه خطة لاستعادتهم. كان لديه خطة لخلاصهم ولخلاص العالم.

على الرغم من أن الناس رفضوا الله، إلا أنه لم يرفضهم بشكل نهائي. كان قلبه يتوق إلى البشر الذين صنعهم، وكان لديه خطة لمصالحتهم معه. إن تجسد يسوع المسيح وصليبه هما تحقيق لهذه الخطة لإعادة البشرية جمعاء في علاقة صحيحة مع الله.

الصليب هو المفتاح للتغلب على المشكلة العميقة لرفض الإنسان لله والدينونة التي تجلبها. إن خضوع يسوع للرفض، من خلال الصليب، يوفر المفتاح للتغلب على الرفض نفسه. تكمن قوة الرفض في ردود الفعل التي يميل إلى إثارتها في قلوب الناس. من خلال امتصاص كراهية مهاجميه وتقديم حياته كذبيحة من أجل خطايا العالم، هزم يسوع قوة الرفض نفسها وأغمرها بالمحبة. هذه المحبة التي أظهرها يسوع لم تكن سوى محبة الله للعالم الذي صنعه:

"لأَنَّهُ هكَذَا أَحَبَّ اللهُ الْعَالَمَ حَتَّى بَذَلَ ابْنَهُ الْوَحِيدَ، لِكَيْ لَا يَهْلِكَ كُلُّ مَنْ يُؤْمِنُ بِهِ، بَلْ تَكُونُ لَهُ الْحَيَاةُ الأَبَدِيَّةُ." (يوحنا 3: 16)

في موته على الصليب، حمل يسوع العقاب الذي استحقته البشرية لرفضها الله. كانت هذه العقوبة هي الموت، وحملها المسيح حتى يجد جميع الذين يؤمنون به الغفران والحياة الأبدية. وهكذا تغلب يسوع أيضًا على قوة الرفض، من خلال دفع ثمن عقوبته.

كان سفك دماء الذبائح في التوراة هو ما يكفر عن الخطيئة. يستند المسيحيون إلى هذه الرمزية لفهم معنى موت يسوع على الصليب. يتم التعبير عن هذا في نشيد إشعياء للخادم المتألم:

"... حَلَّ بِهِ تَأْدِيبُ سَلامِنَا، وَبِجِرَاحِهِ بَرِئْنَا... وَمَعَ ذَلِكَ فَقَدْ سُرَّ اللهُ أَنْ يَسْحَقَهُ بِالْحَزَنِ. وَحِينَ يُقَدِّمُ نَفْسَهُ ذَبِيحَةَ إِثْمٍ فَإِنَّهُ يَرَى نَسْلَهُ وَتَطُولُ أَيَّامُهُ... لأَنَّهُ سَكَبَ لِلْمَوْتِ نَفْسَهُ، وَأُحْصِيَ مَعَ أَثَمَةٍ. وَهُوَ حَمَلَ خَطِيئَةَ كَثِيرِينَ، وَشَفَعَ فِي الْمُذْنِبِينَ." (إشعياء 53: 5، 10 و12)

في مقطع قوي من رسالته إلى أهل رومية، شرح بولس كيف أن ذبيحة المسيح تضع حدًا للرفض من خلال منحنا نقيضه، أي المصالحة:

"فَإِنْ كُنَّا، وَنَحْنُ أَعْدَاءُ، قَدْ تَصَالَحْنَا مَعَ اللهِ بِمَوْتِ ابْنِهِ، فَكَمْ بِالأَحْرَى نَخْلُصُ بِحَيَاتِهِ وَنَحْنُ مُتَصَالِحُونَ! وَلَيْسَ هَذَا فَقَطْ، بَلْ إِنَّنَا نَفْتَخِرُ أَيْضاً بِاللهِ، بِفَضْلِ رَبِّنَا يَسُوعَ الْمَسِيحِ الَّذِي بِهِ نِلْنَا الْمُصَالَحَةَ الآنَ." (رومية 5: 10-11)

تتغلب هذه المصالحة أيضًا على كل حقوق الدينونة التي قد تثيرها الأطراف الثالثة، بما في ذلك البشر والملائكة والشياطين (رومية 8: 38):

"وَمَنْ سَيَتَّهِمُ مُخْتَارِي اللهِ؟ إِنَّ اللهَ هُوَ الَّذِي يُبَرِّرُ... وَلا الأَعَالِي وَلا الأَعْمَاقُ، وَلا خَلِيقَةٌ أُخْرَى، تَقْدِرُ أَنْ تَفْصِلَنَا عَنْ مَحَبَّةِ اللهِ الَّتِي لَنَا فِي الْمَسِيحِ يَسُوعَ رَبِّنَا." (رومية 8: 33، 39)

ليس هذا فحسب، بل أوكل يسوع خدمة المصالحة إلى المسيحيين، سواء من خلال نشر المصالحة للآخرين أو من خلال إعلان رسالة الصليب وقدرته على تدمير الرفض:

"وَكُلُّ شَيْءٍ هُوَ مِنْ عِنْدِ اللهِ الَّذِي صَالَحَنَا مَعَ نَفْسِهِ بِالْمَسِيحِ، ثُمَّ سَلَّمَنَا خِدْمَةَ هَذِهِ الْمُصَالَحَةِ. ذَلِكَ أَنَّ اللهَ كَانَ فِي الْمَسِيحِ

مُصَالِحاً الْعَالَمَ مَعَ نَفْسِهِ، غَيْرَ حَاسِبٍ عَلَيْهِمْ خَطَايَاهُمْ، وَقَدْ وَضَعَ بَيْنَ أَيْدِينَا رِسَالَةَ هَذِهِ الْمُصَالَحَةِ. فَنَحْنُ إِذَنْ سُفَرَاءُ الْمَسِيحِ، وَكَأَنَّ اللهَ يَعِظُ بِنَا نُنَادِي عَنِ الْمَسِيحِ: «تَصَالَحُوا مَعَ اللهِ!»" (2 كورنثوس 5: 18-20)

القيامة

كانت الرغبة في تبرئة الذات وتأييدها أحد المواضيع المتكررة في وحي محمد وتصريحاته العديدة. وقد حقق ذلك لنفسه إما من خلال إجبار أعدائه على الخضوع لعقيدته، بحيث وضعوا أنفسهم تحت إرشاده وسلطته، أو من خلال إجبارهم على قبول الذمة. كان حلهم الثالث هو الموت.

بحسب الفهم المسيحي لمَهمة المسيح، إن البراءة التي حققها المسيح لم تكن لذاته. كان دور المسيا المتألم هو أن يتواضع ويعانق الرفض. ثم جاءت التبرئة من خلال قيامة المسيح وصعوده، اللذان هزم الموت وكل قوته من خلالهما:

"... إِنَّ نَفْسَهُ لَمْ تُتْرَكْ فِي هُوَّةِ الأَمْوَاتِ، وَلَمْ يَنَلْ مِنْ جَسَدِهِ الْفَسَادُ. فَيَسُوعُ هَذَا أَقَامَهُ اللهُ مِنَ الْمَوْتِ، وَنَحْنُ جَمِيعاً شُهُودٌ لِذَلِكَ. وَإِذْ رُفِعَ إِلَى يَمِينِ اللهِ، وَأَخَذَ مِنَ الآبِ الرُّوحَ الْقُدُسَ الْمَوْعُودَ بِهِ، أَفَاضَهُ عَلَيْنَا. وَمَا تَرَوْنَهُ الآنَ وَتَسْمَعُونَهُ هُوَ نَتِيجَةٌ لِذَلِكَ... (اعلموا) أَنَّ اللهَ قَدْ جَعَلَ يَسُوعَ، هَذَا... رَبّاً وَمَسِيحاً!»" (أعمال الرسل 2: 31-36)

يصف مقطع شهير من رسالة بولس إلى أهل فيلبي كيف أن يسوع تواضع وتبنى طوعًا دور الخادم. امتدت طاعته حتى الموت. لكن الله رفعه إلى مكانة روحية ذات سلطة عليا. لم يحدث هذا النصر بسبب مساعي المسيح الشخصية، بل بسبب تبرئة الله لكفارة المسيح العظمى على الصليب:

"فَلْيَكُنْ فِيكُمْ هَذَا الْفِكْرُ الَّذِي فِي الْمَسِيحِ يَسُوعَ. إِذْ إِنَّهُ، وَهُوَ الْكَائِنُ فِي هَيْئَةِ اللهِ، لَمْ يَعْتَبِرْ مُسَاوَاتَهُ لِلهِ خُلْسَةً، أَوْ غَنِيمَةً يُتَمَسَّكُ بِها؛ بَلْ أَخْلَى نَفْسَهُ، مُتَّخِذاً صُورَةَ عَبْدٍ، صَائِراً شَبِيهاً بِالْبَشَرِ؛

وَإِذْ ظَهَرَ بِهَيْئَةِ إِنْسَانٍ، أَمْعَنَ فِي الاِتِّضَاعِ، وَكَانَ طَائِعاً حَتَّى الْمَوْتِ، مَوْتِ الصَّلِيبِ.

لِذَلِكَ أَيْضاً رَفَّعَهُ اللهُ عَالِياً، وَأَعْطَاهُ الاِسْمَ الَّذِي يَفُوقُ كُلَّ اسْمٍ، لِكَيْ تَنْحَنِيَ سُجُوداً لاِسْمِ يَسُوعَ كُلُّ رُكْبَةٍ..." (فيلبي 2: 5-10)

تلمذة الصليب

بالنسبة للمسيحيين، إن اتباع المسيح يعني التماهي مع موته وقيامته. يشير كل من يسوع وأتباعه مرارًا وتكرارًا إلى الحاجة إلى "الموت" مع المسيح عبر خلع أساليب العيش القديمة، والولادة من جديد، والارتقاء إلى عيش الحياة الجديدة بحسب مثال المسيح للمحبة والمصالحة، فنعيش ليس لأنفسنا، بل لله. يعتبر المسيحيون أن اختبار الألم هو طريقة للمشاركة في آلام المسيح. هذا يعطي معنى للتجارب التي يمرون بها، كطريق إلى الحياة

الأبدية وعلامة ليس على الهزيمة، بل على النصر المستقبلي. الله هو الذي يبرئ المؤمنين المخلصين، وليس القوى الوحشية لهذا العالم:

"... إِنْ أَرَادَ أَحَدٌ أَنْ يَسِيرَ وَرَائِي، فَلْيُنْكِرْ نَفْسَهُ، وَيَحْمِلْ صَلِيبَهُ، وَيَتْبَعْنِي. فَأَيُّ مَنْ أَرَادَ أَنْ يُخَلِّصَ نَفْسَهُ، يَخْسَرُهَا. وَلكِنَّ مَنْ يَخْسَرُ نَفْسَهُ مِنْ أَجْلِي وَمِنْ أَجْلِ الإِنْجِيلِ، فَهُوَ يُخَلِّصُهَا." (مرقس 8: 34-35؛ أنظر أيضًا 1 يوحنا 3: 14، 16؛ 2 كورنثوس 5: 14-15؛ عبرانيين 12: 1-2)

محمد ضد الصليب

في ضوء كل ما تعلمناه ومعرفة أننا نعيش في عالم روحي، لا ينبغي أن نتفاجأ عندما نعلم أن محمد كان يكره رمز الصليب. ذكر أحد الأحاديث أن محمد كان يدمر كل الأشياء في منزله التي وجد عليها علامة الصليب.

كما رأينا في الدرس 3، امتدت كراهية محمد للصليب إلى التعليم بأن عيسى، أي يسوع الإسلامي، سيعود إلى الأرض كنبي للإسلام هدفه تدمير الصليب ومسح المسيحية من على وجه الأرض.

يشارك اليوم العديد من المسلمين عداوة محمد للصليب. في أنحاء كثيرة من العالم اليوم، يكره المسلمون الصلبان المسيحية ويحظرونها ويدمرونها.

نرى مثالًا على هذا في اضطرار رئيس أساقفة كانتربري جورج كاري إلى الموافقة على إزالة صليبه من حول عنقه عندما اضطرت طائرته إلى التوقف قسرًا في المملكة العربية السعودية في عام 1995. وصف ديفيد سكيدمور هذه الحادثة في خدمة الأخبار الأسقفية كالتالي:

"خلال رحلته من القاهرة إلى السودان، اضطرت طائرة كاري أن تحط في المملكة العربية السعودية. وعند اقترابهم من مدينة جدة الساحلية المطلة على البحر الأحمر في المملكة العربية السعودية، طُلب من كاري إزالة جميع الرموز الدينية، بما في ذلك عقده الكهنوتي وصليبه."

لكن على الرغم من رفض المسلمين للصليب، إلا أنه بالنسبة للمسيحيين يمثل حريتنا.

في الأقسام التالية، سنرفع صلاة الالتزام باتباع يسوع المسيح، وسنقرأ بعض شهادات الحرية، كما وسنصلي من أجل التحرر من قوة الإسلام وعهد الشهادة. هذه الصلوات مخصصة للأشخاص الذين يختارون ترك الإسلام لاتباع يسوع الناصري، وكذلك للأشخاص الذين اختاروا بالفعل اتباع يسوع ويرغبون في المطالبة بحريتهم من جميع مبادئ وقوى الإسلام.

اتبعوا يسوع

أنتم مدعوون لتأكيد التزامكم باتباع المسيح من خلال رفع هذه الصلاة بصوت عال. لكن اقرأوها بعناية أولًا، لتتأكدوا مما ستقولونه.

عند تأملكم في هذه الصلاة، يرجى ملاحظة أنها تتضمن العناصر التالية:

1. اعترافان:

   - أنا خاطئ ولا أستطيع أن أخلص نفسي.
   - لا يوجد سوى إله واحد، الخالق، الذي أرسل ابنه يسوع ليموت من أجل خطاياي.

2. الابتعاد عن خطاياي وعن كل ما هو شر (التوبة).
3. طلب الغفران والحرية والحياة الأبدية والروح القدس.
4. نقل الولاء للمسيح بصفه رب لحياتي.
5. الوعد بإخضاع حياتي وتكريسها للمسيح وخدمته.
6. إعلان هويتي في المسيح.

إعلان وصلاة للالتزام باتباع يسوع المسيح

أؤمن بإله واحد، الخالق، الآب القدير.

أجحد أي "آلهة" أخرى.

أعترف بأنني أخطأت ضد الله وضد الآخرين. وهكذا عصيت الله وتمردت عليه وعلى قوانينه.

لا أستطيع أن أنقذ نفسي من خطاياي.

أومن أن يسوع هو المسيح، ابن الله المقام من بين الأموات. مات يسوع على الصليب بدلًا مني وحمل عني دينونة خطاياي. ثم قام من بين الأموات من أجلي.

أبتعد وأتوب عن خطاياي.

أطلب من المسيح أن يمنحني عطية الغفران، الذي فاز به على الصليب.

أستقبل عطية الغفران الآن.

أختار أن أقبل الله أبًا لي، وأرغب في أن أصبح مُلكًا له.

أطلب عطية الحياة الأبدية.

أسلم جميع حقوق حياتي للمسيح، وأدعوه ليحكم ربًا على حياتي من هذا اليوم فصاعدًا.

أجحد كل الولاءات الروحية الأخرى. وأجحد على وجه التحديد الشهادة وجميع مطالبها مني.

أرفض الشيطان وكل الشرور. أكسر كل الاتفاقات الشريرة التي أبرمتها مع الأرواح الشريرة ومبادئ الشر.

أجحد كل الأربطة الشريرة مع الآخرين الذين مارسوا على سلطتهم الشريرة.

أجحد جميع العهود الشريرة التي قطعها أسلافي نيابة عني، والتي أثرت علي بشكل من الأشكال.

أجحد كل القدرات النفسانية والروحية التي لا تأتي من الله بواسطة يسوع المسيح.

أطلب عطية الروح القدس الموعود.

أيها الآب، أرجوك حررني وغيرني كي أتمكن من أن أمجدك، وأمجدك وحدك.

نمِّ فيّ ثمار الروح القدس كي أتمكن من إكرامك ومحبة الآخرين.

أعلن أمام الشهود البشريين وأمام جميع السلطات الروحية أنني أكرس نفسي لله وأربطها به من خلال يسوع المسيح.

أعلن أنني مواطن للسماء. الله هو حمايتي. بمساعدة الروح القدس، أختار أن أخضع للرب يسوع المسيح وأتبعه وحده طوال أيام حياتي.

آمين.

شهادات الحرية

فيما يلي شهادات بعض الأشخاص الذين تحرروا باستخدام الصلوات الموجودة في هذا الدرس.

دورة تدريبية في التلمذة

في أمريكا الشمالية، كانت هناك خدمة تدير تدريب مكثف ومنتظم للعابرين الذين قبلوا المسيح ربًا ومخلصًا لحياتهم. وجد منسقو

الدورة أن المشاركين كانوا يعانون من العديد من الصعوبات المستمرة في التلمذة. سمعوا بالصلوات الواردة في هذا الكتاب لجحد الشهادة، وقرروا دعوة جميع المشاركين في الدورة التدريبية لاستخدامها لجحد الإسلام سويًا. شعر المشاركين براحة وفرح كبيرين. وسألوا: "لماذا لم يشرح لنا أحد أننا بحاجة إلى جحد الإسلام؟ كان يجب أن نفعل هذا منذ البداية!" بعد ذلك، أصبح فعل جحد الإسلام جزءًا أساسيًا من دورتهم التدريبية.

جحد عابرَين من الشرق الأوسط للشهادة

فيما يلي شهادتان لعابرين من الشرق الأوسط بعد جحدهما للشهادة:

"أشعر أنني حقًا حر، وكأنه تم فك وكسر النير الذي كان مربوطًا حول عنقي. هذه الصلاة أكثر من رائعة. أشعر وكأنني كنت حيوانًا محبوسًا في قفص وقد تم إطلاق سراحه. أشعر بالحرية."

"كنت في حاجة ماسة إلى هذا، وكأنكم كنتم تعرفون ما يدور في ذهني... رفعت الصلاة مرارًا وتكرارًا، وفي كل مرة كنت أشعر براحة غريبة تتجاوز الكلمات، كما لو أن عبءًا ثقيلًا قد أزيل عني وتحررت تمامًا. يا له من شعور مريح!"

لقاء مع الحقيقة

الخطوة الأولى في إعداد نفسكم لجحد الشهادة (أو الذمة) هي التأمل في آيات معينة من الكتاب المقدس. لتأكيد حقيقة مهمة،

وأساسية في دعم صلواتنا. يمكن أن نصف هذا بأنه لقاء مع الحقيقة.

بحسب هذه الآيتين من رسالة يوحنا الأولى وإنجيل يوحنا، ما هي الحقيقة الكتابية التي نتعلم أن نثق بها ونطلبها في الصلاة؟

"وَنَحْنُ أَنْفُسُنَا اخْتَبَرْنَا الْمَحَبَّةَ الَّتِي خَصَّنَا اللهُ بِهَا، وَوَضَعْنَا ثِقَتَنَا فِيهَا. إِنَّ اللهَ مَحَبَّةٌ. وَمَنْ يَثْبُتْ فِي الْمَحَبَّةِ، فَإِنَّهُ يَثْبُتُ فِي اللهِ، وَاللهُ يَثْبُتُ فِيهِ." (1 يوحنا 4: 16)

قال يسوع: "لأَنَّهُ هكَذَا أَحَبَّ اللهُ الْعَالَمَ حَتَّى بَذَلَ ابْنَهُ الْوَحِيدَ، لِكَيْ لَا يَهْلِكَ كُلُّ مَنْ يُؤْمِنُ بِهِ، بَلْ تَكُونُ لَهُ الْحَيَاةُ الأَبَدِيَّةُ." (يوحنا 3: 16)

الحقيقة الكتابية هي أن محبة الله تتغلب على الرفض.

بحسب هاتين الآيتين، ما هي الحقيقة الكتابية التي نتعلم أن نعانقها ونطلبها في الصلاة؟

"فَإِنَّ اللهَ قَدْ أَعْطَانَا لَا رُوحَ الْجُبْنِ بَلْ رُوحَ الْقُوَّةِ وَالْمَحَبَّةِ وَالْبَصِيرَةِ." (2 تيموثاوس 1: 7)

"إِذْ إِنَّكُمْ لَمْ تَنَالُوا رُوحَ عُبُودِيَّةٍ يُعِيدُكُمْ إِلَى الْخَوْفِ، بَلْ نِلْتُمْ رُوحَ بُنُوَّةٍ بِهِ نَصْرُخُ: «أَبَا! أَبَانَا!» فَالرُّوحُ نَفْسُهُ يَشْهَدُ مَعَ أَرْوَاحِنَا بِأَنَّنَا أَوْلادُ اللهِ. وَمَادُمْنَا أَوْلاداً، فَنَحْنُ أَيْضاً وَارِثُونَ؛ وَرَثَةُ اللهِ وَشُرَكَاءُ الْمَسِيحِ فِي الإِرْثِ. وَإِنْ كُنَّا الآنَ نُشَارِكُهُ فِي مُقَاسَاةِ الأَلَمِ، فَلأَنَّنَا سَوْفَ نُشَارِكُهُ أَيْضاً فِي التَّمَتُّعِ بِالْمَجْدِ." (رومية 8: 15-17)

الحقيقة الكتابية هي أن ميراثنا ليس في الخوف، بل في الله.

بحسب هاتان الآيتين، ما هي الحقيقة الكتابية التي نتعلم أن نؤمن بها ونطلبها في الصلاة؟

قال يسوع: "... وَتَعْرِفُونَ الْحَقَّ، وَالْحَقُّ يُحَرِّرُكُمْ" (يوحنا 8: 32)

"إِنَّ الْمَسِيحَ قَدْ حَرَّرَنَا وَأَطْلَقَنَا فِي سَبِيلِ الْحُرِّيَّةِ. فَاثْبُتُوا إِذَنْ، وَلا تَعُودُوا إِلَى الارْتِبَاكِ بِنِيرِ الْعُبُودِيَّةِ." (غلاطية 5: 1)

الحقيقة الكتابية هي أننا مدعوون للعيش بحرية.

بحسب هاتان الآيتين، ما هي الحقيقة الكتابية التي نتعلم أن نثق بها ونطلبها في الصلاة؟

"أَمَا تَعْلَمُونَ أَنَّ جَسَدَكُمْ هُوَ هَيْكَلٌ لِلرُّوحِ الْقُدُسِ السَّاكِنِ فِيكُمْ وَالَّذِي هُوَ لَكُمْ مِنَ اللهِ، وَأَنَّكُمْ أَنْتُمْ لَسْتُمْ مِلْكاً لأَنْفُسِكُمْ؟ لأَنَّكُمْ قَدِ اشْتُرِيتُمْ بِفِدْيَةٍ. إِذَنْ، مَجِّدُوا اللهَ فِي أَجْسَادِكُمْ." (1 كورنثوس 6: 19-20)

"... انْتَصَرُوا عَلَيْهِ بِدَمِ الْحَمَلِ..." (رؤيا 12: 11)

الحقيقة الكتابية هي أن أجسادنا ملك لله وليس للقمع: لقد تم دفع ثمن دمنا بالفعل.

بحسب هذه الآية، ما هي الحقيقة الكتابية التي نتعلم أن نطالب بها ونطلبها في الصلاة؟

"لَا فَرْقَ بَعْدَ الآنَ بَيْنَ يَهُودِيٍّ وَيُونَانِيٍّ، أَوْ عَبْدٍ وَحُرٍّ، أَوْ ذَكَرٍ وَأُنْثَى، لأَنَّكُمْ جَمِيعاً وَاحِدٌ فِي الْمَسِيحِ يَسُوعَ." (غلاطية 3: 28)

الحقيقة الكتابية هي أن الرجال والنساء متساوون أمام الله، وأن ليس هناك مجموعة متفوقة على أخرى.

بحسب هذه الآيات الثلاث، ما هي الحقيقة الكتابية التي نتعلم أن نؤمن بها ونطلبها في الصلاة؟

"وَلكِنْ، شُكْراً لِلهِ الَّذِي يَقُودُنَا دَائِماً فِي مَوْكِبِ النَّصْرِ فِي الْمَسِيحِ، وَيَنْشُرُ بِنَا رَائِحَةَ مَعْرِفَتِهِ فِي كُلِّ مَكَانٍ. 15فَإِنَّنَا رَائِحَةُ الْمَسِيحِ الطَّيِّبَةُ الْمُرْتَفِعَةُ إِلَى اللهِ، الْمُنْتَشِرَةُ عَلَى السَّوَاءِ عِنْدَ الَّذِينَ يَخْلُصُونَ وَعِنْدَ الَّذِينَ يَهْلِكُونَ." (2 كورنثوس 2: 14-15)

"إِنِّي أَعْطَيْتُهُمُ الْمَجْدَ الَّذِي أَعْطَيْتَنِي، لِيَكُونُوا وَاحِداً كَمَا نَحْنُ وَاحِدٌ. أَنَا فِيهِمْ، وَأَنْتَ فِيَّ، لِيَكْتَمِلُوا فَيَصِيرُوا وَاحِداً، حَتَّى يَعْرِفَ الْعَالَمُ أَنَّكَ أَرْسَلْتَنِي وَأَنَّكَ أَحْبَبْتَهُمْ كَمَا أَحْبَبْتَنِي." (يوحنا 17: 22-23)

"ثُمَّ قَالَ (يسوع) لِلْجَمِيعِ: «إِنْ أَرَادَ أَحَدٌ أَنْ يَسِيرَ وَرَائِي، فَلْيُنْكِرْ نَفْسَهُ وَيَحْمِلْ صَلِيبَهُ كُلَّ يَوْمٍ وَيَتْبَعْنِي." (لوقا 9: 23)

الحقيقة الكتابية هي أن سماتنا المميزة كمسيحيين ليست الذل أو الدونية، بل انتصار المسيح، والوحدة في محبة المسيح، والصليب.

بحسب هاتان الآيتين، ما هي الحقيقة الكتابية التي نتعلم أن نقبلها ونطلبها في الصلاة؟

قال يسوع: "وَلكِنِّي أَقُولُ لَكُمُ الْحَقَّ: مِنَ الأَفْضَلِ لَكُمْ أَنْ أَذْهَبَ، لأَنِّي إِنْ كُنْتُ لَا أَذْهَبُ، لَا يَأْتِيكُمُ الْمُعِينُ. وَلكِنِّي إِذَا

ذَهَبْتُ أُرْسِلُهُ إِلَيْكُمْ. وَعِنْدَمَا يَجِيءُ يُبَكِّتُ الْعَالَمَ عَلَى الْخَطِيئَةِ وَعَلَى الْبِرِّ وَعَلَى الدَّيْنُونَةِ." (يوحنا 16: 7-8)

قال يسوع: "وَلكِنْ، عِنْدَمَا يَأْتِيكُمْ رُوحُ الْحَقِّ يُرْشِدُكُمْ إِلَى الْحَقِّ كُلِّهِ..." (يوحنا 16: 13)

الحقيقة الكتابية هي أننا نمتلك قوة الروح القدس لإعلان الحق.

بحسب هذه الآية، ما هي الحقيقة الكتابية التي نتعلم أن نؤمن بها ونطلبها في الصلاة؟

"مُتَطَلِّعِينَ دَائِماً إِلَى يَسُوعَ: رَائِدِ إِيمَانِنَا وَمُكَمِّلِهِ. فَهُوَ قَدْ تَحَمَّلَ الْمَوْتَ صَلْباً، هَازِئاً بِمَا فِي ذَلِكَ مِنْ عَارٍ، إِذْ كَانَ يَنْظُرُ إِلَى السُّرُورِ الَّذِي يَنْتَظِرُهُ، ثُمَّ جَلَسَ عَنْ يَمِينِ عَرْشِ اللهِ." (عبرانيين 12: 2)

الحقيقة الكتابية هي أننا نمتلك السلطان لاتباع المسيح في مسيرة التغلب على العار.

بحسب هذه الآية، ما هي الحقيقة الكتابية التي نتعلم أن نثق بها ونطلبها في الصلاة؟

"إِنَّمَا احْتَرِزُوا وَاحْذَرُوا لِئَلّا تَنْسَوْا الأُمُورَ الَّتِي شَهِدَتْهَا أَعْيُنُكُمْ فَلا تَنْمَحِي مِنْ قُلُوبِكُمْ كُلَّ أَيَّامِ حَيَاتِكُمْ. وَعَلِّمُوهَا لأَوْلادِكُمْ وَلأَحْفَادِكُمْ." (تثنية 4: 9)

الحقيقة الكتابية هي أننا نمتلك الحق والمسؤولية في تثقيف أنفسنا وأطفالنا حول الأمور الروحية.

بحسب هذه الآيات، ما هي الحقيقة الكتابية التي نتعلم أن نقبلها ونطلبها في الصلاة؟

"فِي اللِّسَانِ حَيَاةٌ أَوْ مَوْتٌ، وَالْمُوْلَعُونَ بِاسْتِخْدَامِهِ يَتَحَمَّلُونَ الْعَوَاقِبَ." (أمثال 18: 21)

"وَالآنَ انْظُرْ، يَا رَبُّ، إِلَى تَهْدِيدِهِمْ، وَهَبْنَا نَحْنُ عَبِيدَكَ أَنْ نُعْلِنَ كَلامَكَ بِكُلِّ جُرْأَةٍ،" (أعمال الرسل 4: 29)

المحبة "لَا تَفْرَحُ بِالظُّلْمِ، بَلْ تَفْرَحُ بِالْحَقِّ" (1 كورنثوس 13: 6)

"مَنْ يَعْتَرِفْ بِأَنَّ يَسُوعَ هُوَ ابْنُ اللهِ، فَإِنَّ اللهَ يَثْبُتُ فِيهِ، وَهُوَ يَثْبُتُ فِي اللهِ" (1 يوحنا 4: 15)

"إِذَنْ، لَا تَتَخَلَّوْا عَنْ ثِقَتِكُمْ بِالرَّبِّ. فَإِنَّ لَهَا مُكَافَأَةً عَظِيمَةً." (عبرانيين 10: 35)

الحقيقة الكتابية هي أننا نمتلك سلطانا في المسيح لقول الحق بمحبة وجرأة.

بحسب هاتان الآيتين، ما هي الحقيقة الكتابية التي نتعلم أن نؤمن بها ونطلبها في الصلاة؟

"إِنْ كُنَّا نُصَدِّقُ الشَّهَادَةَ الَّتِي يُقَدِّمُهَا النَّاسُ، فَالشَّهَادَةُ الَّتِي يُقَدِّمُهَا اللهُ أَعْظَمُ، لأَنَّهَا شَهَادَةٌ إِلَهِيَّةٌ شَهِدَ اللهُ بِهَا لابْنِهِ." (1 يوحنا 5: 9)

"وَهُمْ قَدِ انْتَصَرُوا... بِالْكَلِمَةِ الَّتِي شَهِدُوا لَهَا..." (رؤيا 12: 11)

الحقيقة الكتابية هي أننا نقدر أن نثق في كلمة الحق بشكلٍ كامل.

بحسب هذه الآيات، ما هي الحقيقة الكتابية التي نتعلم أن نطالب بها ونطلبها في الصلاة؟

"وَخِتَاماً، تَشَدَّدُوا فِي الرَّبِّ وَفِي قُدْرَةِ قُوَّتِهِ. الْبَسُوا سِلاحَ اللهِ الْكَامِلَ، لِتَتَمَكَّنُوا مِنَ الصُّمُودِ فِي وَجْهِ مَكَايِدِ إِبْلِيسَ." (أفسس 6: 10-11)

"فَمَعَ أَنَّنَا نَعِيشُ في الْجَسَدِ، فَإِنَّنَا لَا نُحَارِبُ بحسب لْجَسَدِ. فَإِنَّ الأَسْلِحَةَ الَّتِي نُحَارِبُ بِهَا لَيْسَتْ جَسَدِيَّةً، بَلْ قَادِرَةٌ بِاللهِ عَلَى هَدْمِ الْحُصُونِ: بِهَا نَهْدِمُ النَّظَرِيَّاتِ وَكُلَّ مَا يَعْلُو مُرْتَفِعاً لِمُقَاوَمَةِ مَعْرِفَةِ اللهِ، وَنَأْسِرُ كُلَّ فِكْرٍ إِلَى طَاعَةِ الْمَسِيحِ." (2 كورنثوس 10: 3-5)

الحقيقة الكتابية هي أننا لسنا بلا حماية أو بلا سلاح، بل أننا مسلحون روحيًا بالمسيح.

بحسب هذه الآية، ما الذي يجب أن نثق به ونطلبه في الصلاة؟

"يَا إِخْوَتِي، عِنْدَمَا تَنْزِلُ بِكُمُ التَّجَارِبُ وَالْمِحَنُ الْمُخْتَلِفَةُ، اعْتَبِرُوهَا سَبِيلاً إِلَى الْفَرَحِ الْكُلِّيِّ." (يعقوب 1: 2؛ انظر أيضًا فيلبي 1: 29)

تعلمنا أنه يجب علينا أن نفرح عندما نتألم من أجل اسم المسيح.

بحسب هاتان الآيتين، ما هي الحقيقة الكتابية التي نتعلم أن نقبلها ونطلبها في الصلاة؟

قال يسوع: "... الآنَ يُطْرَدُ سَيِّدُ هَذَا الْعَالَمِ خَارِجاً! وَحِينَ أُرْتَفِعُ عَنِ الأَرْضِ أَجْذِبُ إِلَيَّ الْجَمِيعَ" (يوحنا 12: 31-32)

الحقيقة الكتابية هي أن الصليب يدمر قوة الشيطان ويجذبنا إلى الحرية في المسيح.

بحسب هذه الآيات، ما هي الحقيقة الكتابية التي نتعلم أن نطالب بها ونطلبها في الصلاة؟

"فَأَنْتُمْ، إِذْ كُنْتُمْ أَمْوَاتاً فِي الْخَطَايَا وَعَدَمِ خِتَانِكُمُ الْجَسَدِيِّ، أَحْيَاكُمْ جَمِيعاً مَعَهُ، مُسَامِحاً لَنَا جَمِيعاً بِالْخَطَايَا كُلِّهَا. إِذْ قَدْ مَحَا صَكَّ الْفَرَائِضِ الْمَكْتُوبَ عَلَيْنَا وَالْمُنَاقِضَ لِمَصْلَحَتِنَا، بَلْ إِنَّهُ قَدْ أَزَالَهُ مِنَ الْوَسَطِ، مُسَمِّراً إِيَّاهُ عَلَى الصَّلِيبِ. وَإِذْ نَزَعَ سِلاحَ الرِّئَاسَاتِ وَالسُّلُطَاتِ، فَضَحَهُمْ جَهَاراً فِيهِ، وَسَاقَهُمْ فِي مَوْكِبِهِ ظَافِراً عَلَيْهِمْ." (كولوسي 2: 13-15)

الحقيقة الكتابية هي أن الصليب يلغي العهود الشريرة ويدمر كل قوتهم.

قبل الصلاة، علينا أن نفهم أن صلواتنا وإعلاناتنا قوية وفعالة. اقبلوا أن إرادة الله لكم هي أن يوصلكم إلى الحرية الكاملة. اقبلوا في روحكم حقيقة أن المسيح قد قبلكم، وأنه يريد أن يحرركم من كل فخاخ الشرير. اعزموا على مواجهة أكاذيب عهود الإسلام ورفضها.

هذه صلاة لنبذ الشهادة. من الأفضل أن ترفعها وأنت واقف.

إعلان وصلاة لجحد الشهادة وكسر قوتها

أجحد الخضوع الكاذب كما علمه وعاشه محمد.

أجحد وأرفض الاعتقاد الخاطئ بأن محمد كان رسولًا لله.

أرفض الاعتقاد الخاطئ بأن القرآن هو كلمة الله.

أرفض وأجحد الشهادة وكل تلاوة لها.

أجحد قول الفاتحة. أجحد مزاعمها بأن اليهود تحت غضب الله وأن المسيحيين قد ضلوا الطريق.

أجحد الكراهية ضد اليهود. أرفض الاعتقاد الخاطئ بأنهم حرفوا الكتاب المقدس.

أرفض الاعتقاد الخاطئ بأن الله رفض اليهود، وأعلن أن هذا الاعتقاد كاذب.

أجحد تلاوة القرآن وأرفض سلطته على حياتي.

أجحد كل عبادة كاذبة على أساس مثال محمد.

أجحد كل التعاليم محمد الخاطئة عن الله، وأجحد الصورة التي يرسمها القرآن لله.

[للأشخاص من الخلفية الشيعية: أرفض وأجحد كل الأربطة مع علي والخلفاء الاثني عشر. أجحد كل حزن متعلق بالحسين والشهداء المسلمين.]

أجحد إخلاصي للإسلام من ولادتي، وأجحد إخلاص أسلافي.

أرفض وأجحد مثال محمد على وجه التحديد. أجحد العنف والترهيب والكراهية وروح الإساءة والخداع والتفوق والاغتصاب وإساءة معاملة النساء والسرقة وكل الخطايا التي ارتكبها محمد.

أرفض وأجحد العار. أعلن أنه لا دينونة في المسيح يسوع، وأن دم المسيح يطهرني من كل عار.

أرفض وأجحد كل خوف يحرض عليه الإسلام. أطلب المغفرة من الله لأنني كنت أشعر بالخوف بسبب الإسلام، وأختار أن أثق في الله وأبو ربي يسوع المسيح في كل شيء.

أرفض وأجحد شتم الآخرين. أختار أن أكون شخصًا مباركًا.

أرفض وأجحد كل الأربطة مع الجن. أرفض التعاليم الإسلامية عن القرين، وأقطع كل علاقاتي مع الشياطين.

أختار أن أسير بحسب الروح القدس، مستخدمًا كلمة الله نورًا لطريقي.

أطلب مغفرة الله على جميع الأعمال الشريرة التي ارتكبتها بسبب اتباع محمد كرسول لله.

أرفض وأجحد الادعاء التجديفي بأنه يسوع سيجبر جميع الناس على الأرض على اتباع شريعة محمد عندما يعود.

أختار أن أتبع المسيح وإياه وحده.

أعترف بأن المسيح هو ابن الله، وأنه مات على الصليب من أجل خطاياي، وأقيم من بين الأموات من أجل خلاصي. أسبح الله من أجل صليب المسيح، وأختار أن أحمل صليبي وأتبعه.

أعترف بأن المسيح هو رب الجميع، وتخضع السماوات والأرض له. هو رب حياتي. أعترف بأنه سيأتي مرة أخرى ليدين الأحياء والأموات.

أتشبث بالمسيح وأعلن أن لا خلاص لي بأي اسم آخر في السماء أو على الأرض.

أدعو الله الآب أن يعطيني قلبًا جديدًا، قلب المسيح، ليرشدني ويباركني في كل ما أفعله وأقوله.

أرفض كل عبادة كاذبة، وأكرس جسدي لعبادة الله الحي، الآب والابن والروح القدس.

آمين.

دليل الدراسة

الدرس 5

بما أن التعليم في هذا الدرس يركز على يسوع والكتاب المقدس، فلا توجد مراجع قرآنية، ولا مفردات جديدة، ولا أسماء جديدة.

ستجدون آيات الكتاب المقدس في الأسئلة التالية.

أسئلة الدرس 5

- ناقش دراسة الحالة.

بداية صعبة

1. ما هو القاسم المشترك بين حياة يسوع وحياة ومحمد؟

2. ما هي الأمور الأربعة التي جعلت بداية حياة يسوع مؤلمة؟

(1

(2

(3

(4

الشك في يسوع

3. ما هي الأسئلة التي هاجم بها الفريسيون المسيح؟
- مرقس 3: 2، إلخ أسئلة حول...
- مرقس 11: 28، إلخ أسئلة حول...
- مرقس 10: 2، إلخ أسئلة حول...
- مرقس 12: 15، إلخ أسئلة حول...
- متى 22: 36، أسئلة حول...
- متى 22: 42، أسئلة حول...
- يوحنا 8: 19، أسئلة حول...
- متى 22: 23-28، إلخ أسئلة حول...
- مرقس 8: 11، إلخ أسئلة حول...
- مرقس 3: 22، إلخ أسئلة حول...
- متى 12: 2، إلخ أسئلة حول...
- يوحنا 8: 13، أسئلة حول...

الرافضون

4. ما هي أشكال الرفض التي اختبرها يسوع؟

- متى 2: 16...
- مرقس 6: 3، إلخ...
- مرقس 3: 21...
- يوحنا 6: 66...
- يوحنا 10: 31...
- يوحنا 11: 50...
- مرقس 14: 43-45، إلخ...
- مرقس 14: 66-72، إلخ...
- مرقس 15: 12-15، إلخ...

- مرقس 14: 65، إلخ...
- مرقس 15: 16-20، إلخ...
- مرقس 14: 53-65، إلخ...
- تثنية 21: 23...
- مرقس 15: 21-32، إلخ...

استجابات يسوع للرفض

5. بحسب دوري، ما هي الأشياء الستة التي تثير الدهشة حول كيفية استجابة يسوع للرفض؟ (بحسب متى 27: 14؛ إشعياء 53: 7؛ متى 21: 24؛ متى 22: 15-20؛ متى 12: 19-20؛ إشعياء 42: 1-4؛ لوقا 4: 30).

1)

2)

3)

4)

5)

6)

6. كيف استجاب يسوع بشكل فريد عندما تعرض للرفض؟ (بحسب عبرانيين 4: 15).

7. لماذا لم يشعر يسوع بالحاجة إلى مهاجمة أو تدمير أولئك الذين جاءوا ضده؟

احتضان الرفض

8. بحسب تخطيط الله، ما هو الجزء الأساسي من دعوة يسوع بصفته المسيا، مسيح الله؟ (بحسب مرقس 12: 10، إلخ، وإشعياء 52: 3-5.)

9. ما كان جزء محوري لخطة الله؟ (بحسب مرقس 8: 31-32، إلخ.)

نبذ العنف

10. ما الذي يرفضه يسوع، بحسب متى 26: 52 ويوحنا 18: 36؟

11. كيف يفهم دوري السيف في متى 10: 34؟

12. ما هي وجهات النظر التي رفضها يسوع بشأن المسيح، والتي خيبت أمل بعض أتباعه؟ (بحسب متى 22: 21؛ لوقا 17: 21؛ متى 20: 16؛ مرقس 10: 43؛ متى 20: 26-27.).

13. كيف طبقت الكنيسة الأولى هذا التعليم على الجنود المسيحيين؟

"أَحِبُّوا أَعْدَاءَكُمْ"

14. ماذا علم يسوع عن كيفية معاملة الآخرين؟

1) متى 5: 38-42، فيما يتعلق بمعاقبة الشر...

2) متى 7: 1-5، فيما يتعلق بالحكم والإدانة...

3) متى 5: 44، فيما يتعلق بالأعداء...

4) متى 5: 5، فيما يتعلق بالوداعة...

5) متى 5: 9، فيما يتعلق بصانعي السلام...

6) 1 كورنثوس 4: 11 وما يليها، إلخ فيما يتعلق بالاضطهاد....

7) 1 بطرس 2: 21-25، فيما يتعلق بمثالنا...

استعدوا للاضطهاد

15. ما الشيء الحتمي الذي علم يسوع أتباعه أنهم سيواجهونه؟ (بحسب مرقس 13: 9-13، إلخ.)

16. في حين علم محمد أتباعه أن يردوا المعاناة بالعنف، بما أوصى يسوع أتباعه؟ (بحسب مرقس 6: 11؛ متى 10: 13-14.)

17. أين كان يسوع نموذج للحاجة إلى المضي قدمًا دون الشعور بالمرارة؟ (بحسب لوقا 9: 54-56).

18. ما هي الأشياء الثلاثة التي علم يسوع تلاميذه أن يفعلوها عندما يتعرضون للاضطهاد بعنف؟ (بحسب متى 10: 19-20، إلخ.)

1)

2)

3)

19. ما هو التعليم الرابع والمميز الذي أعطاه يسوع لتلاميذه الذين يواجهون الاضطهاد؟ (بحسب لوقا 6: 22-23، إلخ.)

20. ما كان الدرس الذي علمته الحقيقة الخامسة للتلاميذ المضطهدين؟ (بحسب 1 بطرس 3: 14، إلخ.)

المصالحة

21. يلاحظ دوري أنه كان لخطيئة آدم وحواء ثلاث نتائج للبشرية. ما كانت؟

22. ما هو تحقيق خطة الله لاستعادة البشرية وشفاء العلاقة بين الله والإنسان؟

23. ما الذي يوفر لنا المفتاح للتغلب على الرفض؟

24. كيف هزم يسوع قوة الرفض؟ (بحسب يوحنا 3: 16).

25. ما هي الرمزية النبوية الموجودة في العهد القديم التي تشير إلى موت يسوع على الصليب، وأين نجدها؟

26. بقضاء يسوع على الرفض، ما الذي منحتنا إياه ذبيحة المسيح؟

27. بحسب رومية 8، ما هو الأمر الإضافي الذي تتغلب عليه المصالحة؟

28. بحسب 2 كورنثوس 5، ما هي الخدمة التي أوكلها الله إلينا حتى نتمكن من تدمير قوة الرفض؟

القيامة

29. ماذا أراد محمد أن يفعل بأعدائه؟

30. بحسب أعمال الرسل 2: 31-36، كيف حقق المسيح التبرئة؟

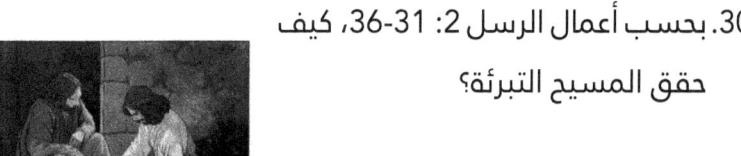

31. بحسب نظرة دوري لفيلبي 2: 4-10، ماذا منح الله المسيح عندما تواضع وقدم نفسه على الصليب؟

تلمذة الصليب

32. عندما يحمل تلاميذ المسيح صليبهم، كيف يفسرون اختباراتهم للمعاناة؟ (بحسب مرقس 8: 34-35، إلخ.)

محمد ضد الصليب

33. كم كان محمد يكره الصلبان؟

34. بحسب لإسلام، ماذا سيختفي بمجرد عودة عيسى (يسوع الإسلامي) إلى الأرض؟

35. ما هو الطلب المهين الذي تم فرضه على رئيس الأساقفة الإنجليزي جورج كاري عندما حطت طائرته في أراضي المملكة العربية السعودية؟

بالنسبة لقسم الصلوات، يرجى اتباع الخطوات التالية:

1. أولًا، فليقرأ جميع المشاركين "إعلان وصلاة للالتزام باتباع يسوع المسيح" معًا.

2. بعد ذلك، فليقرأ الجميع الشهادات والآيات في قسم "لقاء مع الحقيقة".

3. وأخيرًا، فليقف جميع المشاركين وليقرأوا "إعلان وصلاة لجحد الشهادة وكسر قوتها" معًا.

4. للحصول على إرشادات مفصلة أكثر، راجعوا دليل القادة.

6

الحرية من الذمة

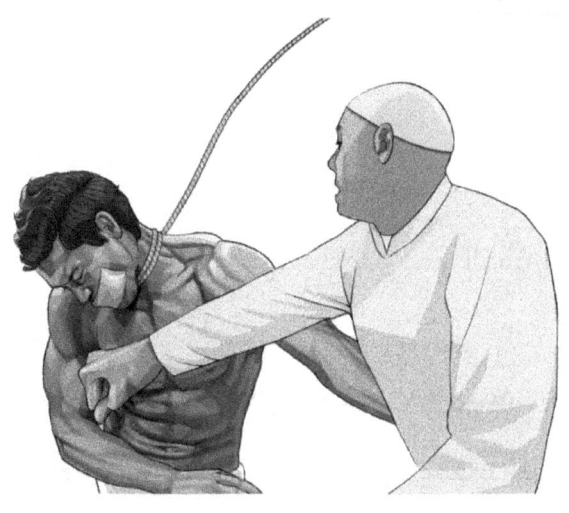

"... دَمِهِ الْمَرْشُوشِ الَّذِي يَتَكَلَّمُ مُطَالِباً بِأَفْضَلَ مِمَّا طَالَبَ بِهِ دَمُ هَابِيلَ."

عبرانيين 12: 24

أهداف الدرس

أ. فهم الأساس اللاهوتي لعقد الذمة الذي فرضه المسلمون على شعوبهم المحتلة.

ب. فهم الخيارات الثلاثة التي فرضها المسلمون على الناس الذين أخضعوهم وتأثير "الخيار الثالث".

ج. شرح آثار عقد الذمة المترتبة على غير المسلمين.

د. النظر في أمثلة على الخضوع للذمة من الأدب الإسلامي وشهود العيان.

ه. فهم التأثير النفسي والروحي لطقوس قطع الرأس السنوية.

و. التأمل في أمثلة على الكيفية عودة عقد الذمة إلى الغرب اليوم.

ز. فهم لماذا يحتاج بعض الناس إلى جحد عقد الذمة.

ح. مراجعة قصيرة لاختلاف استجابات يسوع ومحمد للرفض.

ط. فهم سبب حاجة بعض المسيحيين إلى صلوات جحد عقد الذمة.

ي. ذكر التأثيرات الروحية السلبية للذمة بإيجاز.

ك. التأمل في الآيات الكتابية والحقائق الـ 15 التي تعلنها، فيما تستعد لجحد الشهادة (إن لم تكن قد فعلت هذا في الدرس السابق).

ل. المطالبة بالتحرر الروحي من أهل الذمة من خلال رفع صلاة الجدد، التي تتضمن صلاة الاعتراف و35 من الإعلانات الفريدة والجدد.

دراسة حالة: ماذا ستفعلون؟

دعيتم وأصدقاؤكم لحضور مؤتمر صلاة في مركز للخلوات الروحية. حرصتم على الذهاب وعندما التقيتم بأشخاص آخرين، كنتم متحمسين جدًا لرؤية الكثير من العابرين.

في نهاية الجلسة المسائية الأولى، يطلب منكم الانضمام إلى مجموعة من 10-12 شخصًا لمشاركة الاحتياجات الشخصية والصلاة لمدة 30 دقيقة. كان في مجموعتكم العديد من العابرين. كان العديد منهم منفتحين وشاركوا مدى سعادتهم بالانضمام إلى المجتمع المسيحي. ومع ذلك، بدأ عدد قليل من المسيحيين في المجموعة في مشاركة كم الألم والخوف والعار وحتى الكراهية التي عانوا منها بسبب المسلمين في قريتهم الذين همشوهم وأساؤوا إليهم باعتبارهم كفار أقل شأنًا منهم. رد العابرون: "نحن آسفون لسماع ذلك، ولكن ببساطة سامحوهم. على الأرجح أن هؤلاء المسلمين لم يدروا ماذا كانوا يفعلون".

يمكنكم أن رؤية كيف قام هذا الرد بإيذاء المسيحيين الذين شاركوا آلامهم. فالتفتوا إليكم وإلى الآخرين في المجموعة وسألوا: "أليس الأمر أعمق من هذا ويحتاج إلى أكثر من مجرد القول "أنا أسامحك"؟ لقد سامحناهم، لكننا ما زلنا نشعر بعدم الارتياح

الشديد، وحتى الخوف، من أي مسلم." والآن يمكنكم أن رؤية كيف أزعجت هذه الكلمات الأخيرة المسلمين السابقين بشدة.

ماذا ستقولون وتفعلون؟

في هذا الدرس سندرس سياسة الإسلام تجاه غير المسلمين الذين يخضعون للحكم الإسلامي وكيفية معاملته لهم. هؤلاء الناس، بمن فيهم المسيحيون واليهود، معروفون في الإسلام باسم أهل الذمة.

عقد الذمة

في عام 2006، عندما ألقى البابا بنديكتوس السادس عشر محاضرته الشهيرة في ريغنسبورغ، اقتبس كلام الإمبراطور البيزنطي مانويل الثاني بالايلوغوس الذي قال إن محمد أمر "بنشر الدين الذي يدعو إليه بحد السيف".

تلقت تعليقات البابا ردود فعل غاضبة من المسلمين. وبعد هذا الخطاب، قتل حوالي 100 شخص في أعمال شغب حول العالم. أحد أهم الردود المثيرة للاهتمام كان للشيخ عبد العزيز آل الشيخ، المفتي العام للمملكة العربية السعودية، الذي أصدر بيانًا صحفيًا يفيد بأن الإسلام لا ينتشر بالعنف. وجادل بأنه من الخطأ اتهام الإسلام بذلك، إذ يمتلك الكفار خيارًا ثالثًا. فيما أن الخيار الأول هو الإسلام، والثاني هو السيف، فإن الخيار الثالث هو الاستسلام

ودفع الجزية، فيُسمح لهم بالبقاء في أرضهم، ويحتفظون بدينهم تحت حماية المسلمين.

أخذ المفتي العام قرائه إلى مثال محمد، وقائلًا إن من يقرأ القرآن والسنة يستطيع أن يفهم الحقائق.

الخيارات الثلاثة التي أشار إليها المفتي هي:

1. اعتناق الإسلام.
2. السيف - اقتل أو تقتل. أو
3. الاستسلام لقوى الإسلام.

يعود الخياران الأولان إلى محمد، الذي قال:

أُمِرْتُ (من قبل الله) أنْ أُقَاتِلَ النَّاسَ حتَّى يَشْهَدُوا أنْ لا إلَهَ إلَّا اللَّهُ، وأنَّ مُحَمَّدًا رَسولُ اللَّهِ، ويُقِيمُوا الصَّلَاةَ، ويُؤْتُوا الزَّكَاةَ، فَإِذَا فَعَلُوا ذلكَ عَصَمُوا مِنِّي دِمَاءَهُمْ وأَمْوَالَهُمْ إلَّا بحَقِّ الإسْلَامِ...

لكن بالإضافة إلى الإسلام أو السيف، قدم محمد خيارًا ثالثًا للتخفيف من حدة هذا الكلام، وهو الاستسلام ودفع الضريبة المعروفة باسم الجزية:

اغْزُوا بِاسْمِ اللَّهِ فِي سَبِيلِ اللَّهِ

قَاتِلُوا مَنْ كَفَرَ بِاللَّه

وَإِذَا لَقِيتَ عَدُوَّكَ مِنَ الْمُشْرِكِينَ فَادْعُهُمْ إِلَى ثَلَاثِ خِصَالٍ - أَوْ خِلَالٍ - فَأَيَّتُهُنَّ مَا أَجَابُوكَ فَاقْبَلْ مِنْهُمْ وَكُفَّ عَنْهُمْ

ادْعُهُمْ إِلَى الإِسْلَامِ فَإِنْ أَجَابُوكَ فَاقْبَلْ مِنْهُمْ وَكُفَّ عَنْهُمْ

فَإِنْ هُمْ أَبَوْا فَسَلْهُمُ الْجِزْيَةَ فَإِنْ هُمْ أَجَابُوكَ فَاقْبَلْ مِنْهُمْ وَكُفَّ عَنْهُمْ فَإِنْ هُمْ أَبَوْا فَاسْتَعِنْ بِاللَّهِ وَقَاتِلْهُمْ

يعتمد شرط دفع الجزية أيضًا على آية من القرآن:

قَـٰتِلُواْ ٱلَّذِينَ... أُوتُواْ ٱلْكِتَـٰبَ حَتَّىٰ يُعْطُواْ ٱلْجِزْيَةَ عَن يَدٍۢ وَهُمْ صَـٰغِرُونَ (أي مهانون) (التوبة: 29)

تعتبر الشريعة الإسلامية أن المجتمعات التي استسلمت للحكم الإسلامي قد قبلت عقد الذمة، وهو عهد استسلام يوافق فيه المجتمع غير المسلم على أمرين: الأول هو أن يدفع الجزية السنوية للمسلمين، والثاني هو أن يُهان ويُصغَّر من قبل المسلمين، فيتخذ موقف المهزوم المتواضع.

قال المفسر المسلم ابن كثير في تعليقه على التوبة: 29 إنه "لَا يَجُوز إِعْزَاز أَهْل الذِّمَّة وَلَا رَفْعهمْ عَلَى الْمُسْلِمِينَ بَلْ هُمْ أَذِلَّاء صَغَرَة أَشْقِيَاء". وقال إن على قوانين الشريعة أن تضمن بقائهم في هذا الموقف والاستمرار في "إِذْلَالِهِمْ وَتَصْغِيرِهِمْ وَتَحْقِيرِهِمْ".

مقابل موافقتهم على عقد الذمة، تسمح الشريعة لغير المسلمين بالاحتفاظ بدينهم الذي كان لهم قبل هزيمتهم. يُعرف غير المسلمين الذين يعيشون في ظل هذه الظروف باسم أهل الذمة.

نظام الذمة هو التجسيد السياسي لمبدأين لاهوتيين في القرآن:

1. يجب أن ينتصر الإسلام على الأديان الأخرى:

هُوَ ٱلَّذِىٓ أَرْسَلَ رَسُولَهُۥ بِٱلْهُدَىٰ وَدِينِ ٱلْحَقِّ لِيُظْهِرَهُۥ عَلَى ٱلدِّينِ كُلِّهِۦ ۚ... (الفتح: 28)

2. يجب أن يكون المسلمون في موقع قوة لفرض تعاليم الإسلام حول الصواب والخطأ:

كُنتُمْ خَيْرَ أُمَّةٍ أُخْرِجَتْ لِلنَّاسِ تَأْمُرُونَ بِٱلْمَعْرُوفِ وَتَنْهَوْنَ عَنِ ٱلْمُنكَرِ وَتُؤْمِنُونَ بِٱللَّهِ ۗ... (آل عمران: 110)

الجزية

في الشريعة الإسلامية، يعامل عقد الذمة غير المسلمين على أنهم لكانوا أمواتًا لو لم يحفظ المسلمون حياتهم. يعود هذا إلى فكرة ما قبل الإسلام تقول إن الذين ينجون من الغزو يدينون للمنتصر برأسهم إذ تركهم يعيشون. لهذا السبب، تقوم المصادر الإسلامية الموثوقة بوصف الجزية، أي الضريبة السنوية للدولة الإسلامية على رؤوس الذكور الذميون البالغون، على أنها فدية يدفعها أهل الذمة مقابل دمائهم. كلمة جزية تعني "الضريبة" أو "التعويض" أو "الجزاء". حدد علماء المعجم المسلمون معناها على النحو التالي:

إنها الضريبة التي تؤخذ من الأحرار غير المسلمين الساكنين في ظل حكومة مسلمة حيث وافقوا على عقد الذمة الذي يضمن لهم الحماية، تعويضًا لهم عن عدم قتلهم.

شرح محمد بن يوسف أطفيش، وهو معلق جزائري من القرن التاسع عشر، هذا المبدأ في تعليقه على التوبة: 29:

أنها عوض عن القتل والاسترقاق الواجبين، فتكون مثل إسقاط القصاص بعوض الدية، وهى عقوبة على الكفر مثل الاسترقاق. وهى لنفع المسلمين.

أو كما أوضح ويليام إيتون منذ أكثر من قرن في كتابه عن الإمبراطورية التركية (1798):

إن الكلمات التي استخدموها للتكلم عن رعاياهم المسيحيين عند دفعهم الضريبة على الرأس (أي الجزية) ... تشير إلى أنها تؤخذ كتعويض عن سماحهم لهم بارتداء رؤوسهم على أجسادهم في تلك السنة.

عقوبة عدم الامتثال

في الشريعة الإسلامية، يتم تطبيق عقوبة شديدة على عدم الامتثال لعقد الذمة. إن لم يدفع الذمي الجزية، أو إن لم يمتثل للأنظمة المفروضة على أهل الذمة، فإن العقوبة هي بدء الجهاد مرةً أخرى. كان هذا يعني إعادة إحياء ظروف الحرب: نهب ممتلكات أهل الذمة، واستعباد النساء واغتصابهن، وقتل الرجال (أو أسلمتهم بحد السيف).

ميثاق عمر هو أحد الأمثلة الشهيرة لعقود الذمة. نجد فيه فقرة تبرر كيف جلب مسيحيو سوريا عقوبة الجهاد على أنفسهم:

هذه هي الشروط التي وضعناها على أنفسنا وعلى أتباع ديانتنا مقابل الأمن والحماية. وإن أخللنا بأي من هذه الوعود

التي قطعناها لكم على أنفسنا، فقد نقضنا ذمّتنا ويجوز لكم أن تفعلوا بنا ما يُسمح لأهل المعصية والتمرّد.

أثار ابن قدامة نفس النقطة، قائلًا إنه إذا لم يمتثل الذمي غير المسلم لشروط عقد الذمة، فإنه سيفقد حياته وممتلكاته:

من نقض العهد بامتناعه من التزام الجزية وأحكام الملة... حلَّ دمُه ومالُه ("حلَّ" - أي متاحًا ليُقتل أو يتمّ الاستيلاء عليه على يد المسلمين).

يتميّز تاريخ الكثير من مجتمعات أهل الذمّة بأحداث تاريخيّة مؤلمة تشمل المجازر والاغتصاب والنهب، ما أبقى غير المسلمين في حالة من الترهيب المستمرّ وعزّزت العبودية النفسية والروحية لأهل الذمة على كل المجتمع. مثالان يُطرحان:

- في العام 1066، تعرض اليهود الساكنون في غرناطة، والذين كان يبلغ عددهم نحو 3000 إنسانًا، لمجزرةٍ على يد المسلمين. وخلفيّة هذه الحادثة هي أن صموئيل ها-ناجيد، وهو يهودي يشغر مركز الصدر الأعظم لغرناطة، كان يخدم السلطان المسلم، وخلفه ابنه يوسف ها-ناجيد. واعتبرت هذه الخلافة خرقًا لأعراف الذمّة، التي تمنع غير المسلمين من ممارسة السلطة على المسلمين. وأدّت حملة التحريض الديني ضدّ اليهود، التي تستند إلى لوائح الذمّة، إلى المجزرة. لاحقًا، كتب الفقيه في الشمال الافريقي أنه كلّما شغر اليهود منصبًا بارزًا في خدمة السلطان، إنهم في حالة

من العصيان الأبدي ضد وضعهم "الذميّ" الذي لم يعد يحميهم من الآن فصاعدًا. بعبارة أخرى، كان دمهم حلالًا.

- في العام 1860، تعرض أكثر من 5000 مسيحيًا في دمشق لمجزرة. وخلفيّة هذه الحادثة هي أن العثمانيين ألغوا قوانين الذمّة رسميًا، تحت الضغط السياسي من القوّات الأوروبيّة. فاستاء الدعاة المسلمون في دمشق من هذا تحسن هذا الوضع وأعلنوا أنه نظرًا لأن المسيحيين لم يعودوا يتصرفون بشكل خاضع كأهل الذمة، فقدوا وضعهم المحميّ. وتبعت هذه المجزرة الناتجة إجراءات حرب الجهاد المعروفة: تمّ قتل الرجال، واستعباد النساء والأطفال، واغتصاب النساء الأسيرات، ونَهب الممتلكات. ونجا البعض من خلال اعتناق الإسلام.

طقسٌ مُزعج

كان على كلّ رجل بالغ أن يدفع ضريبة الجزية كل سنة، وكان عليهم اتباع طقس معيّن. كان على أهل الذمّة أن يتبعوا هذا الطقس في العالم الإسلامي حتى القرن العشرين.

كان طقس دفع الجزية يتضمّن رمزيّة قويّة حيث كان المسلم يضرب الذمّي على عنقه، وفي بعض الروايات، كانوا يجرّون الذمّي بحبلٍ مربوط على رقبته. كانت هذه الطقوس تدلّ أن الذمّي كان يدفع الجزية مقابل الحفاظ على حياته، وللهروب من الموت أو العبوديّة. كانت هذه الطقوس بمثابة التشريع للموت من خلال الإعدام، حيث كانت الجزية تمنح إعفاءً سنويًا من الموت.

تقدّم كل من المصادر المسلمة والغير مسلمة تقارير لهذه الطقوس، من المغرب إلى البخارى، من القرن التاسع عشر وحتى القرن العشرين. استمرّت هذه الطقوس في بعض الدول المسلمة كاليمن وأفغانستان، حتى مجيء اليهود إلى إسرائيل في أواخر الأربعينيات وبداية الخمسينيات، وفي السنوات الأخيرة، كانت هناك الكثير من الدعوات من قبل المسلمين المتطرّفين لإعادة ممارسة هذه الطقوس.

باعتبارها قطعًا رمزيًا للرأس، يمكن اعتبار طقوس دفع الجزية بمثابة "عهد دم" أو "قسم دم" (تمّ مناقشته في الدرس 2)، حيث يستدعي المشاركون الموت ضد أنفسهم من خلال محاكاة طريقة إعدامهم، في حال فشلوا في الحفاظ على شروط اتفاقهم. تم استخدام مثل هذه الأقسام لعدّة قرون في مراسم التكريس من قبل الجمعيات السرية والمجموعات الغامضة، ولها قوّة نفسيّة روحيّة لإلزام الأشخاص المشاركين في هذه الاحتفالات بالخضوع والطاعة.

يتطلب طقس الجزية رمزيًا موافقة الذمي الذي يشارك فيه على التنازل على رأسه في حال خرق أي من شروط ميثاق الذمّة، الذي أنقذ حياته. إنها عمليّة لعنة النفس، والتي تشير: "يمكنك أن تأخذ رأسي بحقّ إن كسرت أي شرط من شروط هذا الميثاق." ولاحقًا، إن خرق الذمّي هذا الميثاق، فقد سبق وحكم على نفسه بالإعدام بحكم خضوعه لهذا الطقس العامّ، وإن تم قتله، فلقد تمّ قتله بإذن مسبق منه.

سوف نتناول التأثير النفسي لنظام الذمّة على الغير مؤمنين في الفقرات التالية.

الامتنان المتواضع

جوهريًا، يُعتبر غير المسلمين في الشريعة الإسلاميّة الكلاسيكية أشخاصًا يدينون بحياتهم للغزاة المسلمين. ويتوقّع منهم أن يتبنّوا موقف الامتنان والدونيّة بتواضع. والمفسّرون الإسلاميّون واضحون تمامًا في هذه النقطة.

لقد تمّ تصميم العديد من لوائح الشريعة لفرض الدونيّة والضعف لدى الغير مسلمين. على سبيل المثال:

- لم يتم قبول شهادة أهل الذمّة في المحاكم الشرعيّة: وهذا جعلهم معرّضون لجميع أنواع القهر.

- كان على منازل أهل الذمّة أن تكون أقلّ رفاهية من بيوت المسلمين.

- لم يُسمح لأهل الذمة بركوب الخيل أو رفع رؤوسهم أعلى من رؤوس المسلمين.

- كان على أهل الذمة أن يبتعدوا عن الطريق ليفسحوا المجال لمرور المسلمين في الشوارع العامّة.

- لم يُسمح لأهل الذمّة الدفاع عن أنفسهم، ما جعلهم ضعفاء في مواقف العنف الذي كانوا يتعرّضون له على يد المسلمين.

- لم يُسمح لعرض الرموز أو الطقوس الدينيّة غير المسلمة.
- لم يُسمح ببناء أي كنائس جديدة وترميم الكنائس المدمَّرة.
- لم يُسمح بانتقاد الإسلام.
- كان على أهل الذمّة أن يرتدوا ثيابًا مختلفة، كارتداء ملابس مميّزة أو رُقع ملوّنة.
- يمكن للرجال المسلمين الزواج بنساء من أهل الذمّة ويجب عليهم تربية أطفالهم كمسلمين. لكن حُرّم على المرأة المسلمة الزواج من رجل من أهل الذمّة.
- كانت هناك العديد من القوانين الأخرى التي فرضت الإذلال والتمييز على المجتمعات غير المسلمة.

تُعتبر هذه القوانين تعبيرًا اجتماعيًا وقانونيًا عن "التصغير"، كما أمر القرآن (س9: 29).

تمّ تصميم نظام الذمّة لتقليل واحتقار المجتمعات غير المسلمة. ووصف المفسّر المغربي ابن عجيبة في القرن الثامن عشر غرض هذا النظام وهو قتل النفس:

يؤمر [الذمي] بقتل نفسه وحظوظه وهواه، وأعظمها: حب الدنيا والرئاسة والجاه، ولا يزال يخالف هواها، ويعكس مراداتها، ويحملها ما يثقل عليها، حتى تنقاد إليه بالكلية، بحيث لا يثقل عليه شيء، ويستوي عندها العز والذل، والفقر والغنى، والمدح والذم، والمنع والعطاء، والفقد والوجد، فإن استوت

عندها الأحوال فقد أسلمت وأعطت ما يجب عليها، فيجب حفظها ورعايتها، وتصديقها فيما يرد عليها.

سيكولوجيّة الدونيّة

يُستخدم مصطلح "سلوك الذمة" لوصف مجمل الشروط التي ينتجها ميثاق الذمة. مثل التمييز الجنسي والعنصرية، لا يتم التعبير عن سلوك الذمة في الهياكل القانونية والاجتماعية فحسب، بل في سيكولوجية الدونية الممتنة والإرادة في الخدمة، والتي يتبنّاها المجتمع المهيمن في محاولة للحفاظ على الذات.

وعلى حد تعبير الباحث اليهودي الإيبيري العظيم في العصور الوسطى بن ميمون: "لقد أذعننا، كبارًا وصغارًا، لتعويد أنفسنا على الإذلال..."؛ وفي أوائل القرن العشرين، وصف الجغرافي الصربي يوفان سيفيتش كيف أدى الخوف بين الأجيال من العنف على أيدي الحكام الأتراك والألبان المسلمين إلى تغيير نفسيات السكان المسيحيين في البلقان:

[لقد أصبحوا] معتادين على الانتماء إلى طبقة أدنى مستعبَدة، ومن واجبهم أن يجعلوا أنفسهم مقبولين لدى أسيادهم، وأن يتواضعوا أمامهم ويرضوهم. هؤلاء الناس يصبحون منغلقين، سريين، ماكرين؛ يفقدون كل الثقة في الآخرين؛ يعتادون على النفاق، لأنه ضروري لكي يعيشوا ويتجنبوا العقوبات العنيفة.

يظهر التأثير المباشر للقمع والعنف في معظم المسيحيين كمشاعر خوف ورهبة... سمعتُ أشخاصًا يقولون في مقدونيّة: "حتى في أحلامنا نرى أننا نهرب من الأتراك والألبانيين."

وما يقابل دونيّة الذمّي هي فوقيّة المسلم، الذي يشعر أنه كريم لأنه سمح لأهل الذمّة أن يحيوا وامتنع من الاستيلاء على ممتلكاتهم. وكما أخبرني أحد الإيرانيين الذين عبروا إلى المسيحيّة: "لا يزال الناس ينظرون إلى المسيحيّة على أنها ديانة تتألف من طبقة أدنى من الناس. فالإسلام هو دين الأسياد والحكّام، والمسيحيّة هي ديانة العبيد."

هذه النظرة العالميّة لأهل الذمّة هي مضرّة للمسلمين بقدر ما هي مهينة لغير المسلمين. يضرّ المسلمون أنفسهم عندما يجدون ظروفًا لا تتاح لهم فيها إمكانية تعلّم التنافس بالتساوي. يمكن لسياسات الحمائية الاقتصادية أن تتسبب في تراجع اقتصاد الدولة؛ وبطريقة مماثلة، كانت الحمائية الدينية لأهل الذمّة تعني أن المسلمين أصبحوا يعتمدون على شعور زائف بالتفوّق، مما أضعفهم في النهاية، وأضرّ بقدرتهم على اكتساب فهم حقيقي لأنفسهم وللعالم من حولهم.

إن نظام الذمّة ينتج مجموعة من المواقف المتأصّلة بعمق في الطرفين من جيل إلى جيل. كما هو ممكن للعنصريّة أن تستمرّ في الكثير من الدول بعد سنوات من إلغاء العبودية العرقيّة، يمكن أيضًا لمؤسسة الذمة أن تستمرّ في تأثيرها وحتى السيطرة على

العلاقات بين المسلمين والآخرين، حتى عندما باتت ضريبة الجزية مجرّد ذكرى بعيدة.

إن سيكولوجيّة الذمّة تؤثّر حتى على المجتمعات التي لم تقع قط تحت نظام الشريعة. وهذا يمكن أن يشلّ البحث الأكاديمي ويضر بالخطاب السياسي. على سبيل المثال، كان هناك صف طويل من السياسيين الغربيين الذين أشادوا بالإسلام، وأعلنوا أنه دين السلام، بينما أعربوا في الوقت نفسه عن امتنانهم. تعتبر عبارات الثناء والامتنان هذه بمثابة ردود تشبه ردود أهل الذمّة للحكم الإسلامي.

الاضطهاد الديني وعودة الذمّة

خلال القرنين التاسع عشر والعشرين، أجبرت القوى الأوروبيّة العالم الإسلامي على خفض مستوى نظام الذمّة أو تفكيكها. ولكن كان هناك إحياء عالمي لنظام الشريعة. وكجزء من هذا الإحياء، عادت القوانين والنظرة العالميّة إلى الذمّة في العالم الإسلامي، ومع هذا أتى مناخ متزايد من التحزّب والترهيب والتمييز ضد المسيحيين وغير المسلمين. نأخذ دولة باكستان على سبيل المثال، التي تمّ تأسيسها كدولة ذات دستور علماني، ولكنها أعلنت لاحقًا أنها أمّة إسلاميّة، وأعادت المحاكم الشرعيّة، وسنّت قانون التجديف الذي يمارس التمييز ضد غير المسلمين. وقد أدّى هذا الاتجاه لإحياء الشريعة إلى ازدياد الاضطهاد ضد الباكستانيين المسيحيين.

وفي عالمنا اليوم، أينما تمّ إحياء الشريعة، تزداد الحياة سوءًا بالنسبة للمسيحيين وغير المسلمين. اليوم، أربعة من أصل خمسة

بلاد حيث يتعرّض فيها المسيحيّون إلى الاضطهاد هي بلادٌ إسلاميّة، وأنماط اضطهاد المسيحيّين في هذه المناطق تتضمّن قيودًا مفروضةً على بناء دور العبادة، من خلال إحياء قوانين الذمّة كجزء من إحياء الشريعة الأكبر.

في الفقرات التالية، سوف نتناول أسباب التنازل عن ميثاق الذمّة وتأثيرها الروحي المدمِّر.

الحلّ الروحي

لقد تشكّلت حياة محمد من خلال تجارب عميقة للرفض والتي أدّت إلى نفس مجروحة، ونفس الإساءة، وعقليّة الضحيّة، وروح العنف، والرغبة في السيطرة على الآخرين. لقد دفعته هذه الحالة الروحيّة المضطهدة إلى دعواته إلى "الكفاح" الجهادي، الذي كان يسعى إلى التحرر من خلال إهانة الآخرين. والنتيجة هي نظام الذمة المهين.

في المقابل، تم رفض المسيح، لكنه رفض الإساءة، ورفض العنف، ورفض السيطرة على الآخرين، ورفض تبنّي النفس المجروحة. صليبه وقيامته هزما الرفض وقوّات الظلمة. يمكن للمسيحيين أن يلجأوا إلى الصليب ليجدوا التحرر من إرث الذمة.

شهادات الحريّة من الذمّة

إليكم بعض شهادات الأشخاص الذين أدوا صلاة التنازل عن عهد الذمة ووجدوا الحرية.

مخاوف عبر الأجيال

إحدى السيدّات اللواتي صلّيت معهن كانت تعاني من الخوف في نواحٍ عديدة من حياتها. كان قد عاش أجدادها كأهل الذمّة في دمشق، سوريا، قبل مئة عام، حيث وقعت مجزرة عظيمة ضد المسيحيّين في العام 1860. عندما شجّعتها على أداء صلوات التنازل عن ميثاق الذمّة، انكسرت قوّة الخوف، ووجدت راحة كبيرة من الخوف في حياتها اليوميّة.

التحرّر من إرث الإبادة الجماعيّة

كان لرجل من خلفيّة أرمنيّة أسلاف نجوا من الإبادة الجماعة من خلال تبنّي أسماء يونانيّة والهروب من سميرنا إلى مصر. وأفضل ما في الأمر أنه بعد قرن واحد، عانى ابن هؤلاء اللاجئين من مخاوف شديدة بشكل يومي. فلم يستطع مغادرة بيته دون الشعور بقلق كبير عمّا إذا أقفل جميع الأبواب والشبابيك أم لا. لكن عندما تنازل عن الخوف الممتدّ عبر الأجيال المتعلّق بصدمة الإبادات الجماعيّة السابقة، وصلّى من أجل إطلاق سراحه، واختبر شفاءً روحيًا وحريّةً عظيمةً.

فعالية أكبر في خدمة المسلمين

أخبرتني امرأة نيوزيلندية كيف تغيرت خدمتها للمسلمين بعد التنازل عن سلوك الذمة والذمة:

> لقد تحررت بشكل عظيم من الخوف والرهبة في علاقاتي الشخصيّة وأصبحت فعّالة أكثر في تبشير المسلمين بعد صلاة

صلاة التحرير من الذمة في الاجتماع الذي أقمتَه. كنت أحاول الوصول إلى المسلمين منذ العام 1989... كما وجدت عضو آخر في الفريق كانت حاضرة أيضًا في ندواتك فعالية أكبر بكثير في الوصول إلى نساء الشرق الأوسط بعد التنازل عن سلوك الذمة.

من الخوف إلى الشجاعة: التدريب على الكرازة

استخدمت مجموعة من المسيحيين الناطقين بالعربيّة الصلوات الواردة في هذا الكتاب كجزء من استعداداتهم للتواصل مع المسلمين الذين كانوا يزورون دولة أوروبية كسائحين. وعلى الرغم من أن هؤلاء المسيحيين كانوا في بلدٍ حر، إلا أنهم اعترفوا بشعورهم بالخوف بشأن مشاركة إيمانهم مع الآخرين. لقد فتح الحديث عن سلوك الذمّة قلوبهم على ضرورة الشفاء من الخوف. وأوضح أحد القادة: "الخوف يعيش بداخلكم بسبب العهد الذي تم قطعه نيابةً عنكم". وبعد مناقشة تفسيرات ميثاق الذمة، أدى الناس صلاةً من أجل الحرية وتخلوا معًا عن ميثاق الذمة. وفي اليوم الأخير من البرنامج، كتب أحدهم هذا التقييم:

كانت النتائج مذهلة. وبدون أي استثناء، أعرب جميع الحاضرين بقوّة أن هذا كان موضوعًا أساسيًا للتدريب على الخدمة وسببًا لبركات عميقة وحريّة حقيقيّة، خاصة أنه أتيحت للجميع الفرصة للتخلي عن عهد الذمة وإعلان عهدهم مع يسوع بدمه. والمجد لله، هناك تحرّر من هذا العهد بدم يسوع، من خلال الصلاة.

حصل شخص مسيحي قبطي على الحرّية والقوّة لتبشير المسلمين.

لقد شارك محامٍ قبطي شهادته:

إنني درست الشريعة كمادّة أساسيّة لأربعة سنوات كجزء من دراستي للحقوق في دولة إسلاميّة. لقد درست تذليل المسيحيين بشكل مفصّل تحت ناموس الشريعة، بما في ذلك أحكام الذمّة، لكن كان هناك شيء ما يمنعني من فهم تأثير هذه التعاليم على شخصيّتي. لقد كنت مسيحيًا ملتزمًا وكنت أحب الرب يسوع المسيح، لكنني فشلت مرّةً بعد مرّة في إعلانه ربًا على حياتي أمام أصدقائي المسلمين، خوفًا من أن أجرح مشاعرهم.

عندما حضرت اجتماعًا عن سلوك الذمّة، شعرت أن حالتي الروحيّة قد ظهرت إلى النور، وظهر معها الإحباط العميق في روحي. كنت أتذكّر العديد من المواقف التي قبلت فيها بسعادة فوقيّة المسلمين، بل وحتّى أنني دافعت عنها، في الأراضي التي فتحوها، وهي أراضي أسلافي. شعرت بالتوبيخ لأنني قبلت وعشت التدهور لكوني من أهل الذمّة. صلّيت واختبرت في الحال حريّة عظيمة في المسيح.

عدت إلى منزلي في تلك الليلة واتصلت بصديقتي المقرّبة المسلمة. أخبرتها أن يسوع المسيح يحبّها وأنه مات على الصليب من أجلها. منذ ذاك الوقت، أصبحت خدمتي مع

المسلمين فعّالة جدًا ورأيت العديد منهم يعلنون المسيح ربًا ومخلّصًا على حياتهم.

أسباب نقض عهد الذمّة

قد ترغبون في تأدية هذه الصلوات والإعلانات لعدّة أسباب:

- قد عشتم أنتم أو أسلافكم غير المسلمين تحت سلطان المسلمين، وقبلتم ميثاق الذمّة، أو عشتم في ظروف متأثرة بمبادئ الجهاد وسلوك الذمّة.
- قد تأثر تاريخكم أو تاريخ عائلتكم بشكل كبير بصدمات، كاختبار العنف المتعلّق بالجهاد أو الإساءات الأخرى التي حصلت تحت ظروف الذمّة. ربما لم يسبق لكم وسمعتم بهذه الأحداث، لكنكم قد تشكّون بأنها جزء من تاريخ عائلتكم.
- - ربما تعرّضتم أنتم أو أسلافكم للتهديد من الجهاد الإسلامي، وعلى الرغم من عدم وجود تاريخ عائلي للعيش فعليًا في ظل الإسلام، إلا أنكم ترغبون في التحرر من الخوف والترهيب.
- قد عشتم أنتم أو أسلافكم كمسلمين وترغبون في التخلّي عن ميثاق الذمّة وعن جميع نتائجه.

تم تصميم هذه الصلوات لإبطال ميثاق الذمة وجميع نتائجها الروحية، كيلا يكون لها سلطان على حياتكم. بالإضافة إلى ذلك، تمّ تصميمها لمقاومة وكسر جميع اللعنات ضدكم وضد أسلافكم من أهل الذمّة في دولة مسلمة. قد تقومون بتلاوة هذه الصلوات

أيضًا وأنتم تشعرون بالحزن بسبب نقص المعرفة في الماضي، وترغبون في الثبات في حق كلمة الله. وهي مصممة للمطالبة بالتحرر من جميع التأثيرات الروحية السلبية لأهل الذمة، مثل:

- الضرر
- الخوف
- الترهيب
- العار
- الشعور بالذنب
- الشعور بالدونيّة
- كراهية الذات ورفض الذات
- كراهية الآخرين
- الاكتئاب
- الخداع
- الإهانة
- الانسحاب والانعزال
- الصمت

سننتقل الآن إلى صلاة لإبطال ميثاق الذمّة. تم تصميم هذه الصلاة لتحرر المسيحيين الذين يعيشون تحت سلطان إسلامي اليوم، أو الذين عاش أجدادهم تحت السلطان الإسلامي.

لقاء الحق

إن لم تفعلوا هذا في الدرس الماضي، اقرأوا آيات "لقاء الحق" في الدرس الخامس قبل أن تصلوا صلاة التخلّي عن ميثاق الذمّة.

على جميع المشاركين الوقوف سويًا وقراءة صلاة التخلّي عن ميثاق الذمّة هذه بصوت مرتفع.

إعلان وصلاة للتخلي عن ميثاق الذمّة وكسر قوّاته

صلاة الاعتراف

أيها الإله المُحبّ، أعترف أنني أخطأت وابتعدت عندك. إنني أتوب وأعود إلى المسيح كمخلّصي وربّي. أرجوك سامحني على وجه التحديد من أجل أي وقت قمت فيه بترهيب الآخرين، وسعيت إلى فرض الدونية أو الإذلال على الآخرين. سامحني على كبريائي. سامحني في أي وقت قمت فيه بإساءة معاملة الآخرين أو السيطرة عليهم. إنني أنكر كل هذه الأشياء باسم يسوع.

أيها الله وأب ربنا يسوع المسيح، أسبّحك من أجل هبات الغفران التي قدّمتها لي من خلال موت المسيح على الصليب. أدرك أنك قبلتني. أحمدك لأنه تمّت مصالحتنا من خلال الصليب. أعلن اليوم أني ابنك ووارث ملكوت الله.

إعلانات وتنازلات

أيها الآب، أتفق معك في أنني لست خاضعًا للخوف، بل أنا ابن محبّتك. أنا أرفض وأجحد مطالب الإسلام كما علّمها محمد. إنني أجحد كل أشكال الخضوع لـ "رب القرآن"، وأعلن أنني أعبد إله ربنا يسوع المسيح وحده.

إنني أتوب عن خطايا أسلافي الذين خضعوا لميثاق الذمّة ومبادئه، وأطلب منك غفران خطاياهم.

إنني أرفض ميثاق الذمّة بالكامل، وكل شرط من شروطه. أنا أجحد الضرب على الرقبة في طقوس دفع الجزية، مع كل ما يمثّله. أنا أنكر على وجه التحديد لعنة قطع الرأس والموت التي ترمز إليها هذه الطقوس.

أنا أعلن أن ميثاق الذمّة مسمّر على صليب المسيح. لقد أصبحت الذمة مشهدًا عامًا، وليس لها أي سلطة أو حقوق علي. أعلن أن المبادئ الروحية لميثاق الذمة مكشوفة، ومنزوعة السلاح، ومهزومة من خلال صليب المسيح.

أجحد الشعور بالامتنان إلى الإسلام.

أجحد الشعور المزيف بالعار.

أجحد الخداع والأكاذيب.

أجحد جميع الاتفاقات لأبقى صامتًا حيال إيماني بالمسيح.

أجحد جميع الاتفاقات لأبقى صامتًا حيال الذمّة أو الإسلام.

سأتكلّم ولن أبقى صامتًا.

أعلن أن "الحق سيحررني" وأختار أن أعيش كإنسان حرّ في المسيح يسوع.

أتخلّى وأبطل جميع اللعنات ضدي وضد عائلتي باسم الإسلام. أتخلّى وأبطل جميع اللعنات ضد أسلافي.

أجحد بشكل لعنة الموت خاص وأكسرها. أيها الموت، ليس لديك سلطان عليّ!

أعلن أن جميع هذه اللعنات ليس لديها سلطان عليّ.

أعلن بركات المسيح كإرثي الروحي.

أجحد الترهيب. أختار أن أكون شجاعًا في المسيح يسوع.

أجحد التلاعب والسيطرة.

أجحد الإساءة والعنف.

أجحد الموت. أجحد الخوف من الرفض. أجحد الخوف من خسارة عقاراتي وممتلكاتي. أجحد الخوف من الفقر. أجحد الخوف من الوقوع عبدًا. أجحد الخوف من الاغتصاب. أجحد الخوف من الانعزال. أجحد الخوف من خسارة عائلتي. أجحد الخوف من القتل أو الخوف من الموت.

أجحد الخوف من الإسلام. أجحد الخوف من المسلمين.

أجحد الخوف من الانخراط من النشاط الاجتماعي أو السياسي.

أعلن أن يسوع المسيح هو رب الكل.

أخضع ليسوع كربٍ على كل ناحية من نواحي حياتي. يسوع المسيح هو رب بيتي. يسوع المسيح هو ربّ مدينتي. يسوع المسيح هو ربّ بلادي. يسوع المسيح هو رب جميع شعوب هذه الأرض. أخضع ليسوع المسيح كربّي.

أجحد الإذلال. أعلن أن المسيح قد قبلني. إنني أعبده هو وحده.

أجحد العار. أعلن أنني تطهّرت من جميع الخطايا من خلال الصليب. ليس للعار أي حق علي، وسأملك مع المسيح في المجد.

يا رب، اغفر لي ولأجدادي من كل حقد تجاه مسلمين. إنني أجحد الكراهية تجاه المسلمين وغيرهم، وأعلن محبّة المسيح للمسلمين ولجميع البشر على هذه الأرض.

إنني أتوب عن خطايا الكنيسة وخضوع قادة الكنيسة الخاطئ.

أجحد الاغتراب. أعلن أن الله سامحني وقبلني من خلال المسيح. أنا متصالح مع الله. لا تستطيع أي قوّة في السماء ولا على الأرض أن تدينني أمام عرش الله.

أعلن تسبيحي وشكري لله أبينا، وللمسيح مخلّصي الوحيد، وللروح القدس الذي وحده يمنحني الحياة.

أتعهّد بأن أكون شاهدًا حيًا ليسوع المسيح بصفته الرب. أنا لا أخجل من صليبه. ولا أخجل من قيامته.

أعلن أنني ابن الله الحي، إله إبراهيم وإسحق ويعقوب.

أعلن انتصار الله ومسيحه. وأنا أعلن أن كل ركبة تجثو وكل لسان سيعترف أن يسوع المسيح هو رب لمجد الله الآب.

أعلن الغفران للمسلمين عن مشاركتهم في نظام أهل الذمّة.

أيها الآب، من فضلك حررني من الذمة، ومن روح الذمة، ومن كل مبدأ خاطئ مرتبط بعهد الذمة.

أطلب الآن أن تملأني من روحك القدوس، وتسكب علي كل بركات ملكوت يسوع المسيح. امنحني نعمة أن أفهم حقيقة كلمتك بوضوح وأن أطبّقها في كل مجال من مجالات حياتي. امنحني كلمات الرجاء والحياة، كما وعدتني، وبارك شفتيّ حتى أتمكن من التحدث بها للآخرين بسلطان وقوة باسم يسوع. أعطني الجرأة لأكون شاهدًا أمينًا للمسيح. امنحني محبة عميقة للمسلمين وشغف لمشاركة محبة المسيح معهم.

إنني أعلن وأطلب هذه الأشياء باسم يسوع المسيح ربي ومخلصي.

آمين.

دليل الدراسة

الدرس 6

المفردات

الذمة	الجزية	سلوك الذمّة
الذمّي	الواجب	طقوس قطع الرأس
محاضرة ريغنسبورغ	الجهاد	لقاء الحق
"ثلاث خيارات"	ميثاق عمر	
المفتي العظيم	حلال	

الأسماء الجديدة

- البابا بنديكتوس السادس عشر (مواليد 1927): جوزيف راتزينغر ألماني المولد، بابا الفاتيكان من 2005 إلى 2013.
- الإمبراطور البيزنطي مانويل الثاني باليولوج (1350-1425؛ حكم من 1395-1425)

- الشيخ عبد العزيز آل الشيخ: مفتي عام المملكة العربية السعودية منذ عام 1999 (مواليد 1943)
- ابن قصير: مؤرخ وعالم سوري (1301-1373)
- محمد بن يوسف أطفيش: عالم جزائري مسلم (1818-1914)
- ويليام إيتون: باحث بريطاني في تركيا وروسيا، نشر مسح الإمبراطورية التركية عام 1798
- ابن قدامة: عالم سني وصوفي فلسطيني (1147-1223)
- صموئيل ها-نجيد (993-56/1055) وجوزيف نجيد (1035-1066): الصدر الأعظم اليهودي في غرناطة.
- محمد المغيلي: عالم جزائري (ج 1400-ج 1505)
- ابن عجيبة: عالم صوفي سني مغربي (1747-1809)
- موسى بن ميمون: عالم يهودي أيبيري سفاردي (1138-1204)
- يوفان تسفييتش: جغرافي وعالم عرقي صربي (1865-1927)

القرآن في هذا الدرس

التوبة: 29 الفتح: 28 آل عمران: 110

أسئلة الدرس السادس

- قوموا بمناقشة دراسة الحالة

ميثاق الذمة

1. ما هي الكلمات الشهيرة التي أعلنها الإمبراطور البيزنطي مانويل الثاني باليولوج والتي اقتبسها البابا بنديكتوس السادس عشر في محاضرته الشهيرة في ريغنسبورغ عام 2006، والتي تسببت في أعمال شغب للمسلمين في جميع أنحاء العالم، مما أدى إلى مقتل حوالي 100 شخص؟

2. ما هو التصحيح الذي قدّمه المفتي الشيخ عبد العزيز آل الشيخ للبابا بنديكتوس؟

3. ما هي الخيارات الثلاثة التي يقدّمها الإسلام لغير المسلمين عندما يتمّ قهرهم؟

4. يقتبس دوري حديثًا من صحيح البخاري ("لقد أمرني..."). ما هو أمر الله بالنسبة لهذه المقولة؟

5. ثم يقتبس دوري حديثًا من صحيح المسلم: "حاربوا باسم الله وفي طريق الله. حاربوا ضد الكفّار..." ما هي الخيارات الثلاثة التي يُدعى الكفار المغلوبون في الإسلام إلى الاختيار منها؟

6. ما الأمران اللذان تتطلبهما س9:29 من غير المسلمين المغزوين؟

7. ما اسم العهد الذي هو عهد الاستسلام؟

8. ماذا يسمى غير المسلمين الذين يقبلون العيش في ظل هذا العهد؟

9. ما المبدآن القرآنيان اللذان يدعمان نظام الذمة؟

الجزية

10. لماذا تعتبر ضريبة الجزية السنوية على أهل الذمة التي يتحدث عنها علماء المسلمين على أنها فداء لدمائهم؟

11. كما يقول الإمام أطفيش، لمصلحة من استبدال الجزية بالقتل والعبودية؟

12. بحسب ويليام إيتون، ما هو التعويض عن الجزية؟

عقوبة عدم الإمتثال

13. ماذا ينتظر أهل الذمة إذا لم يلتزموا بعهد الذمة؟

14. ما الذي طلبت ميثاق عمر من أهل الذمة أن يجلبوا على أنفسهم؟

15. ماذا قصد الإمام ابن قدامة بحلال الذمي العاصي وبضائعه؟

16. ما هي الأحداث المؤلمة التي حدثت في تاريخ مجتمعات أهل الذمة؟

17. لماذا قُتل يهود غرناطة عام 1066؟

18. لماذا قُتل المسيحيون في دمشق عام 1860؟ ماذا فعل البعض لتجنب القتل؟

طقوس مزعجة

19. ما هي الطقوس التي يقول دوري أنها كانت منتشرة من المغرب إلى بخارى منذ أكثر من ألف سنة؟

20. ما هو المعنى الذي تهدف هذه الطقوس إلى التعبير عنه؟

21. ما هي اللعنة التي حلت على الذمي عندما قام بهذه الشعيرة؟

22. ما الذي يحتج به المشاركون على أنفسهم عند تشريع دفع الجزية؟

23. ما حكم الذمي على نفسه في دفع الجزية؟

امتنان متواضع

24. بحسب دوري، ما هو الموقفان اللذان يجب على غير المسلمين تبنيهما تجاه المسلمين؟

25. حددوا أمثلة الدونية التي تفرضها الضوابط الشرعية على غير المسلمين:

- شهادة أهل الذمة
- بيوت أهل الذمة 
- خيول أهل الذمة
- مشى أهل الذمة في الطريق العام
- دفاع أهل الذمة عن أنفسهم
- رموز أهل الذمة الدينية
- كنائس أهل الذمة
- انتقاد أهل الذمة للإسلام
- لباس أهل الذمة
- نكاح أهل الذمة

26. بماذا تأمر آية التوبة: 29 غير المسلمين الذين يعيشون تحت الحكم الإسلامي؟

27. كيف وصف ابن عجيبة "الخيار الثالث"؟

سيكولوجية الدونية

28. س: ماذا يصف مصطلح "أهل الذمة"؟

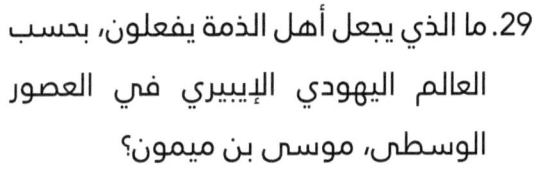

29. ما الذي يجعل أهل الذمة يفعلون، بحسب العالم اليهودي الإيبيري في العصور الوسطى، موسى بن ميمون؟

30. وفقًا للجغرافي الصربي يوفان سيفيتش، ما الذي أنتجته حالة الذمة العنيفة التي فرضها الأتراك على سكان البلقان نفسيًا؟

31. وفقًا لأحد الإيرانيين المتحوّلين إلى المسيحية والذي تحدث إلى مارك دوري، كيف ينظر المسلمون إلى دينهم فيما يتعلق بالمسيحيّة؟

32. لماذا تضرّ الذمة بالمسلمين أيضًا؟

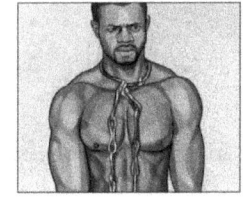

33. لأي حالة تاريخية في الولايات المتحدة الأمريكية يقارن دوري سلوك الذمّة؟

34. ما الذي يعيق البحث الأكاديمي والخطاب السياسي، برأي دوري؟

الاضطهاد الديني وعودة الذمة

35. ما الذي دفع العالم الإسلامي إلى تفكيك نظام الذمة في القرنين التاسع عشر والعشرين؟

36. بحسب دوري، ما الذي تسبب في تزايد الاضطهاد للمسيحيين في باكستان والذي يسبب أيضًا تزايد الاضطهاد للمسيحيين في العديد من الدول الأخرى؟

الحل الروحي

37. ما هي العواقب الروحية الخمس لتجربة محمد العميقة في الرفض التي يذكرها دوري؟

38. ما هو السبب الذي دفع محمد لدعوة الجهاد؟

39. ما هي الأشياء الأربعة التي رفض المسيح أن يفعلها عندما رُفض؟

شهادات التحرر من الذمة

40. ما هو الشيء المشترك بين هذه الشهادات الخمس التي تشاركها دوري؟

أسباب التخلّي عن ميثاق الذمّة

41. ما هي التأثيرات الثلاثة التي قد تؤثر على شخص يطلب الصلاة لأنه عاش في ظل الذمة أو أن له أسلافًا عاشوا في ظل الذمة؟

42. ما الأمران المقصودان من صلاة الذمة؟

43. انظروا إلى القائمة التي تضم 13 تأثير روحي سلبي سببها أهل الذمة. ماذا ستفعل الصلوات المبنية على حق كلمة الله بهذه التأثيرات؟

بالنسبة لقسم الصلاة يرجى اتباع الخطوات التالية:

1. تتم قراءة آيات لقاء الحقيقة في الدرس الخامس بصوت عالٍ لجميع

المشاركين، إذا لم تكن قد تمت قراءتها عند ذاك الدرس.

2. بعد ذلك، يقف جميع المشاركين معًا ويقرأون "الإعلان والصلاة للتخلي عن الذمة وكسر قوتها".

3. للحصول على تعليمات أكثر تفصيلًا، راجعوا دليل القادة.

7

الكذب، التفوق الزائف، واللعن

"فِي اللِّسَانِ حَيَاةٌ أَوْ مَوْتٌ، وَالْمُوْلَعُونَ بِاسْتِخْدَامِهِ يَتَحَمَّلُونَ الْعَوَاقِبَ."

أمثال 18: 21

أهداف الدرس

أ. التأمل في السماح الذي يعطيه الإسلام بالكذب على الآخرين وخداعهم ورفضه.

ب. التأمل في الآيات الكتابية والحقائق الـ 20 التي تعلنها، فيما تستعدون لجحد الخداع الإسلامي.

ج. المطالبة بالتحرر الروحي من الخداع من خلال رفع صلاة الجحد، بما في ذلك 8 تصريحات وتخليات فريدة.

د. التأمل في سعي الإسلام لتفضيل شخص على آخر ورفضه.

هـ. التأمل في الآيات الكتابية التي تعلن بعض الحقائق المحددة بينما تستعد لجحد التفوق الإسلامي.

و. المطالبة بالتحرر الروحي من التفوق الزائف من خلال رفع صلاة الجحد، بما في ذلك 11 تصريحات وتخليات فريدة من نوعها.

ز. التأمل في الممارسات الشعائرية الإسلامية المتمثلة في قيام أعداد كبيرة من المصلين بلعن الكفار معًا في المسجد.

ح. ملاحظة المواقف المتباينة تجاه اللعن في الإسلام.

ط. ملاحظة الارتباط العاطفي و"الشحنة" التي يمكن أن يشعر بها المشاركون في طقوس اللعن.

ي. التأمّل بالآيات الكتابية التي تعلن 6 حقائق محددة بينما تستعد للتخلي عن طقوس اللعن.

ك. المطالبة بالتحرر الروحي من طقوس اللعن من خلال رفع صلاة الجحد، بما في ذلك إعلانًا وتخليًّا فريدًا.

دراسة الحالة: ماذا ستفعلون؟

أنتم في رحلة في حافلة صغيرة تابعة للكنيسة مع ثلاثة زملاء مسيحيين هم ألكساندر وصموئيل وبيار. أنتم مسافرون لحضور مؤتمر يتناول التلمذة بين المسلمين. بعد الحديث عن الكنيسة والأسرة والسياسة، يتساءل بيار عن رأي الآخرين في الأحلام العديدة التي تراود المسلمين حول المسيح وصعود الإسلام المتشدد. فهل هذا يعني أننا في آخر الزمان؟ هل يستحق المسلمون العابرون مسارًا خاصًا للتلمذة، مثل اليهود الذين يتبعون يسوع باعتباره المسيح؟

يقول ألكساندر ساخرًا: "بجدية أيها الرجال، لماذا يحتاج المسلمون العابرون إلى أي تلمذة مختلفة من اليهود أو البوذيين، على سبيل المثال؟ متى قدمت الكنيسة التاريخية تلمذة مختلفة لخلفيات دينية مختلفة؟ ألسنا جميعًا نستخدم نفس الكتاب المقدس ونقرأ نفس العقيدة؟ ما هو الدليل على أن المسلمين "يولدون ثانية" بشكل مختلف ويحتاجون إلى تعليم خاص للمعمودية أو التلمذة؟

يجيب صموئيل: لقد وعد يسوع بأن كل ركبة ستركع، وأعتقد أن هذا يشمل الملايين من المسلمين الذين يأتون إلى المسيح، ويجب أن نرحب بهم باهتمام خاص، في كنائس منزلية خاصة، كما نفعل مع اليهود. لقد تعامل كل من بولس وبطرس مع الكرازة لليهود

بطريقة مختلفة عن كرازتهم للأمم، ويجب أن نعامل المسلمين مثل "أقرباء اليهود" وأن يكون لدينا تلمذة خاصة تلبي احتياجاتهم الروحية.

ثمّ يضيف بيار: "لكن يا صموئيل، كل الرسل استخدموا نفس العقائد لتلمذة كنيسة العهد الجديد. أليست كل الرسائل الرسولية موجهة إلى اليهود والأمم على حد سواء؟ يحتاج المسلمون الذين يأتون إلى المسيح ببساطة إلى ما يحتاجه الجميع: دراسة في المعمودية وعظات ودروس في مدرسة الأحد ودراسات في الكتاب المقدس، فإن منحهم معاملة خاصة يمكن أن يمنعهم من الاندماج في كنائسنا الحالية.

يقول لكم صموئيل بعد ذلك: "كيف ترون التلمذة للمسلمين السابقين؟"

ماذا ستقولون؟

التحرر من الكذب

سنتناول في هذه الأقسام تعاليم الإسلام المتعلقة بالكذب، وسنختار جحد الكذب.

الحقيقة ثمينة

القس دامانيك، الذي سُجن زورًا في إندونيسيا بسبب حديثه ضد الجهاد الإسلامي، قال هذا عن الحقيقة:

على الرغم من أن الحقيقة صعبة ومكلفة للغاية، إلا أنه ليس لدينا أي خيار. وعلينا أن نكون على استعداد لدفع الثمن الباهظ. والبديل هو أن نقول وداعًا للحقيقة. يجب على عاشق الحقيقة أن يحارب بقوة أكبر ليكون شخصًا ذا إرادة حديدية وفي نفس الوقت يكون شخصًا ذا قلب نقي وشفاف (كالزجاج). الإرادة الحديدية قوية. لا يمكن ثنيها. إنها لا تتزعزع في التزامها بالحقيقة... القلب الزجاجي هو القلب النقي من المصالح الخفية والأجندات الشخصية. كما هو الحال مع الزجاج، فإن عاشق الحقيقة حساس وينكسر بسهولة بسبب الظلم والباطل في العالم. إن انكسار القلب هذا ليس علامة ضعف، بل هو علامة قوة ومقدرة. إنه قوي الإرادة وكلامه الحاد قادر على التحدث في وجه الكذب والزيف الموجود في محيطه. لا يمكن لقلبه أن يبقى ساكنًا أو هادئًا. قلبه مليء دائمًا بمحاربة الظلم.

إن حقيقة أن الله صادق أمر أساسي بالنسبة لنا للدخول في علاقة معه. الله علائقي: فهو يربط نفسه بعلاقات مع البشرية.

ثقافة الشريعة

بحسب القرآن وتعاليم الإسلام، فإن الكذب مباح في ظروف معينة.

لقد رأينا في الدرس الثالث كيف أن الكذب مباح وفي بعض الأحيان واجب في الإسلام.

حتى أن القرآن يقول أن الله مخادع ويضل الناس:

وَمَآ أَرْسَلْنَا مِن رَّسُولٍ إِلَّا بِلِسَانِ قَوْمِهِۦ لِيُبَيِّنَ لَهُمْ ۖ فَيُضِلُّ ٱللَّهُ مَن يَشَآءُ وَيَهْدِى مَن يَشَآءُ ۚ وَهُوَ ٱلْعَزِيزُ ٱلْحَكِيمُ (إبراهيم: 4)

ومن أنواع الكذب التي أقرّتها الشريعة ما يلي:

- الكذب في الحرب
- كذب الأزواج على زوجاتهم
- الكذب لحماية النفس
- الكذب للدفاع عن الأمة
- الكذب لحماية النفس (التقية) عندما يعتقد المسلمون أنهم في خطر: في هذه الحالة يُسمح للمسلم إنكار إيمانه. (النحل: 106)

هذه القيم الدينية قد أثرت على الثقافات الإسلامية بطرق عميقة.

لقاء مع الحقيقة

بخلاف الإسلام، لا يجوز للمسيحي أن ينكر إيمانه:

كُلُّ مَنْ يَعْتَرِفُ بِي أَمَامَ النَّاسِ، أَعْتَرِفُ أَنَا أَيْضاً بِهِ أَمَامَ أَبِي الَّذِي فِي السَّمَاوَاتِ. وَكُلُّ مَنْ يُنْكِرُنِي أَمَامَ النَّاسِ، أُنْكِرُهُ أَنَا أَيْضاً أَمَامَ أَبِي الَّذِي فِي السَّمَاوَاتِ. (متى 10: 32-33)

قال يسوع: " لِيَكُنْ كَلامُكُمْ: نَعَمْ، إِنْ كَانَ نَعَمْ؛ أَوْ: لا، إِنْ كَانَ لا... (متى 5: 37)

بحسب تكوين 17، ماذا أقام الله مع إبراهيم؟

وَأُقِيمُ عَهْدِي الأَبَدِيَّ بَيْنِي وَبَيْنَكَ، وَبَيْنَ نَسْلِكَ مِنْ بَعْدِكَ جِيلاً بَعْدَ جِيلٍ، فَأَكُونُ إِلَهاً لَكَ وَلِنَسْلِكَ مِنْ بَعْدِكَ. وَأَهَبُكَ أَنْتَ وَذُرِّيَّتَكَ مِنْ بَعْدِكَ جَمِيعَ أَرْضِ كَنْعَانَ، الَّتِي نَزَلْتَ فِيهَا غَرِيباً، مُلْكاً أَبَدِيًّا. وَأَكُونُ لَهُمْ إِلَهًا». (تكوين 17: 7-8)

وبحسب المزمور 89، ماذا أقام الله مع داود؟

"قَدْ قُلْتَ: إِنِّي أَقَمْتُ عَهْداً مَعَ الْمَلِكِ الَّذِي اخْتَرْتُهُ، أَقْسَمْتُ لِدَاوُدَ عَبْدِي. أُثَبِّتُ نَسْلَكَ إِلَى الأَبَدِ، وَأُبْقِي عَرْشَكَ قَائِماً مِنْ جِيلٍ إِلَى جِيلٍ." (مزمور 89: 3-4)

يُظهر هذان المقطعان اللذان قرأتموهما للتو أن الله يقيم ميثاقاتٍ أمينة مع شعبه.

ما هي سمات العلاقة بين الله التي يمكنكم تمييزها في هذه المقاطع التالية؟

لَيْسَ اللهُ إِنْسَاناً فَيَكْذِبَ. وَلا هُوَ ابْنَ آدَمَ فَيَنْدَمَ. هَلْ يَقُولُ وَلا يَفْعَلُ أَوْ يَعِدُ ولا يَفِي؟ (عدد 23: 19)

"ارْفَعُوا الشُّكْرَ لِلرَّبِّ لأَنَّ رَحْمَتَهُ إِلَى الأَبَدِ تَدُومُ". (مزمور 136: 1)

(الحديث عن اليهود)... "فَفِيمَا يَتَعَلَّقُ بِالإِنْجِيلِ، هُمْ أَعْدَاءُ اللهِ مِنْ أَجْلِكُمْ. وَأَمَّا فِيمَا يَتَعَلَّقُ بِالاخْتِيَارِ الإِلهِيِّ فَهُمْ مَحْبُوبُونَ مِنْ أَجْلِ الآبَاءِ. فَإِنَّ اللهَ لَا يَتَرَاجَعُ أَبَداً عَنْ هِبَاتِهِ وَدَعْوَتِهِ." (رومية 11: 28-29)

"مِنْ بُولُسَ، عَبْدِ اللهِ وَرَسُولِ يَسُوعَ الْمَسِيحِ فِي سَبِيلِ إِيمَانِ مَنِ اخْتَارَهُمُ اللهُ، وَمَعْرِفَتِهِمْ لِلْحَقِّ الْمُوَافِقِ لِلتَّقْوَى، فِي رَجَاءِ الْحَيَاةِ الأَبَدِيَّةِ، الَّتِي وَعَدَ بِها اللهُ الْمُنَزَّهُ عَنِ الْكَذِبِ، مِنْ قَبْلِ أَزْمِنَةِ الأَزَلِ،" (تيطس 1: 1-2)

وَلِذَلِكَ، لَمَّا أَرَادَ اللهُ أَنْ يُؤَكِّدَ بِصُورَةٍ قَاطِعَةٍ لِوَارِثِي وَعْدِهِ أَنَّ قَرَارَهُ لَا يَتَغَيَّرُ أَبداً، ثَبَّتَهُ بِالْقَسَمِ. فَاسْتِنَاداً إِلَى وَعْدِ اللهِ وَقَسَمِهِ، وَهُمَا أَمْرَانِ ثَابِتَانِ لَا يَتَغَيَّرَانِ وَيَسْتَحِيلُ أَنْ يَكْذِبَ اللهُ فِيهِمَا، نَحْصُلُ عَلَى تَشْجِيعٍ قَوِيٍّ، بَعْدَمَا الْتَجَأْنَا إِلَى التَّمَسُّكِ بِالرَّجَاءِ الْمَوْضُوعِ أَمَامَنَا. هَذَا الرَّجَاءُ هُوَ لَنَا بِمَثَابَةِ مِرْسَاةٍ أَمِينَةٍ ثَابِتَةٍ تَشُدُّ نُفُوسَنَا إِلَى مَا وَرَاءَ الْحِجَابِ السَّمَاوِيِّ." (عبرانيين 6: 17-19)

"صَادِقٌ هُوَ اللهُ، وَيَشْهَدُ أَنَّ كَلامَنَا إِلَيْكُمْ لَيْسَ نَعَمْ وَلا مَعاً! فَإِنَّ ابْنَ اللهِ، الْمَسِيحَ يَسُوعَ، الَّذِي بَشَّرْنَا بِهِ فِيمَا بَيْنَكُمْ، أَنَا وَسِلْوَانُسُ وَتِيمُوثَاوُسُ، لَمْ يَكُنْ نَعَمْ وَلا مَعاً، وَإِنَّمَا فِيهِ نَعَمْ.

فَمَهْمَا كَانَتْ وُعُودُ اللهِ، فَإِنَّ فِيهِ «النَّعَمْ» لَهَا كُلِّهَا، وَفِيهِ الآمِينُ بِنَا لأَجْلِ مَجْدِ اللهِ." (2 كورنثوس 1: 18-20)

فالله لا يتغير وهو أمين في علاقاته. دائمًا يصون عهده.

بحسب سفر اللاويين، ماذا يريد الله من الناس؟

"وَقَالَ الرَّبُّ لِمُوسَى:«قُلْ لِبَنِي إِسْرَائِيلَ: كُونُوا قِدِّيسِينَ لأَنِّي أَنَا الرَّبَّ إِلَهَكُمْ قُدُّوسٌ. (لاويين 19: 1-2)

إن إله الكتاب المقدس الحقيقي يريدنا أن نكون قديسين مثله.

بحسب هذه الآيات الثلاثة التالية، كيف نظهر قداسة الله في حياتنا؟

لأَنَّ رَحْمَتَكَ نُصْبَ عَيْنَيَّ، وَقَدْ سَلَكْتُ فِي حَقِّكَ.. (مزمور 26: 3)

فِي يَدِكَ أَسْتَوْدِعُ رُوحِي. فَدَيْتَنِي أَيُّهَا الرَّبُّ إِلَهَ الْحَقِّ. (مزمور 31: 5)

فَأَنْتَ يَا رَبُّ لَنْ تَمْنَعَ مَرَاحِمَكَ عَنِّي. تَنْصُرُنِي دَائِماً رَحْمَتُكَ وَحَقُّكَ. (مزمور40: 11)

يمكننا أن نظهر قداسة الله بأن نكون صادقين، وأن نعيش في الحق، لأن الله صادق وأمين لكلمته. على الرغم من أن الشيطان يحب أن يزرع الأكاذيب في قلوبنا، إلا أن حق الله يحمينا.

ماذا يفعل لنا الحق بحسب مزمور داود هذا؟

هَا إِنِّي بِالإِثْمِ قَدْ وُلِدْتُ وَفِي الْخَطِيئَةِ حَبِلَتْ بِي أُمِّي.

هَا أَنْتَ تَرْغَبُ أَنْ تَرَى الْحَقَّ فِي دَخِيلَةِ الإِنْسَانِ، فَتُعَرِّفُنِي الْحِكْمَةَ فِي قَرَارَةِ نَفْسِي.

طَهِّرْنِي بِالزُّوفَا فَأَتَنَقَّى. اغْسِلْنِي فَأَبْيَضَّ أَكْثَرَ مِنَ الثَّلْجِ. (مزمور 51: 5-7).

يذكر هذا المزمور أن الحق يطهرنا.

بحسب هذه الآية، ما الذي ملأ حياة يسوع؟

... وَنَحْنُ رَأَيْنَا مَجْدَهُ، مَجْدَ ابْنٍ وَحِيدٍ عِنْدَ الآبِ، وَهُوَ مُمْتَلِىءٌ بِالنِّعْمَةِ وَالْحَقِّ. (يوحنا 14 :1)

وكان يسوع مملوءًا بالحق.

في ماذا نحن مدعوون للعيش؟

وَأَمَّا الَّذِي يَسْلُكُ فِي الْحَقِّ فَيَأْتِي إِلَى النُّورِ لِتَظْهَرَ أَعْمَالُهُ وَيَتَبَيَّنَ أَنَّهَا عُمِلَتْ بِقُوَّةِ اللهِ». (يوحنا 3 :21)

نحن مدعوون للعيش في الحقيقة.

بحسب هاتين الآيتين التاليتين، ما الذي يمكننا من خلاله وحده أن نعرف الله؟

"اللهُ رُوحٌ، فَلِذلِكَ لابُدَّ لِعَابِدِيهِ مِنْ أَنْ يَعْبُدُوهُ بِالرُّوحِ وَبِالْحَقِّ" (يوحنا 4: 24)

"فَأَجَابَهُ يَسُوعُ: «أَنَا هُوَ الطَّرِيقُ وَالْحَقُّ وَالْحَيَاةُ. لَا يَأْتِي أَحَدٌ إِلَى الآبِ إِلّا بِي." (يوحنا 14: 6)

يخبرنا يسوع أنه لا يمكننا أن نأتي إلى الله إلا من خلال الحق. (في الأناجيل يقول يسوع "الحق أقول لكم" 78 مرة).

ما الذي يتعارض مع اتباع المسيح بحسب الذي ذكره بولس في هذا المقطع ؟

إِذْ نُدْرِكُ أَنَّ الشَّرِيعَةَ لَا تُوضَعُ لِمَنْ كَانَ بَارّاً، بَلْ لِلأَشْرَارِ وَالْمُتَمَرِّدِينَ، وَالْفَاجِرِينَ وَالْخَاطِئِينَ، وَالنَّجِسِينَ وَالدَّنِسِينَ، وَقَاتِلِي آبَائِهِمْ وَأُمَّهَاتِهِمْ، وَقَاتِلِي النَّاسِ، وَالزُّنَاةِ وَمُضَاجِعِي الذُّكُورِ، وَخَطَّافِي النَّاسِ وَالْكَذَّابِينَ وَشَاهِدِي الزُّورِ. وَذَوِي كُلِّ شَرٍّ آخَرَ يُخَالِفُ التَّعْلِيمَ الصَّحِيحَ الْمُوَافِقَ لإِنْجِيلِ مَجْدِ اللهِ الْمُبَارَكِ، ذَلِكَ الإِنْجِيلِ الَّذِي وُضِعَ أَمَانَةً بَيْنَ يَدَيَّ. (1 تيموثاوس 1: 9-11)

يوضح بولس أن الكذب لا يتوافق مع اتباع المسيح.

هذه الصلاة لجحد الخداع يجب أن يقرأها جميع المشاركين الواقفين معًا بصوت عالٍ.

إعلان وصلاة لجحد الخداع

أشكرك يا أبتي لأنك إله حق، لأنك تشرق بنورك في أحلك الليالي. اليوم أختار أن لا أعيش في الظلمة، بل أن أسكن في نورك.

من فضلك سامحني على كل الأكاذيب التي تحدثت عنها. لقد اخترت في الكثير من الأحيان طريق الراحة وما هو سهل، وليس ما هو صحيح. أسألك يا رب أن تطهر شفتي من كل فجور. أعطني

قلبًا يسرّ بسماع الحق، وفمًا مستعدًا لإعلان الحق للآخرين. أعطني الشجاعة لأرتاح في الحقيقة، وأرفض الأكاذيب.

اليوم أرفض وأجحد استخدام الأكاذيب في حياتي اليومية.

أنا أرفض كل تعاليم الإسلام المستخدمة لتبرير الكذب، بما في ذلك التقية. أختار الإبتعاد عن كل كذب وخداع. أختار أن أعيش في الحقيقة. أنا أعلن أن يسوع المسيح هو الطريق والحق والحياة. أختار أن أعيش تحت حماية حقيقته.

أعلن أن أماني فيك، والحق يحررني.

من فضلك أرني، أيها الآب السماوي، كيف أسير في نور حقك. أعطني الكلمات التي أتكلم بها، والأسلوب الذي أتبعه، والذي يعتمد على حقيقتك.

آمين.

التحرر من التفوق الزائف

نتناول في هذا القسم تعاليم الإسلام بشأن تفضيل بعض الناس على بعض، ونقارن ذلك بتعاليم الكتاب المقدس. عندها سنختار جحد مشاعر التفوق الزائف.

ادعاء الإسلام بالتفوق

في الإسلام هناك تأكيد كبير على التفوق؛ على من هو "الأفضل". يقول القرآن أن المسلمين أفضل من المسيحيين واليهود:

> (المُسْلِمُونَ) كُنتُمْ خَيْرَ أُمَّةٍ أُخْرِجَتْ لِلنَّاسِ تَأْمُرُونَ بِٱلْمَعْرُوفِ وَتَنْهَوْنَ عَنِ ٱلْمُنكَرِ وَتُؤْمِنُونَ بِٱللَّهِ ۗ وَلَوْ ءَامَنَ أَهْلُ ٱلْكِتَـٰبِ لَكَانَ خَيْرًا لَّهُم ۚ مِّنْهُمُ ٱلْمُؤْمِنُونَ وَأَكْثَرُهُمُ ٱلْفَـٰسِقُونَ (آل عمران: 110)

ومن المفترض أن الإسلام هو الذي يحكم الديانات الأخرى:

> هُوَ ٱلَّذِىٓ أَرْسَلَ رَسُولَهُۥ بِٱلْهُدَىٰ وَدِينِ ٱلْحَقِّ لِيُظْهِرَهُۥ عَلَى ٱلدِّينِ كُلِّهِۦ ۚ وَكَفَىٰ بِٱللَّهِ شَهِيدًا (الفتح 48: 28)

ومن العار في الإسلام أن يُنظر إلى الشخص على أنه أقل شأنًا. هناك العديد من الأحاديث لمحمد التي تؤكّد بشكل كبير على التّفوّق. على سبيل المثال، أعلن محمد في حديث رواه الترمذي أنه أفضل من كل من عاش على الإطلاق:

> سأكون سيد أولاد آدم يوم القيامة، ولست أتباهى. سيكون لواء الحمد في يدي، ولست أتباهى. في ذلك اليوم، كل نبي، بمن فيهم آدم، سيكونون تحت لوائي. وأنا أول من ستفتح له الأرض [أي أول من سيُبعث]، ولست أتباهى.

كان للدين الإسلامي تأثير عميق على الثقافة العربية، حيث ساهم في تشكيلها على مدى أكثر من ألف عام. في الثقافات العربية،

تعتبر مفاهيم الشرف والعار مهمة جدًا، لذلك يكره الناس أن يظهروا بمظهر أقل شأنًا. عندما يكون الناس في صراع، سيحاولون إذلال بعضهم البعض وسيتصرفون بدافع الشعور بالإهانة.

عندما يترك شخص ما الإسلام ويقرر إتباع المسيح، يجب عليه أن يتخلى عن النظرة العاطفية للعالم التي يحتاج فيها الشخص إلى الشعور بالتفوق على من حوله، والحصول على الرضا من هذا، والخوف من التعرض للعار.

لقاء مع الحقيقة

في جنة عدن، أغرت الحية حواء بإخبارها أنه يمكن أن تصبح "مثل الله"، وعلى هذا الأساس وافقت حواء على ما أرادته الحية. وهذا أدى إلى سقوط آدم وحواء. ماذا يمكننا أن نتعلم من هذا المقطع عن خطورة الرغبة في التفوق؟

> "فَأَجَابَتِ الْمَرْأَةُ: «يُمْكِنُنَا أَنْ نَأْكُلَ مِنْ ثَمَرِ الْجَنَّةِ كُلِّهَا، مَاعَدَا ثَمَرَ الشَّجَرَةِ الَّتِي فِي وَسَطِهَا، فَقَدْ قَالَ اللهُ: لَا تَأْكُلَا مِنْهُ وَلَا تَلْمَسَاهُ وَإِلَّا تَمُوتَا». فَقَالَتِ الْحَيَّةُ لِلْمَرْأَةِ: «لَنْ تَمُوتَا، بَلْ إِنَّ اللهَ يَعْرِفُ أَنَّهُ يَوْمَ تَأْكُلانِ مِنْ ثَمَرِ هَذِهِ الشَّجَرَةِ تَنْفَتِحُ أَعْيُنُكُمَا فَتَصِيرَانِ مِثْلَهُ، قَادِرَيْنِ عَلَى التَّمْيِيزِ بَيْنَ الْخَيْرِ وَالشَّرِّ»." (تكوين 3: 2-5)

إن الرغبة في التفوق هي فخ للبشر: أشخاص يريدون أن يكونوا متفوقين على الآخرين يمكن أن يتسببوا بقدر كبير من المتاعب والألم في هذا العالم.

من وقت لآخر كان هناك سؤالاً يُطرح بين أتباع يسوع حول من هو الأفضل بينهم أو من سيكون الأفضل. أراد يعقوب ويوحنا أن يعرفا من سيكون له مكانة الشرف في ملكوت يسوع. مثل يعقوب ويوحنا، يسعى البشر في جميع أنحاء العالم للحصول على أفضل المقاعد أو الأماكن الأكثر شرفًا. ماذا يقول يسوع عن هذا؟

"عِنْدَئِذٍ تَقَدَّمَ إِلَيْهِ يَعْقُوبُ وَيُوحَنَّا ابْنَا زَبَدِي، وَقَالا لَهُ: «يَا مُعَلِّمُ، نَرْغَبُ فِي أَنْ تَفْعَلَ لَنَا كُلَّ مَا نَطْلُبُ مِنْكَ».

فَسَأَلَهُمَا: «مَاذَا تَرْغَبَانِ فِي أَنْ أَفْعَلَ لَكُمَا؟»

قَالا لَهُ: «هَبْنَا أَنْ نَجْلِسَ فِي مَجْدِكَ: وَاحِدٌ عَنْ يَمِينِكَ، وَوَاحِدٌ عَنْ يَسَارِكَ!»

فَقَالَ لَهُمَا يَسُوعُ: «أَنْتُمَا لَا تَدْرِيَانِ مَا تَطْلُبَانِ: أَتَقْدِرَانِ أَنْ تَشْرَبَا الْكَأْسَ الَّتِي سَأَشْرَبُهَا أَنَا، أَوْ تَغُوصَا فِي الآلامِ الَّتِي سَأَغُوصُ فِيهَا؟» فَقَالا لَهُ: «إِنَّنَا نَقْدِرُ!» فَأَجَابَهُمَا يَسُوعُ: «الْكَأْسَ الَّتِي سَأَشْرَبُهَا سَوْفَ تَشْرَبَانِ، وَالآلامَ الَّتِي سَأَغُوصُ فِيهَا سَوْفَ تَغُوصَانِ فِيهَا. أَمَّا الْجُلُوسُ عَنْ يَمِينِي وَعَنْ يَسَارِي، فَلَيْسَ لِي أَنْ أَمْنَحَهُ إِلّا لِلَّذِينَ أُعِدَّ لَهُمْ وَلَمَّا سَمِعَ التَّلامِيذُ الْعَشَرَةُ بِذلِكَ، أَخَذُوا يَسْتَاءُونَ مِنْ يَعْقُوبَ وَيُوحَنَّا. وَلكِنَّ يَسُوعَ دَعَاهُمْ إِلَيْهِ وَقَالَ لَهُمْ: «تَعْرِفُونَ أَنَّ الْمُعْتَبَرِينَ حُكَّاماً عَلَى الأُمَمِ يَسُودُونَهُمْ، وَأَنَّ عُظَمَاءَهُمْ يَتَسَلَّطُونَ عَلَيْهِمْ. وَأَمَّا أَنْتُمْ فَلا يَكُنْ ذَلِكَ بَيْنَكُمْ، وَإِنَّمَا أَيُّ مَنْ أَرَادَ أَنْ يَصِيرَ عَظِيماً بَيْنَكُمْ، فَلْيَكُنْ لَكُمْ خَادِماً، وَأَيُّ مَنْ أَرَادَ أَنْ يَصِيرَ أَوَّلاً فِيكُمْ، فَلْيَكُنْ لِلْجَمِيعِ عَبْداً.

فَحَتَّى ابْنُ الإِنْسَانِ قَدْ جَاءَ لَا لِيُخْدَمَ، بَلْ لِيَخْدِمَ وَيَبْذِلَ نَفْسَهُ فِدْيَةً عَنْ كَثِيرِينَ».» (مرقس 10: 35-45)

يجيب يسوع على هذه الرغبة موضحًا أنه إذا أراد تلاميذه حقًا أن يتبعوه، فعليهم أن يتعلموا كيفية خدمة الآخرين.

ويظهر خطر الشعور بالتفوق أيضًا في قصة الابن الضال (لوقا 15: 11-32). شعر "الصالح" بأنه متفوق ولم يتمكن من الانضمام إلى مأدبة والده للابن الضال منذ فترة طويلة عندما عاد. ولهذا وبّخه والده. إن الطريق إلى النجاح الحقيقي، في نظر الله، هو أن نسعى إلى خدمة الآخرين، وليس النظر إليهم بدونيّة.

في هذا المقطع الجميل من فيلبي 2، ما هو مفتاح التحرر من الظلم عند رؤية العالم من حيث تفوق بعض الناس على الآخرين؟

"فَمَادَامَ لَنَا التَّشْجِيعُ فِي الْمَسِيحِ، وَالتَّعْزِيَةُ فِي الْمَحَبَّةِ، وَالشَّرِكَةُ فِي الرُّوحِ، وَلَنَا الْمَرَاحِمُ وَالْحُنُوُّ، فَتَمِّمُوا فَرَحِي بِأَنْ يَكُونَ لَكُمْ رَأْيٌ وَاحِدٌ وَمَحَبَّةٌ وَاحِدَةٌ وَنَفْسٌ وَاحِدَةٌ وَفِكْرٌ وَاحِدٌ. لَا يَكُنْ بَيْنَكُمْ شَيْءٌ بِرُوحِ التَّحَزُّبِ وَالافْتِخَارِ الْبَاطِلِ، بَلْ بِالتَّوَاضُعِ لِيَعْتَبِرْ كُلُّ وَاحِدٍ مِنْكُمْ غَيْرَهُ أَفْضَلَ كَثِيراً مِنْ نَفْسِهِ، مُهْتَمّاً لَا بِمَصْلَحَتِهِ الْخَاصَّةِ بَلْ بِمَصَالِحِ الآخَرِينَ أَيْضاً.

فَلْيَكُنْ فِيكُمْ هَذَا الْفِكْرُ الَّذِي فِي الْمَسِيحِ يَسُوعَ. إِذْ إِنَّهُ، وَهُوَ الْكَائِنُ فِي هَيْئَةِ اللهِ، لَمْ يَعْتَبِرْ مُسَاوَاتَهُ لِلهِ خُلْسَةً، أَوْ غَنِيمَةً يُتَمَسَّكُ بِهَا؛ بَلْ أَخْلَى نَفْسَهُ، مُتَّخِذاً صُورَةَ عَبْدٍ، صَائِراً شَبِيهاً بِالْبَشَرِ؛

وَإِذْ ظَهَرَ بِهَيْئَةِ إِنْسَانٍ، أَمْعَنَ فِي الاِتِّضَاعِ، وَكَانَ طَائِعاً حَتَّى الْمَوْتِ، مَوْتِ الصَّلِيبِ.

لِذَلِكَ أَيْضاً رَفَّعَهُ اللهُ عَالِياً، وَأَعْطَاهُ الاِسْمَ الَّذِي يَفُوقُ كُلَّ اسْمٍ، لِكَيْ تَنْحَنِيَ سُجُوداً لاِسْمِ يَسُوعَ كُلُّ رُكْبَةٍ، سَوَاءٌ فِي السَّمَاءِ أَمْ عَلَى الأَرْضِ أَمْ تَحْتَ الأَرْضِ، وَلِكَيْ يَعْتَرِفَ كُلُّ لِسَانٍ بِأَنَّ يَسُوعَ الْمَسِيحَ هُوَ الرَّبُّ، لِمَجْدِ اللهِ الآبِ." (فيلبي 2: 1-11)

إن مفتاح التحرر من النظرة العالمية القمعية للتفوق هو مثال يسوع المسيح.

قلب يسوع مختلف تمامًا. لقد اختار أن يخدم، وليس أن يسيطر. لم يقتل، بل قدّم حياته من أجل الآخرين. لقد أظهر يسوع بطرق عملية للغاية، ما يعنيه أن تضع نفسك: "بَلْ أَخْلَى نَفْسَهُ" (فيلبي 2: 7)، حتى أنه سمح لنفسه بالصلب، وهو الموت الأكثر خزيًا الذي عرفه الناس في عصره.

التابع الحقيقي للمسيح يفعل الأمر نفسه. فهو لا يتمتع بأي شعور بالتفوق. فأتباع المسيح الحقيقيون لا يخافون من العار أو مما يعتقده الآخرون، لأنهم يثقون في الله بأنّه سينصرهم ويحميهم.

هذه الصلاة التي تجحد الشعور الزائف بالتفوق يجب أن يقرأها جميع المشاركين الواقفين بصوت عالٍ معًا.

إعلان وصلاة بجحد التفوق

أشكرك، أيها الآب، لأنني مخلوق بعناية، لأنك أنت الذي خلقتني. أشكرك لأنك تحبني وتعتبرني ابنًا لك. أشكرك على امتياز اتباع يسوع المسيح.

من فضلك سامحني لقبول الرغبة في الشعور بالتفوق. إنني أرفض وأرفض تمامًا مثل هذه الرغبات. أنا أرفض أن أكون مرتاحًا في الشعور بأنني أفضل من الآخرين. أعترف أنني خاطئ مثل أي شخص آخر، ولا أستطيع تحقيق أي شيء بدونك.

أيضًا أتوب وأجحد مشاعر الانتماء إلى مجموعة أو خلفية متفوقة. أعترف أن جميع الشعوب متساوون في نظرك.

أتوب من التلفظ بكلمات الاحتقار للآخرين ورفض الآخرين، وأطلب مسامحتك من كل هذه الكلمات.

أرفض التفكير بشكل أقل في الناس بسبب عرقهم أو جنسهم أو ثرواتهم أو تعليمهم.

أعترف أنه بفضل نعمة الرب أستطيع أن أقف في حضرتك. إنني أفصل نفسي عن كل دينونة بشرية، وأتطلع إليك وحدك لتخلصني.

أجحد على وجه التحديد عن تعاليم الإسلام التي تقول بأن الصالحين متفوقون، وأن الإسلام يجعل الناس ناجحين، وأن المسلمين متفوقون على غير المسلمين.

أرفض وأجحد الادعاء بأن الرجال متفوقون على النساء.

أيها الآب السماوي، إنني أبتعد عن كل شعور زائف بالتفوق وبدلاً من ذلك أختار أن أخدمك.

يا رب، أيضًا أختار أن أفرح بنجاحات الآخرين. أرفض وأجحد كل حسد وغيرة من الآخرين.

يا رب، من فضلك أعطني حكمًا سليمًا ودقيقًا حول من أنا فيك. علمني حقيقة كيف تراني. ساعدني لأكون راضيًا لكون الشخص الذي خلقتني لأكونه.

آمين.

التحرر من اللعن

في هذه الأقسام سنتناول ممارسة اللعنات على الآخرين في الإسلام، ونختار الجحد عن هذه الممارسة، ونكسر أي لعنات موجهة ضدنا.

اللعن في الإسلام

باستخدام الموارد الموجودة في الدرس 2، يمكن للمؤمنين تطوير استراتيجيات الصلاة لمساعدة الناس على التحرر من العديد من أنواع القيود المختلفة، سواء من الإسلام أو من مصادر أخرى.

في هذا القسم سنتناول طقوسًا إسلامية معينة ونقدم صلاةً لجحدها. تم تطوير هذه الصلاة لأن مسيحيًا من خلفية إسلامية ذكر

لي أن هذه الطقوس كانت جزءًا مهمًا من تجربته الدينية كمسلم، وأنه شعر بأن لديه قوة روحية.

يحث القرآن على شتم المسيحيين الذين يعترفون بألوهية المسيح: "... ثُمَّ نَبْتَهِلْ فَنَجْعَل لَّعْنَتَ ٱللَّهِ عَلَى ٱلْكَـٰذِبِينَ" (آل عمران: 61). إلا أن الأحاديث فيها أقوال متضاربة حول اللعنات. من ناحية، تشير عدة أحاديث إلى أن محمد لعن فئات مختلفة من الناس، بما في ذلك اليهود أو المسيحيين، والرجال أو النساء الذين يقلدون الجنس الآخر. ومن ناحية أخرى، هناك أحاديث تحذر من مخاطر اللعن، وتقول إنه لا ينبغي للمسلم أن يشتم أخاه المسلم.

بسبب هذه الروايات المتضاربة، اختلفت آراء علماء المسلمين حول ما إذا كان يجوز للمسلمين أن يلعنوا الآخرين، ومن يمكنهم لعنهم، وما هي الطريقة الإسلامية للقيام بذلك. ومع ذلك فإن لعن غير المسلمين أمر شائع جدًا في الثقافات الإسلامية. في عام 1836، كتب إدوارد لين أن أطفال مدرسة المسلمين في مصر كانوا يتعلمون اللعنات ضد المسيحيين واليهود وجميع غير المؤمنين بالإسلام.[8]

---

[8] ترجمة من إدوارد و. لين، في كتابه "وصف عادات وتقاليد المصريين المحدثين"، الصفحة 276.

اللعن الطقسي

لقد تحدثت مع مسلمين سابقين من بلدان مختلفة قالوا إنه من عادتهم حضور أحداث لعن جماعية في المسجد.

ووصف أحد الأصدقاء هذه الأحداث التي كان يقودها إمام المسجد وهو المسؤول الذي يقود صلاة الجمعة. كان الرجال يقفون في صفوف "كتفًا بكتف". وكانوا يتبعون الإمام، ويقرأون جميعًا، ويلعنون من يعتبرونهم أعداء الإسلام. وكانت اللعنات طقسية ومتكررة. قال هذا الصديق إن اللاعنين شعروا بنشوة عاطفية، وبشعور قوي جدًا بالكراهية والإثارة، مع "شحنة" روحية مكثفة (شعور بالقوة تتدفق عبر أجسادهم). هذه الممارسة، في تجربته، انتقلت من الأب إلى الابن وربطتهما معًا. لقد جعله هذا الأمر يشعر بالارتباط بأبيه، ومن خلاله إلى جده، وأسلاف آخرين قبل ذلك: لقد وقفوا جميعًا "كتفًا بكتف" للعن الآخرين من أجل الإسلام.

كان صديق آخر من المملكة العربية السعودية، وهو الآن مسيحي، يتطلع إلى يوم معين في شهر رمضان، شهر الصوم، عندما يجتمع آلاف الرجال في المسجد الحرام في مكة للصلاة معًا. وكان دائمًا يتطلع بحماس إلى اللحظة التي سيلعن فيها الجمهور غير المسلمين. لقد اختبر هو أيضًا تلك "الشحنة" الروحية عندما انضم إلى اللعنات. كان الإمام يبكي وهو يلعن الكفار، وكان جميع الحاضرين يركزون طاقتهم وكراهيتهم في تلك اللحظة، مؤيدين كلمات اللعن الصادرة عن الإمام.

يتعارض مثل هذا الحدث مع تعليم يسوع بأن اللعنات محرمة (لوقا 6: 28): لم يتعلم المسيحيون أن يلعنوا الآخرين، بل أن يردوا اللعنات بالبركات. كما أن مثل هذه الطقوس تنشئ رابطًا روحيًا شريرًا بين المصلي والإمام، وكذلك بين الأب والابن عندما يقومان بذلك معًا. تجارب اللعن هذه كان لها تأثير كبير على صديقي عندما كان أصغر سنًا، قبل أن يتعرف على يسوع.

ماذا تعني عبارة "ربط الروح"؟ هذا يعني أن روح شخص ما مرتبطة بروح شخص آخر: فهما ليسا خاليين من بعضهما البعض. ربط الروح هو نوعًا ما كبابٍ مفتوح أو موطئ قدم، وهو أمر لم نناقشه في الدرس الثاني. في جوهره، ربط الروح هو ميثاق يربط شخصين معًا بحيث يمكن للتأثير الروحي أن ينتقل من أحدٍ لآخر. يمكن لبعض روابط الروح أن تكون جيدة، بل ويمكن أن تكون بالفعل مصدرًا للبركة، مثل رابط الروح بين الوالدين والطفل، ولكن البعض الآخر يمكن أن يكون مصدرًا للأذى.

عندما يكون لدى شخص ما ربط روح شرير، فإن المسامحة مهمة للتأكد من قطع ربط الروح. طالما أن شخصًا ما يحمل عدم الغفران تجاه شخص آخر، فلا يزال هناك ربط شرير أو ربط روحي بينهما.

روابط الروح يمكن أن تكون شريرة. لحسن الحظ، يمكن للمسيحيين أن يقطعوا روابط النفس الشريرة، بإزالتها باستخدام عملية من خمس خطوات موصوفة في الدرس 2: الاعتراف، النكران، الكسر، الطرد (عند الحاجة)، وأخيرًا البركة.

كيفية كسر لعنة

كنت أقوم بالتدريس في أحد المؤتمرات عندما اقترب مني شاب يطلب المساعدة. انتقل هو وعائلته إلى إحدى دول الشرق الأوسط حيث تم تدريبه كمبشر. كانت عائلة هاوي تعاني من العديد من الصعوبات بما في ذلك الحوادث والأمراض. أصبحت الظروف شديدة لدرجة أنهم كانوا يفكرون في الاستسلام والرحيل. تساءل الشاب عما إذا كانت شقتهم قد تكون ملعونة أم لا، ولم يكن يعرف ماذا يفعل حيال ذلك. شاركت معه كيف يكسر لعنةً ما. ثم أخذ بهذه النصيحة في بيته وتلا الصلاة في شقته، مستفيدًا من كل شيء. وبعد ذلك تلاشت الصعوبات التي واجهتها الأسرة، وتمكنوا من الاستمتاع بمنزلهم بسلام.

العديد من المشاركين في خدمة المسلمين، بما في ذلك المؤمنون من خلفيات إسلامية، تعرضوا للعن من قبل المسلمين. وقد تكون هذه لعنات باسم الله أو باستخدام السحر.

إذا كنتم تعتقدون أنكم أو أي شخص تحبونه قد تعرضتم للعنة، فإليكم تسع خطوات يجب اتخاذها لإزالة هذه اللعنة:

- اعترفوا وتوبوا عن كل خطاياكم وأعلوا ستر دم يسوع على حياتكم.
- قوموا بإزالة أي أشياء غير صالحة أو مخصصة من منزلكم.
- اغفروا لمن سبب اللعنة، بما في ذلك نفسكم، سواء بالخطية أو بتعمّد شخص ما بالقيام بعمل اللعن.

- اعترفوا وطالبوا بالسلطان الذي لكم في المسيح.
- اجحدوا اللعنة واكسروها قائلين "أنا أنكر وأكسر هذه اللعنة باسم يسوع"، طالبوا بسيادة يسوع المسيح وسلطته على كل عمل من أعمال الظلمة، بواسطة صليبه.
- أعلنوا تحرركم من كل شر في المسيح، بسبب عمل المسيح الكامل على الصليب.
- مُروا أي شيطان مرتبط باللعنة أن يترككم، ويترك عائلتكم، وبيتكم.
- أعلنوا البركات على نفسكم وعائلتكم وبيتكم، بما في ذلك عكس أي لعنة، مستخدمين آيات الكتاب المقدس حيثما كان ذلك مناسبًا، مثل: لَا أَمُوتُ بَلْ أَحْيَا وَأُحَدِّثُ بِأَعْمَالِ الرَّبِّ (مزمور118: 17)
- اشكروا الله على محبته وقوته ونعمته.

لقاء مع الحقيقة

ماذا تقول هذه الآية عن كيفية تحررنا من اللعنات؟

فَفِيهِ لَنَا بِدَمِهِ الْفِدَاءُ، أَيْ غُفْرَانُ الْخَطَايَا، بِحَسَبِ غِنَى نِعْمَتِهِ (أفسس 1: 7)

أصبحنا أحرارًا من اللعنات لأننا مفديون بدم المسيح.

ما هو السلطان الذي يملكه المسيحي على قوة الشر؟

"وَهَا أَنَا قَدْ أَعْطَيْتُكُمْ سُلْطَةً لِتَدُوسُوا الْحَيَّاتِ وَالْعَقَارِبَ وَقُدْرَةَ الْعَدُوِّ كُلَّهَا، وَلَنْ يُؤْذِيَكُمْ شَيْءٌ أَبَداً" (لوقا 10: 19)

يجب أن ندرك أنه في المسيح يمكننا أن نتولى السلطة على كل قوة العدو، بما في ذلك على كل اللعنات.

بحسب الآية التالية، لماذا جاء يسوع إلى هذا العالم؟

"... وَقَدْ جَاءَ ابْنُ اللهِ إِلَى الأَرْضِ لِكَيْ يُبْطِلَ أَعْمَالَ إِبْلِيسَ" (1 يوحنا 3: 8)

لقد جاء يسوع ليدمر قوة الشيطان، بما في ذلك كل اللعنات الشريرة.

كيف تمم صلب يسوع شريعة تثنية 21: 23؟

"إِنَّ الْمَسِيحَ حَرَّرَنَا بِالْفِدَاءِ مِنْ لَعْنَةِ الشَّرِيعَةِ، إِذْ صَارَ لَعْنَةً عِوَضاً عَنَّا، لأَنَّهُ قَدْ كُتِبَ: «مَلْعُونٌ كُلُّ مَنْ عُلِّقَ عَلَى خَشَبَةٍ»، لِكَيْ تَصِلَ بَرَكَةُ إِبْرَاهِيمَ إِلَى الأُمَمِ فِي الْمَسِيحِ يَسُوعَ، فَنَنَالَ عَنْ طَرِيقِ الإِيمَانِ الرُّوحَ الْمَوْعُودَ." (غلاطية 3: 13-14)

وجاء في تثنية 21: 23 أن كل من علق على عمود أو شجرة ملعون. لقد لُعن يسوع المسيح بهذه الطريقة، إذ مات على الصليب، لكي نتحرر من اللعنات. لقد حمل عنا اللعنة لننال البركة.

ماذا تقول هذه الآية عن لعنة غير مستحقة؟

اللَّعْنَةُ مِنْ غَيْرِ عِلَّةٍ لَا تَسْتَقِرُّ، فَهِيَ كَالْعُصْفُورِ الْحَائِمِ وَالْيَمَامَةِ الطَّائِرَةِ. (أمثال 26: 2)

تذكرنا هذه الآية أننا محميون وأبرياء من اللعنات عندما نطالب بحماية الدم وحرية الصليب، ونطبقهما على حالتنا.

ماذا تقول الآية التالية عن قوة الدم على اللعنات؟

"وَلَكِنَّكُمْ قَدِ اقْتَرَبْتُمْ إِلَى جَبَلِ صِهْيَوْنَ، إِلَى مَدِينَةِ اللهِ الْحَيِّ، أُورُشَلِيمَ السَّمَاوِيَّةِ. بَلْ تَقَدَّمْتُمْ إِلَى حَفْلَةٍ يَجْتَمِعُ فِيهَا عَدَدٌ لَا يُحْصَى مِنَ الْمَلائِكَةِ، إِلَى كَنِيسَةٍ تَجْمَعُ أَبْنَاءً لِلهِ أَبْكَاراً، أَسْمَاؤُهُمْ مَكْتُوبَةٌ فِي السَّمَاءِ. بَلْ إِلَى اللهِ نَفْسِهِ، دَيَّانِ الْجَمِيعِ، وَإِلَى أَرْوَاحِ أُنَاسٍ بَرَّرَهُمُ اللهُ وَجَعَلَهُمْ كَامِلِينَ. كَذلِكَ، تَقَدَّمْتُمْ إِلَى يَسُوعَ، وَسِيطِ الْعَهْدِ الْجَدِيدِ، وَإِلَى دَمِهِ الْمَرْشُوشِ الَّذِي يَتَكَلَّمُ مُطَالِباً بِأَفْضَلَ مِمَّا طَالَبَ بِهِ دَمُ هَابِيلَ." (عبرانيين 12: 22-24)

إن دم يسوع يتكلم كلمة أفضل من لعنة قايين التي سفكت على يد أخيه هابيل. كما أن الدم يتكلم بكلمة أفضل من اللعنات التي تعرضنا لها.

ما هي الوصية الإيجابية والمثال المعطاة للمسيحيين في لوقا 6 وفي رسائل بولس؟

"وَأَمَّا لَكُمْ أَيُّهَا السَّامِعُونَ، فَأَقُولُ: أَحِبُّوا أَعْدَاءَكُمْ؛ أَحْسِنُوا مُعَامَلَةَ الَّذِينَ يُبْغِضُونَكُمْ؛ 28بَارِكُوا لاعِنِيكُمْ؛ صَلُّوا لأَجْلِ الَّذِينَ يُسِيئُونَ إِلَيْكُمْ." (لوقا 6: 27-28)

"بَارِكُوا الَّذِينَ يَضْطَهِدُونَكُمْ. بَارِكُوا وَلا تَلْعَنُوا!" (رومية 12: 14)

"وَنُجْهِدُ أَنْفُسَنَا فِي الشُّغْلِ بِأَيْدِينَا. نَتَعَرَّضُ لِلإِهَانَةِ فَنُبَارِكُ، وَلِلاضْطِهَادِ فَنَحْتَمِلُ" (1 كورنثوس 12: 4).

المسيحيون مدعوون ليكونوا أهل بركة، سواء للأصدقاء أو للأعداء.

هذه صلاة للتحرر من آثار المشاركة في طقوس اللعن، وأيضًا للتحرر من اللعنات المرسلة من الآخرين. وهي تطبق المبادئ التي تم تطويرها في الدرس 2.

إعلان وصلاة لجحد اللعن

أعترف بذنوب أجدادي ووالدي وخطاياي في لعن الآخرين باسم الإسلام.

أختار أن أسامح وأطلق سراح أسلافي، وأبي، والأئمة الذين قادوني في هذه اللعنات، وجميع الآخرين الذين أثروا فيّ لإرتكاب هذه الخطيئة، وللعواقب في حياتي.

أختار أن أسامح كل من لعنني أو لعن عائلتي.

أطلب منك أن تسامحني، يا رب، على الاستسلام والمشاركة في لعنة الآخرين.

أستقبل مسامحتك الآن.

على أساس غفرانك يا رب، أختار أن أسامح نفسي على لعنة الآخرين.

أجحد خطيئة اللعن، وأي لعنات تنتج عن هذه الخطيئة.

أجحد كراهية الآخرين.

أجحد العاطفة الشديدة الناتجة عن المشاركة في لعن الآخرين.

أكسر هذه القوى من حياتي (ومن حياة أحفادي) من خلال عمل المسيح الفدائي على الصليب.

أسألك يا رب أن تكسر كل اللعنات التي شاركت فيها، وأن تبارك الذين لعنتهم بكل بركات ملكوت الله.

باسم يسوع، أنا أيضًا أنكر وأكسر كل اللعنات الموجهة ضدي.

أرفض وأجحد كل شياطين الكراهية واللعن، وآمرهم أن يتركوني الآن، باسم يسوع.

أستقبل حرية الله من اللعنات الموجهة ضدي وضد عائلتي. أستقبل السلام والوداعة والسلطة لمباركة الآخرين.

أكرس شفتي لتنطق بكلمات التسبيح والبركة كل أيامي.

باسم يسوع، أعلن بركات ملكوت الله الكاملة على نفسي وعلى عائلتي، بما في ذلك الحياة والصحة الجيدة والفرح.

أعترف وأتخلى عن كل الارتباطات والروابط الروحية والارتباطات الشريرة مع الأئمة وغيرهم من زعماء المسلمين الذين قادوني في الشعائر الإسلامية، بما في ذلك لعن الآخرين.

أسامح هؤلاء القادة على دورهم في إنشاء أو الحفاظ على روابط الروح الشريرة.

أسامح نفسي على دوري في الحفاظ على هذه الروابط الروحية الشريرة مع جميع المسلمين الذين خضعت لقيادتهم.

أسألك يا رب أن تغفر كل خطيئة مرتبطة بإقامة هذه الروابط الروحية أو الحفاظ عليها، وخاصة خطايا لعن الآخرين وكراهية الآخرين.

أكسر الآن كل الروابط الروحية والارتباطات الشريرة بالقادة المسلمين [مع تسمية محددة لأي شخص معين يبادر الذهن] وأحرر نفسي منهم [أو الاسم] وأحررهم [أو الاسم] مني.

يا ربّ، من فضلك طهّر ذهني من كل ذكريات الروابط الشريرة حتى أكون حرًّا في تقديم نفسي لك.

إنني أجحد وألغي مهام جميع الشياطين الذين يحاولون الحفاظ على هذه الروابط الروحية الشريرة. وآمرهم بتركي الآن، باسم يسوع.

أربط نفسي بالمسيح يسوع وأختار أن أتبعه وحده.

آمين.

دليل الدراسة

الدرس7

مفردات

التقية   الإمام   روابط الروح

أسماء جديدة

- رينالدي دامانيك: قس إندونيسي (مواليد 1957)

الكتاب المقدس في هذا الدرس

متى 10: 32-33   يوحنا 4: 24

متى 5: 37   يوحنا 14: 6

تكوين 17: 7-8   1 تيموثاوس 1: 9-11

مزمور 89: 3-4   تكوين 3: 2-5

عدد 23: 19   مرقس 10: 35-45

مزمور 136: 1

رومية 11: 28-29

تيطس 1: 1-2

عبرانيين 6: 17-19

2 كورنثوس 1: 18-20

لاويين 19: 1-2

مزمور 26: 3

مزمور 31: 5

مزمور 40: 11

مزمور 51: 5-7

يوحنا 1: 14

يوحنا 3: 21

لوقا 15: 11-32

فيلبي 2: 1-11

لوقا 6: 28

مزمور 118: 17

أفسس 1: 7

1 يوحنا 3: 8

تثنية 21: 23

غلاطية 3: 13-14

أمثال 26: 2

لوقا 6: 27-28

رومية 12: 14

1 كورنثوس 4: 12

القرآن في هذا الدرس

إبراهيم: 4 النحل: 106 آل عمران: 110 الفتح: 28 آل عمران: 61

أسئلة الدرس 7

- ناقشوا دراسة الحالة

التحرر من الكذب

لحقيقة ثمينة

1. بسبب أي قناعة كتابية كان القس دامانيك على استعداد للذهاب إلى السجن؟

2. لماذا يربط الله نفسه بعلاقات مع البشرية؟

ثقافة الشريعة

3. ما الذي يشير دوري إلى أنه مسموح به في القرآن؟

4. بحسب سورة إبراهيم: 4، كيف يقود الله الناس؟

5. ما هي بعض أشكال الكذب المسموح بها شرعًا؟

6. ما هو المسموح به للمسلمين بحسب سورة النحل: 106 وليس كذلك للمسيحيين بحسب (متى 10: 28-33)؟

لقاء مع الحقيقة

تتم قراءة آيات "لقاء مع الحقيقة" على جميع المشاركين.

الصلاة

بعد توجيه آيات "لقاء مع الحقيقة" إلى المجموعة بأكملها، يقف جميع المشاركين ويرددون صلاة "جحد الخداع" معًا.

التحرر من التفوق الزائف

ادعاء الإسلام بالتفوق

7. ما وعد المسلمين في القرآن بحسب سورة آل عمران: 110 و الفتح: 28؟

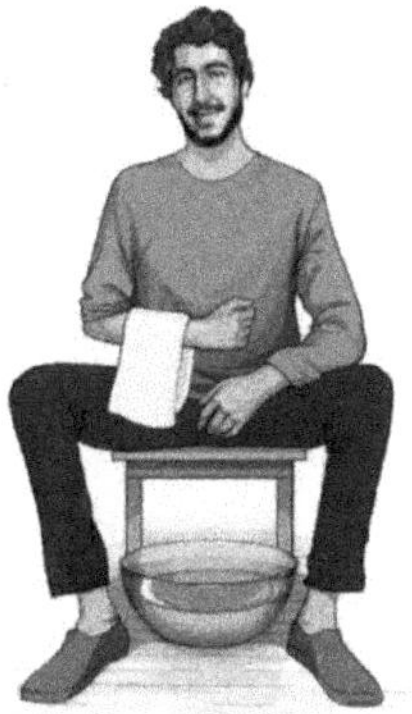

8. من ادعى أنه أفضل شخص عاش على الإطلاق؟

9. ما هي المفاهيم المهمة جدًا في الثقافة العربية؟

10. ما الذي يجب تركه أيضًا عندما يترك أحدٌ ما الإسلام؟

لقاء مع الحقيقة

تتم قراءة آيات "لقاء مع الحقيقة" على جميع المشاركين.

الصلاة

بعد توجيه آيات "لقاء مع الحقيقة" إلى المجموعة بأكملها، يقف جميع المشاركين ويرددون صلاة "إعلان وصلاة التخلي عن التفوق" معًا.

التحرر من اللعن

اللعن في الإسلام

11. لماذا اختلف علماء المسلمين حول اللعن في الإسلام؟

12. بحسب إدوارد لين، ما الذي كان يتم تعليمه لأطفال المدارس المسلمين في مصر في عام 1836؟

اللعن الطقسي

13. يروي دوري عن إحدى الطقوس التي كان المسيحي من خلفية إسلامية يشارك فيها. كيف كان يشعر بالمشاركة في هذه الطقوس؟

14. كيف يحدد دوري رباط الروح؟

15. ما مدى أهمية المسامحة في التعامل مع روابط الروح؟

16. تأملوا في "الإعلان والصلاة لجحد اللعن". هل يمكنكم تحديد النقاط التي يتم فيها تطبيق خمس خطوات: الاعتراف، والنكران، والكسر، والطرد، والبركة؟ (انظروا الدرس 2)

17. ما هي الأشياء المجحود عنها وما الذي ينكسر في هذه الصلاة؟

18. ما هي البركات التي تتم المطالبة بها بدلًا من اللعنات؟ ولماذا هذه البركات بالذات؟

19. من المسامَح في هذه الصلاة؟

كيفية كسر لعنة

20. ماذا يعتقد الشاب الذي تحدث إلى مارك دوري أنه قد يسبب مشاكل عائلته؟

21. لماذا لم يتمكن من حل هذه المشكلة بنفسه؟

22. ماذا كان على الشاب أن يفعل قبل أن يعيش بسلام؟

23. ما الذي يسبب الصعوبات للعديد من الأشخاص المشاركين في خدمة المسلمين؟

24. ما هي الخطوات التسع التي يقترحها دوري لكسر اللعنة؟

لقاء مع الحقيقة

تتم قراءة آيات "لقاء مع الحقيقة" أمام جميع المشاركين.

الصلاة

بعد قراءة آيات "لقاء مع الحقيقة" على المجموعة بأكملها، يقف جميع المشاركين ويقولون "إعلان وصلاة جحد اللعن" معًا.

8

كنيسة حرة

"... مَنْ يَثْبُتُ فِيَّ وَأَنَا فِيهِ، فَذَاكَ يُنْتِجُ ثَمَرًا كَثِيرًا."

يوحنا 15: 5

أهداف الدرس

أ. تقدير أنواع الصعوبات المختلفة التي يواجهها المؤمنون من خلفية إسلامية في أن يصبحوا تلاميذًا ناضجين ذوي إيمان ناضج.

ب. فهم أنّه لا تكفي قيادة شخص ما إلى المسيح: بل يجب أيضًا أن يصل إلى النضج المسيحي.

ج. التأمّل في أهمية الكنيسة الصحيّة في تكوين تلاميذ أصحاء.

د. إدراك أنّ المؤمن لكي يبقى حرًّا، عليه أن يغلق كل الأبواب في وجه العدو، ويمتلئ من خيرات يسوع المسيح.

ه. تقدير دور الكنيسة في مساعدة المؤمنين على القيام بذلك.

و. فهم أهمية خدمة التحرير، وليس فقط في المجالات التي يرجع تاريخها إلى الإسلام.

ز. تعلم أن تكونوا متعمّدين في"تدريس الفجوات" لتقوية التلاميذ على وجه التحديد في المجالات التي تسبّب فيها الإسلام في نقاط الضعف.

ح. تقدير البداية القوية للحياة المسيحية، بما في ذلك التخلي عن الاتفاقيات مع الإسلام والتحويل الكامل للولاء للمسيح كربّ.

ط. التفكير في قيمة صلاة المؤمن الشاملة.

ي. تقدير أهميّة توجيه القادة الذين عبروا عن الإسلام.

ك. النظر في بعض الجوانب الرئيسية في تشكيل القادة.

دراسة الحالة: ماذا ستفعلون؟

أنتم قساوسة ذوو خبرة وقد قدتم العديد من الكنائس الناجحة وأنتم معروفون بتقديم النصائح الحكيمة للقساوسة الآخرين. تزورون أحد أقاربكم في مدينة أخرى وطلب منكم أحدهم الاتصال بصديقه العزيز رضا، وهو أحد قادة الكنيسة الإيرانية، أثناء وجودكم هناك. يقود رضا جماعة حوالي 100 إيراني عبروا من الإسلام، ولكن قيل لكم إن كنيسته في ورطة: هناك الكثير من النزاعات، وقد غادر أحد الأعضاء الرئيسيين مؤخرًا بعد اتهامه بالتصرف كطاغٍ، العطاء يتضاءل، ولم تعد الكنيسة قادرة على دفع راتب القس. تتواصلون مع القس رضا، وتنقلون له تحياتكم، وبعد الدردشة لفترة من الوقت أثناء احتساء القهوة، تسألونه كيف تسير الأمور في كنيسته. فيقول: ممتاز! كل شيء ممتاز، الحمد لله.

كيف ستجيبون؟

يقدم هذا الدرس اقتراحات حول كيفية دعم مسار التلمذة الصحي وبناء بيئة كنسيّة صحية للعابرين (أي المؤمنين من الخلفيات الإسلامية): الأشخاص الذين اختاروا ترك الإسلام ليتبعوا المسيح. من الجيد لكل تلميذ أن يرغب في أن يكون مستعدًا ومناسبًا لخدمة مقاصد الله الخاصة (تيموثاوس الثانية 20: 2-21) ولكن لتحقيق ذلك، يحتاج الجميع إلى بيئة كنسيّة صحية يمكنها دعم نموهم. قبل

أن نفكر في كيفية تحقيق ذلك، سننظر أولاً في ثلاثة تحديات يواجهها العابرون: الارتداد من أجل العودة إلى الإسلام، التلمذة غير المثمرة، والكنائس غير الصحية.

الارتداد

بعض الناس الذين يتركون الإسلام ليتبعوا المسيح ينتهي بهم الأمر إلى العودة إلى الإسلام. هناك أسباب كثيرة لهذا. يمكن أن يكون ألم فقدان المجتمع أحد هذه الأسباب ، عندما ترفض العائلة والأصدقاء المسلمون العابر إلى المسيحية. والسبب الآخر هو كثرة العوائق والحواجز التي يضعها الإسلام في طريق من يتركه. والآخر هو الاضطهاد المباشر.

وهناك سبب آخر يمكن أن يكون خيبة الأمل تجاه المسيحيين والكنيسة. عندما يقترب الأشخاص الذين يحاولون ترك الإسلام من المسيحيين القريبين للحصول على التوجيه والمساعدة، فقد يواجهون الرفض والعوائق غير المتوقعة التي تحول دون القبول الكامل داخل المجتمع المسيحي. حتى أن الكنائس رفضت العديد منهم. وذلك بسبب الخوف الذي سببه طلب الإسلام من أهل الذمة ألا يساعدوا أحدًا على الخروج من الإسلام. إن مساعدة شخص ما على ترك الإسلام يعرّض المجتمع المسيحي للخطر لأنه يزيل "الحماية" المقدمة لغير المسلمين.

لكي تكون الكنيسة قادرة على تغيير هذا النمط من رفض المسيحيين للعابرين، يجب عليها أن تفهم وترفض ميثاق الذمة والأعباء التي يفرضها. وطالما ظلت الكنائس والمسيحيون الأفراد

مرتبطين روحيًا بتأثير الذمة، فسوف يتعرضون لضغوط روحية عميقة لعدم مساعدة أولئك الذين يتركون الإسلام. لحل هذه المشكلة، تحتاج الكنيسة إلى مقاومة نظام الذمة ونبذه ورفضه.

سبب آخر لتراجع الناس هو أن تأثير الإسلام على نفوسهم مستمر، ويشكّل طريقة تفكيرهم وتعاملهم مع الآخرين. وهذا يمكن أن يجعل العودة إلى الإسلام أسهل من الاستمرار كمسيحي. إن الأمر يشبه الحصول على حذاء جديد: في بعض الأحيان يبدو أن الحذاء القديم مناسب بسهولة أكبر ويكون مريحًا أكثر.

التلمذة غير المثمرة

المشكلة الثانية يمكن أن تكون التلمذة غير المثمرة. يمكن للأشخاص ذوي الخلفية الإسلامية أن يواجهوا عوائق وضوابط عاطفية وروحية قوية تمنع النمو الروحي. المشكلات الشائعة تشمل الخوف، الشعور بعدم الأمان وحب المال، مشاعر الرفض، الإحساس بالاضطهاد، الإهانة، عدم القدرة على الثقة بالآخرين، الألم العاطفي، الخطيئة الجنسية، النميمة، والكذب. كل هذه تمنع الناس عن النمو.

السبب الكامن وراء مثل هذه المشاكل هو النفوذ المسيطر المستمر للإسلام. على سبيل المثال، في الإسلام يوجد تأكيد على أن يكون المسلمون أفضل من الآخرين، ويعتبر أن المسلمين أفضل من غير المسلمين.. في ثقافة التفوق، يكتسب الناس الراحة من شعورهم بأنهم أفضل من الآخرين. في الكنيسة، يمكن أن

يسبب هذا بخلق التنافسية. على سبيل المثال، إذا تم تعيين شخص واحد كقائد، فإن الآخرين يشعرون بالإهانة لأنه لم يتم اختيارهم. إن الحاجة إلى الشعور بالتفوق تثير أيضًا ثقافة النميمة، مما يوفر وسيلة لإسقاط الآخرين. قد يثرثر الناس لأنهم يعتقدون أنهم أفضل من أولئك الذين يتم الحديث عنهم . مشكلة أخرى قد تكون روح الإهانة، التي تعزّزت من خلال طريقة رد فعل محمد على الرفض.

كان هناك شاب من العراق اعتنق المسيحية وحصل على اللجوء في كندا. لقد حاول حضور الكنائس، ولكن في كل مرة كان يذهب فيها إلى كنيسة جديدة، كان يشعر بالإهانة من شيء ما، وينتقد رواد الكنيسة الآخرين باعتبارهم منافقين. انتهى الأمر بهذا الرجل وهو يعيش حياةً منعزلةً ووحيدةً للغاية، ولا يزال مسيحيًا ولكنه معزول تمامًا عن أي مجتمع مسيحي. وهذا يعني أن نموه في التلمذة قد توقف تمامًا: لم يكن قادرًا على النمو إلى النضج. لم يستطع أن يكون مثمرًا.

كنائس غير صحية

أحد التحديات الكبيرة التي تواجه المؤمنين الجدد هو العثور على كنيسة صحية. الكنيسة ليست ملجأ للأبرار، بل مشفى للخطأة – أو هكذا ينبغي أن تكون. الخطأة ينتمون إلى الكنيسة، ولكن كما يمكن أن يمرض الناس في المشفى، كذلك أيضًا عندما لا تنمو أعضاء الكنيسة في النضج المسيحي، يمكن أن تتفاقم خطاياهم ومشاكلهم وتسبب ضررًا للمجتمع بأكمله. وهذا يمكن أن يمزق

الكنائس ويتسبب في فشلها. مثلما يمكن للمسيحيين غير الصحيين إنشاء كنائس غير صحية، فإن الكنائس غير الصحية بدورها تجعل من الصعب على أعضائها أن ينموا نحو النضج الصحي.

إذا كان أعضاء الكنيسة يثرثرون حول قسهم، ففي النهاية سيكون لديهم قس متضرر، أو لن يكون لديهم قس على الإطلاق. سيعاني الجميع. سيؤدي هذا أيضًا إلى انقسامات وانهيار في مجتمع الكنيسة، ولن يرغب سوى عدد قليل من الناس في العمل بقيادة مثل هذه الكنيسة. وكمثال آخر، إذا كان أعضاء الكنيسة يميلون إلى التفكير بطريقة تنافسية، ورغبة في التفوق على الآخرين، فإن هذا يجعل الكنائس في نفس المدينة تنتقد بعضها البعض، ويدعي كل منها أنه الكنيسة الأفضل. وبدلًا من أن تختبر هذه الكنائس البركة العظيمة المتمثلة في العمل معًا، فإنها تنظر إلى بعضها البعض على أنها تهديدات بدلًا من شركاء في الإنجيل.

الحاجة إلى الحفاظ على الحرية

تذكَّروا من الدرس الثاني أن الشيطان متهِم، وأن استراتيجيته الرئيسية هي اتهام المؤمنين المسيحيين. لاتهامهم سوف يستغل أي "حقوق قانونية" لديه ضدهم، مثل الخطيئة غير المعترف بها، وعدم الغفران، والكلمات التي تربطنا (بما في ذلك القسم، العهود، والميثاقات)، وجروح الروح، ولعنات الأجيال. ليصبحوا أحرارًا، يحتاج تلاميذ المسيح إلى إلغاء هذه "الحقوق القانونية"، والتخلص من مواطئ القدم، وإغلاق الأبواب المفتوحة.

في متى 12: 43-45، يروي يسوع مثلًا عن كيف أنّه عندما تُطرد روح شريرة من شخص ما، فإنه يمكن أن تعود لتلبس الشخص مرة أخرى، جالبةً سبعة أرواح أخرى أسوأ منها، وبالتالي فإن وضع الشخص في النهاية سيكون أسوأ بكثير مما كان عليه قبل طرد الشيطان لأول مرة. الصورة التي يستخدمها يسوع في المثل هي لمنزل، مكنوس ونظيف، وجاهز للسكن مرة أخرى. كيف تعيد الأرواح احتلال هذا المنزل؟ أولًا، يجب أن يكون الباب قد ترك مفتوحًا. وثانيًا، البيت يكون "غير مسكون" (متى 12: 44).

إذن هنا تمكن مشكلتان:

1. لقد تُرك بابٌ مفتوحًا.

2. لقد تُرك منزلٌ فارغًا.

لبناء كنيسة سليمة، نحتاج إلى مسيحيين أصحاء. ولكي يكون المسيحي سليمًا، عليه أن يكون حرًا. وهذا يعني أنه يجب على الإنسان أن يغلق كل الأبواب المفتوحة التي قد يستغلها الشيطان، ويجب أن تمتلئ روحه بالأمور الصالحة لتحل محل الشر الذي تم طرده.

يجب أن تكون جميع الأبواب مغلقة. كل واحدٍ منها! الشيء المهم في الحرية الروحية هو أنه لا يكفي إغلاق باب واحد مفتوح. جميعها يجب أن يكون مغلقًا. لا جدوى من وجود أفضل قفل في العالم على الباب الخلفي للمنزل إذا كان الباب الأمامي مفتوحًا على مصراعيه. إذا أنكرنا حقًا قانونيًا واحدًا كان الشيطان يستخدمه ضد شخص ما، ولم نتعامل مع الباقي، فلن يكون الشخص حرًا بعد.

الحصول على الحرية أمرٌ واحد. والحفاظ على الحرية أمرٌ آخر. بقدر أهمية إغلاق الأبواب، فملء المنزل وعدم تركه فارغًا مهمٌ بالقدر نفسه. وهذا يشمل الصلاة من أجل أن يمتلئ الإنسان من الروح القدس. ويعني أيضًا تنمية أسلوب حياة تقوى، بحيث تمتلئ روح الإنسان بالأمور الصالحة.

لنفترض أن عبودية شخص ما كانت بسبب الأكاذيب التي صدقها وتحدث بها. يجب جحد الأكاذيب، كما يحتاج الإنسان إلى احتضان الحقيقة والتأمل فيها والاستمتاع بها. لتخرج الأكاذيب، ولتدخل الحقيقة!

لنتأمل حالة مختلفة: شخص أصيب بشيطان كراهية، مما أدى إلى أفعال سيئة، بما في ذلك العديد من اللعنات البغيضة الموجهة ضد الآخرين. عندما يتم طرد شيطان الكراهية هذا، لا يحتاج الشخص إلى نبذ الكراهية ورفضها فحسب، بل يحتاج أيضًا إلى تنمية أسلوب حياة يقوم على محبة ومباركة الآخرين، وبناء روحه بدلاً من هدمها. هو بحاجة إلى تغيير عاداته وطريقة تفكيره بالكامل. يلعب مجتمع الكنيسة دورًا أساسيًا في مساعدة الشخص على البقاء حرًا، كما أنّ هذا المجتمع يساعد الشخص على تجديد روحه وإعادة بنائها ليصبح شخصًا متحولاً.

كثيرًا ما يكتب بولس عن هذه العملية في رسائله. وهو يصلي ويعمل باستمرار من أجل أن يُبنى المؤمنون على الحق والمحبة. إنه يتذكر دائمًا ما كان عليه المؤمنون يومًا ما، وأحيانًا يذكّر الناس بهذا ليشجعهم على الاستمرار في النمو:

لِأَنَّنَا كُنَّا نَحْنُ أَيْضًا قَبْلًا أَغْبِيَاءَ ، غَيْرَ طَائِعِينَ، ضَالِّينَ، مُسْتَعْبَدِينَ لِشَهَوَاتٍ وَلَذَّاتٍ مُخْتَلِفَةٍ، عَائِشِينَ فِي ٱلْخُبْثِ وَٱلْحَسَدِ، مَمْقُوتِينَ، مُبْغِضِينَ بَعْضُنَا بَعْضًا. (تيطس 3:3)

لكن لا ينبغي لتلاميذ المسيح أن يعيشوا هكذا بعد الآن. لقد تغيرنا، ومن المفترض أن نستمر في التغيير لنصبح أكثر وأكثر مثل يسوع، الذي كان بلا لوم، بدون إعطاء أي حقوق قانونية للشيطان. يكتب بولس إلى أهل فيلبي:

... وَصَلاتِي لأَجْلِكُمْ هِيَ هَذِهِ: أَنْ تَزْدَادَ مَحَبَّتُكُمْ أَكْثَرَ فَأَكْثَرَ فِي تَمَامِ الْمَعْرِفَةِ وَالإِدْرَاكِ، لِكَيْ تَسْتَحْسِنُوا الأُمُورَ الْمُمْتَازَةَ، حَتَّى تَكُونُوا طَاهِرِينَ وَخَالِينَ مِنَ الْعَثَرَاتِ إِلَى يَوْمِ الْمَسِيحِ، كَامِلِينَ فِي ثِمَارِ الْبِرِّ الآتِيَةِ بِيَسُوعَ الْمَسِيحِ، لِمَجْدِ اللهِ وَحَمْدِهِ. (فيلبي 1: 9-11)

يا لها من صورة جميلة للتلميذ الصحي، الذي ينمو في المحبة والمعرفة والحكمة؛ نقيًا وبلا لوم. ويحمل ثمرًا طيبًا يأتي بالحمد لله! هذا الشخص لم يتحرر فحسب، بل إن بيت روحه، بدلاً من أن يكون "فارغًا" بشكل خطير، يمتلئ بأمور يسوع المسيح الصالحة.

إن الدور الرئيسي للكنيسة والقس هو مساعدة التلاميذ على العيش بهذه الطريقة: إغلاق كل الأبواب المفتوحة أمام الشيطان ومساعدة المؤمنين على الامتلاء بكل خيرات المسيح.

إن تكوين التلاميذ هو دعوة عظيمة وهناك الكثير لنتعلمه عنها. سننظر هنا في كيفية دعم النمو الصحي لدى التلاميذ الذين تحرروا من قيود الإسلام.

الشفاء والخلاص

شددنا على ضرورة إغلاق كافة الأبواب وإزالة كافة موطئ القدم في حياة أي تلميذ، قد تكون بعض هذه الأمور ناجمة بشكل مباشر عن تأثير الإسلام، ويمكن استخدام موارد الصلاة المتوفرة هنا لإغلاق الباب في وجه الإسلام.

ومع ذلك، فإن تلاميذ المسيح لديهم قيود أخرى في حياتهم لا ترجع مباشرة إلى الإسلام. يمكن أن يكون ذلك بسبب أي من المجالات الموصوفة في الدرس 2: الخطيئة غير المعترف بها، عدم الغفران، جروح الروح، الكلمات وما يرتبط بها من طقوس، الأكاذيب، لعنات الأجيال. في حياة المسلمين السابقين يمكن للمرء أن يلاحظ الآثار الضارة لكلٍ من ما يلي:

- عدم التسامح
- الآباء الظالمون
- التفكك الأسري (الطلاق، تعدد الزوجات)
- إدمان المخدرات
- السحر والتنجيم
- الصدمة الجنسية (بسبب الاعتداء والاغتصاب وسفاح القربى)
- العنف

- لعنات الأجيال
- الغضب
- الرفض ورفض الذات
- عدم الثقة بالنساء وكراهية الرجال
- حق الرجال بازدراء للنساء.

يمكن أن تكون العديد من هذه المجالات تأثرت بتأثير الإسلام على الثقافة والحياة الأسرية، ولكن لدى الناس أيضًا أمتعتهم الروحية الشخصية التي تراكمت خلال حياتهم. ومن أجل التقدم إلى النضج المسيحي، نحتاج إلى التحرّر من هذه الأمور، وليس فقط من الإسلام.

يعاني أحد الشباب من حالة عائلية تسببت في مشاكل حادة في المعدة: حيث توفي معظم أقاربه بسرطان المعدة. وكان الأطباء في إيران وأستراليا قد أخبروه أنه يعاني من حالة سرطانية في معدته، وأنه يتعين عليه تناول أدوية مستمرة لعلاجها. وفي مرحلةٍ ما، اكتشف أن هذا قد يكون بسبب لعنة على عائلته. لقد تخلى عن لعنة الأجيال هذه وكسرها وكرس نفسه من جديد لله. لقد شفي تمامًا وتوقف عن تناول جميع الأدوية. والأمر اللافت للنظر أيضًا هو أنه في الوقت نفسه تم شفاؤه من الميل إلى الشعور بالتوتر بسهولة والمعاناة من القلق. وأصبح أكثر هدوءًا وأكثر ثقة بالله في ظروف حياته. كان هذا الشفاء والخلاص خطوة أساسية في إعداده لتحمل ضغوط الخدمة كقس.

لكي تكون هناك كنيسة سليمة، فإن الخدمة التي تتعامل مع جميع أنواع الأبواب المفتوحة ومواطئ القدم يجب أن تكون جزءًا طبيعيًا من الرعاية الرعوية للمؤمنين. وتذكر أنه عند تأمين المنزل، لا يكفي إغلاق باب واحد فقط أو باب ميثاقات الإسلام: بل يجب إغلاق جميع فجوات المنزل.

التعليم في الفجوات

تخيلوا منزلًا قديمًا مدمرًا. السقف يسرّب. يمكنكم رؤية السماء من خلاله. النوافذ، التي كانت ذات يوم زجاجية، مكسورة وتهب الرياح بحرية من خلالها. الأبواب ممزقة من مفصلاتها، وملقاة بالخارج على الأرض. في الداخل، الجدران مكسورة وفيها ثقوب. الأرض متهالكة. الأساسات متشققة ومدمَّرة. وهناك أشخاص يعيشون في المنزل ولكنّهم لا يملكونه. لا ينبغي أن يكونوا هناك وهم في الواقع يدمرون المنزل.

هناك حاجة إلى الكثير من العمل لترميم هذا المنزل. الخطوة الأولى هي جعل المنزل آمنًا: إصلاح السقف ووضع نوافذ جديدة وأبواب صلبة بأقفال، حتى لا يتمكن المزيد من المحتلين من الدخول. هذه هي الخطوة الأولى في خدمة التحرير هذه: إغلاق جميع الأبواب المفتوحة. يجب أن يتم ذلك أولاً لأنه إذا لم يتم إغلاق جميع الأبواب، فيمكن للمحتلين (الشياطين) العودة عبر أحد الأبواب المفتوحة.

بمجرد تأمين المنزل، يمكن البدء في أعمال أخرى: ترميم الأساسات، إصلاح الجدران، وجعل المنزل جميلًا ومريحًا للعيش فيه.

عندما يأتي المسلمون السابقون إلى المسيح، يمكنهم أن يجلبوا معهم ضررًا للروح، بسبب الإسلام والثقافة الإسلامية، التي تحتاج إلى إصلاحها.

روح المؤمن كالدلو. نحن معنيون بأن نحمل ماءً نقيًا وعذبًا: ماء الحياة الذي يأتي من يسوع المسيح. هذا هو ما يجب أن تكون عليه حياتنا. لكن إذا كان الدلو به ثقب أو فجوة في جانبه – مثل ضعف في شخصيتنا – فإن الدلو لا يمكنه حمل نفس القدر من الماء. يمكن للدلو أن يحمل الماء فقط حتى أدنى فتحة أو فجوة في جانبه. لكي يحمل هذا الدلو المزيد من الماء، علينا سد هذه الفجوة.

وفي جميع أنحاء العالم، فإن هذا الضرر الروحي له نمط مماثل أينما تجذر الإسلام. وكما أشار دون ليتل، فإن "تأثير الإسلام في بيئات متنوعة يخلق عقبات مماثلة أمام المؤمنين من خلفية مسلمة الذين يسعون إلى العيش من أجل المسيح".[9]

هناك طريقة أخرى للتفكير في هذا الأمر وهي التفكير فيما يحدث عندما يتعرض شخص ما لحادث سيئ، ويستغرق وقتًا طويلًا للتعافي. عادةً ما تصبح بعض عضلاتهم ضعيفة وحتى تضيع بسبب قلة الاستخدام. ومن أجل التعافي الكامل، يمكن مساعدة هذا الشخص من خلال تمارين محددة جدًا لتقوية العضلات الضعيفة

---

[9] ترجمة من كتاب دون ليتل، *التوجيه الفعال في المجتمعات المسلمة*، *Effective Discipling in Muslim Communities* ص. 170

(العلاج الطبيعي). يمكن أن تستغرق هذه التمارين وقتًا طويلًا وتكون مؤلمةً جدًا، فهي ضرورية لتمكين الجسم بأكمله من العمل مرةً أخرى كما ينبغي.

لا يمكنكم القيام إلا بالقدر الذي تسمح لكم به أضعف عضلاتكم.

ما يعنيه هذا هو أن البرنامج التعليمي لكنيسة المؤمنين من خلفيات إسلامية يحتاج إلى معالجة هذا الضرر بعناية وبشكل منهجي. نسمي هذا "التعليم في الفجوات": التحدث بالحق الكتابي في المناطق التي كانت الأكاذيب تحكمها سابقًا. هناك العديد من المجالات المختلفة التي تحتاج إلى معالجة.

كانت إحدى تأكيدات محمد تفوق فردٍ ما على آخر؛ على سبيل المثال، المسلمون على غير المسلمين. واعتبر أنه من العار أن تكون أدنى أو أقل من شخص آخر. في المجتمعات الإسلامية، عادةً ما تكون الرغبة في الأفضل من الآخرين جزءًا من النظرة الثقافية والعاطفية للعالم. أعلن أحد المسيحيين أنه في الثقافة الإيرانية، يشعر الناس بالسعادة عندما يرون شخصًا آخر يسقط في الشارع، أو يسمعون أن شخصًا ما رسب في الامتحان. إنهم سعداء لأنهم لم يكونوا هم الذين سقطوا أو فشلوا، لذلك يشعرون بالتفوق.

هذه الطريقة في النظر إلى قيمة الشخص يمكن أن تسبب العديد من المشاكل في الكنائس. على سبيل المثال، قد يزعم الناس في كنيسة واحدة أن كنيستهم أفضل من الكنائس الأخرى. هذا الموقف يسبّب الإهانة ، مما يؤدي إلى رفض الكنائس في المنطقة للتعاون مع بعضها البعض. مع هذا الموقف، إذا كان

شخص واحد تمّ تعيينه في دور قيادي، قد يشعر شخص آخر بالرفض، ويشعر بالغيرة، ويتساءل: "لماذا لم يختاروني؟ هل يعتقدون أنني لست جيدًا؟" يمكن أن تكون هذه المشكلة سيئة للغاية لدرجة أن الناس يرفضون إتاحة أنفسهم لأدوار قيادية لأنهم يخشون التعرض للهجوم والانتقاد من قبل أشخاص آخرين في الكنيسة.

بهذا الموقف، غالبًا ما لا يعرف الناس كيفية تقديم تعليقات بنّاءة بكل تواضع لإجراء تحسينات في حياة الكنيسة. وبدلًا من ذلك يتحدثون كما لو كانوا الخبراء، ويتحدثون بفخر، ويصححون الآخرين بطريقة حساسة.

وأسلوب كهذا يثير أيضًا النميمة، حيث يستمتع الناس بالطعن بالآخرين.

لمعالجة هذه المشكلة العميقة، من الضروري التعليم عن تنمية قلب الخادم: يحتاج الناس إلى أن يتعلموا لماذا غسل يسوع أقدام تلاميذه، وأن يسمعوا وصيته بأن يفعلوا الشيء نفسه. يحتاج الناس أيضًا إلى أن يتعلموا العثور على هويتهم في المسيح، وليس في ما يفعلونه أو ما يقوله الآخرون أو التفكير فيهم. يجب أن يتعلموا أن "يفتخروا" و"يفرحوا" بضعفهم (2 كورنثوس 12: 9-10). ويجب أن يتعلموا أن محبة الآخرين تعني الفرح بنجاحات الآخرين والحزن عندما يعانون أو يشعرون بالحزن (رومية 12: 15/ كورنثوس الأولى 12: 26). يحتاج الناس أيضًا إلى تعليم كيفية قول الحقيقة في الحب. ويحتاج المؤمنون أيضًا إلى أن يتعلموا عن الآثار المدمرة

للنميمة، وكيفية الاستجابة بشكل جيد إذا كانت هناك شكوى بشأن أخ أو أخت.

مشكلة أخرى للأشخاص القادمين من الإسلام إلى المسيح هي تعلم قول الحقيقة. في الثقافات الإسلامية، يمكن تدريب الناس على أن يكونوا شفافين ومنفتحين (انظر الدرس 7 عن الخداع)، وغالبًا ما يكون ذلك لتجنب الخجل. على سبيل المثال، لنفترض أنكم ترون زميلًا مسيحيًا في الكنيسة وتشعرون أنه يعاني من شيء ما، لذا تسألون "كيف حالك؟ هل أنت بخير؟" في الحقيقة هناك مشكلة، والشخص ليس بخير، ولكنهم يقولون: "أنا بخير شكرًا، كل شيء على ما يرام". بهذه الطريقة، يحافظون على قناعهم. مثل هذا الميل لإخفاء مشاكل المرء أمر شائع بين الأشخاص الذين تركوا الإسلام. يستخدم الشيطان هذا لمنع التلاميذ من النمو، وذلك عن طريق منعهم من طلب المساعدة.

لمعالجة هذه المشكلة، يحتاج التلاميذ إلى تعليم متكرر حول أهمية قول الحقيقة لبعضهم البعض، ولماذا هذا مهم جدًا للنمو الشخصي والحرية.

هناك العديد من المجالات الأخرى في الثقافات الإسلامية حيث هناك حاجة إلى "التعليم في الفجوات"، مثل:

- الحاجة إلى المغفرة ومعرفة كيفية تطبيقها
- التغلب على الميل إلى الشعور بالرفض بسهولة والإهانة من الآخرين
- تعلم الخدمة بطريقة تبني الثقة بين الناس

- جحد ممارسات السحر
- تعلّم النساء والرجال احترام بعضهم البعض، وتعلّم قول الحقيقة في علاقتهم، بطريقة محبة ومتواضعة، دون كبرياء.
- تعلم الآباء أن يباركوا أطفالهم بدلًا من لعنهم.

(انظروا إلى قائمة المشاكل التي تسبب بها الإسلام والاقتداء بمحمد في نهاية الدرس الرابع.)

من المهم جدًا التأكيد على أن "التعليم في الفجوات" يجب أن يكون منهجيًا وشاملًا، وأن يتعمق في القضايا حتى يتمكن الناس من إعادة بناء نظرتهم العالمية العاطفية واللاهوتية بأكملها.

سنتناول في هذه الأقسام كيفية تكوين المؤمنين والقادة.

البداية السليمة

يقارن دون ليتل بين اثنين من المبشرين العاملين بين المسلمين في شمال إفريقيا. كلاهما عمل هناك لسنوات.[10]

يمكن لستيف أن يقود المسلمين بسرعة إلى الالتزام بالمسيح، أحيانًا خلال أول محادثة له معهم. ومع ذلك، فإن كل واحد من هؤلاء

---

[10] ترجمة من كتاب دون ليتل، *التوجيه الفعال في المجتمعات المسلمة*، *Effective Discipling in Muslim Communities*، ص. 26-27

المهتدين تقريبًا سيسقط، غالبًا في غضون أسابيع قليلة من اتخاذ القرار باتباع يسوع. القليل منهم استمر لأكثر من عام. كانت تقنية ستيف هي قيادة الناس إلى الإيمان بالمسيح بسرعة، والثقة في الروح القدس لمساعدتهم على النمو ومعرفة المزيد عن الإيمان المسيحي.

كان نهج شيري ومعدل نجاحها عكس ذلك. قد تستغرق وقتًا طويلًا قبل أن تقود الناس للمسيح، وأحيانا سنوات. لقد دعت النساء اللواتي كانت تعمل معهن ليصبحن تلميذات فقط عندما كانت متأكدة من أنهن يفهمن تمامًا ما يعنيه العبور للمسيح، بما في ذلك إمكانية الاضطهاد والطلاق من قبل أزواجهن. كل امرأة قادتها إلى المسيح أصبحت مؤمنة ملتزمة بشدة، واستمر إيمانها حتى بعد طرد شيري من شمال إفريقيا.

من الضروري عند قيادة المسلمين للمسيح وتلمذتهم أن تكون عملية تنشئتهم شاملة. تذكروا الخطوات الست لاتباع المسيح من الدرس الخامس:

1. اعترافان:

- أنا خاطئ ولا أستطيع أن أخلص نفسي.
- يوجد إله واحد فقط، الخالق، الذي أرسل ابنه يسوع ليموت من أجل خطاياي.

2. (التوبة) من ذنوبي ومن كل سوء.

3. طلبات الغفران والحرية والحياة الأبدية والروح القدس.

4. نقل الولاء للمسيح باعتباره رب حياتي.

5. الوعد وتكريس حياتي للخضوع للمسيح وخدمته.

6. إعلان هويتي في المسيح.

يبدو أن ستيف كان يجعل المهتدين الجدد يمرون بالخطوتين الأولى والثانية، وربما الثالثة، لكنه لم يقمم بتثبيتهم في الخطوات من أربعة إلى ستة. يتطلب النقل الكامل للولاء (الخطوة 4) قطع العلاقات مع الإسلام واستبدالها بالولاء الكامل ليسوع. يجب أن يتضمن الوعد والتكريس (الخطوة 5) التصالح مع الاضطهاد وهذا يتطلب أيضًا فهمًا لأخلاقيات الكتاب المقدس: لتكريس نفسكم، عليكم أن تفهموا نوع الحياة التي تم تكريسكم لتعيشوها. يتطلب إعلان الهوية الجديدة (الخطوة 6) فهم الهوية المسيحية وما يعنيه أن تكونوا أبناءً لله من خلال يسوع المسيح بدلًا من مجرد "خاضعين" لله. وهذا يعني أيضًا فهم ما يعنيه فقدان هويتكم القديمة من خلال استبعادكم من *الأمة*، بما في ذلك الانفصال المحتمل عن الأصدقاء والعائلة.

بالإضافة إلى ذلك، تتطلب الخطوة 3 فهمًا ناضجًا لما يعنيه أن تكونوا أحرارًا في المسيح، وما يعنيه أن تغفروا للآخرين، وطبيعة الحياة في الروح.

للالتزام العميق بهذه الخطوات مع الفهم الكامل، يلزم إجراء عملية التلمذة. من خلال هذه العملية يمكن لأي شخص أن يتعلم بعناية وبشكل مدروس وضع النظرة الإسلامية جانبًا واستبدالها بنظرة كتابية.

عندما يلجأ شخص ما إلى المسيح ويلتزم باتباعه، فهو في الواقع يعلن الحرب على الشيطان. إنهم يلتزمون بنهب حقوق الشيطان، وتسليم كل حقوق حياتهم ليسوع المسيح. هذا ليس قرارًا بسيطًا أو سطحيًا. ويجب أن يكون مدعومًا بفهم وإرادة الشخص بالكامل.

لهذه الأسباب، يُنصح خدام الإنجيل أن يكونوا بطيئين في المعمودية، ومتمهلين في قيادة الناس في صلاة الالتزام لاتباع يسوع. يجب عليهم أن يفعلوا ذلك فقط عندما يفهم الأشخاص تمامًا ما يعنيه ذلك بالنسبة لهم وللأشخاص الذين يحبونهم.

يوصى أيضًا بعدم تعميد أي شخص حتى يصلي "الإعلان والصلاة للتخلي عن الشهادة وكسر السلطة" (انظروا الدرس 5)، بفهم والتزام كاملين. وينبغي أن يسبق هذا الفعل تعليم لشرح أهميته. يجب أن يتم ذلك قبل وقت من المعمودية. يمكن أيضًا تضمين صلاة التنازل كجزء من طقوس المعمودية. وهذا التنازل يسمح بالالتزام الكامل بالخطوة الرابعة: النقل الكامل للولاء ليسوع المسيح بصفته الرب، وهو ما يعني رفض كل ادعاءات الإسلام في حياة المرء.

إرشاد القادة الناشئين

إنّ إحدى أعظم الاحتياجات التي تواجه المؤمنين من خلفيات إسلامية في العالم اليوم هو توافر قساوسة أكثر نضجًا والذين يكونون أيضًا من خلفيات إسلاميّة. القادة غير الصحيين ينشئون كنائس غير صحية. تحتاج الكنيسة إلى قادة أصحاء، حتّى تكون الكنيسة صحيّة حيث ينمو المؤمنون نحو النّضج والحريّة. من المهم

جدًا الاستثمار في قادة المؤمنين من خلفيات إسلاميّة، والذين بدورهم سيتمكنون من قيادة الكنائس الصحية. يتطلب هذا الاستثمار سنوات من الرعاية والدعم.

قبل أن تستثمروا في القادة المحتملين، عليكم أن تجدوهم! المبدأ الأساسي هو: كونوا متمهلين في دفع الناس إلى القيادة. إذا تقدّمتم بشخص ما بسرعة كبيرة جدًا، فقد تندمون على ذلك إذا ظهر شخص أفضل لاحقًا. يعاني الأشخاص من خلفية إسلامية من الرفض والقدرة التنافسية، لذا قبل أن ترفعوا شخصًا ما إلى منصب القائد، احرصوا على:

- أنّهم على استعداد ليتمموا دعوتهم.
- أنّ لهم من التواضع لتولي دور قيادي.
- أنّ لهم قابليّة للتعلّم.
- أنّهم يتمتعون بالمرونة للتعامل مع الانتقادات الحتمية التي سيتلقونها.

إذا كنتم من خلفية مسلمة وتشعرون أنكم مدعوون لقيادة كنيسة ما، فلا تبحثوا عن أسرع أو أسهل طريقة للاستعداد. حاولوا أن تفهموا، وبروح التّواضع، أن الأمر سيستغرق بعض الوقت حتى تكونوا على أتمّ استعداد. كونوا على استعداد للخضوع للتدريب. كونوا صبورين. كونوا قابلين للتعلّم.

يمكن للقادة المؤمنين من خلفيات إسلاميّة أن يُفسدوا إذا كان تقدّمهم سريعًا جدًّا. قد لا يتعلّم أولئك القادة التّواضع: قد

يعتقدون أنهم يعرفون كل ما يحتاجون إلى معرفته وأنهم لا يحتاجون إلى مزيد من التشكيل والتدريب. مع القادة المحتملين، قد يكون من الجائز إجراء سلسلة من اللّقاءات في البداية، على أساس تجريبي أو تدريبي، ومن ثمّ تثبيتهم تدريجيًا في دور قيادي أكثر استدامة بينما يثبتون دعوتهم وملاءمتهم في دورهم القيّاديّ في نظر الجماعة. إذا تقدم هؤلاء القادة بسرعة، قبل أن تتاح لهم الفرصة لإثبات أنفسهم في نظر الجماعة، فقد يواجهون الرفض المبكر قبل أن يكونوا مستعدين للتعامل معه، ممّا قد أن يضر بتنشأتهم.

تستغرق رعاية القادة الأصحّاء وقتًا طويلًا للغاية، فالمنظور طويل المدى ضروري في سبيل تطوير قادة مسيحيين ناضجين. بالنسبة لأي مؤمن جديد يكون قائدًا محتملًا، فإن النمو نحو النضج المسيحي يستغرق سنوات. هناك الكثير لنتعلمه، لأنه بالنسبة للمؤمنين من خلفية إسلامية، يجب إعادة بناء طرق معينة في التفكير والشعور تجاه الحياة والعلاقات بشكل كامل.

فيما يلي 12 عنصرًا أساسيًا لتوجيه القادة نحو النضج:

1. يجب على الشخص الذي يتم تدريبه (المتدرب) أن يجتمع بانتظام مع الشخص الذي يقوم بتدريبه (المرشد)، مرة واحدة على الأقل في الأسبوع.

2. تعليم القادة المتدربين كيفية القيام بالتأمل اللاهوتي، ودمج تجارب الحياة مع الإيمان. يتعلق الأمر بتعلم كيفية تطبيق الموارد الكتابية والإيمانية على التحديات العملية للحياة اليومية

والخدمة. من خلال التفكير اللاهوتي المتعمد، تتعرض شخصية الفرد للحقيقة، ويمكن إعادة تشكيلها تدريجيًا لتتوافق أكثر فأكثر مع نموذج يسوع المسيح.

3. توفير تدريب يشجّع على الشفافية والصدق: لتكن توقعاتكم عالية لذلك. إذا كان الشخص الذي يتم إرشاده يرتدي قناعًا، فلن ينضج إلا القناع نفسه! فقد تنكشف الشّخصيّة الحقيقية يومًا ما من مخبئها تاركةً القناع خلفها. وهكذا ستكتشفون أنّه شخص آخر.

ومن المهم أيضًا أن يقدم المرشد نموذجًا لما تعنيه الشفافية إذا كان يتوقع أن يكون القائد المحتمل منفتحًا بشأن تحدّياته.

عندما بدأتُ لأول مرة بتلمذة زوجين كانا قسيسين محتملين لكنيسة للمسلمين السابقين، سألتُ في أول لقاءٍ لنا: "هل تعانيان من أية مشاكل؟"

قالا: "لا".

وفي الأسبوع التالي التقينا مرةً أخرى، فسألتهما مجددًا: "هل لديكما أية مشاكل؟" وكان الجواب: "لا".

التقينا للأسبوع الثالث وسألتهما مرةً أخرى: "هل لديكما أي مشاكل؟".

ومجددًا كان الجواب "لا".

ثم قلت: "يؤسفني جدًا سماع ذلك. إما أن لديكما مشاكل وأنتما لا تدركانها، وهذا ليس بالأمر الجيّد، أو أنّكما تواجهان

تحدّيات ولكنّكما لا تفصحان عنها، وهذا ليس أيضًا بالأمر الجيّد. فأيّهما؟"

ثم بدأ الزوجان بالتكلم: كانا يعانيان من مشاكل، لكن خلفيتهما الثقافية الإسلامية علمتهما أنه من العار الكشف عن نقاط الضعف أو الصعوبات أمام الآخرين. منذ ذلك الحين، تغيرت علاقتنا بحيث بدأنا نتحدّث بصراحة عن الصعوبات والتحديات التي كانا يواجهانها. ومنذ ذلك الحين تمكنت من مساعدتهم. ومن خلال هذه العملية، تم بناء الثقة، ونَمَوَا سريعًا في النضج المسيحي.

4. يجب على كلٍ من المرشد والقائد المحتمل أن يكونا سبّاقين ومُتعمّدين في إثارة القضايا التي يتم العمل عليها. شجعوا المتدرب على أن يكون متعمّدًا في تمييز القضايا وإحضارها إلى لقاءاتكم.

5. يجب على المتدرب ومرشده أن يتضافرا معًا لحل المشاكل والقرارات الرئيسية التي تؤثر على حياة الجماعة. بهذه الطريقة يستطيع القائد المتدرب أن يتعلم كيفية التعامل مع القضايا الصعبة في الخدمة الرعوية بطريقة كتابية تقية.

6. عند إرشاد المتدرب، ساعدوه على السير في درب الحرية. يحتاج الجميع تقريبًا إلى التحرر من شيء ما كجزء من تدريبهم على الخدمة. إذا لم تتم معالجة القيود وشفاء الجروح، فإن الافتقار إلى الشفاء والحرية سيحد من إثمار الشخص في المستقبل. عندما تظهر قضايا تشير إلى نقص الحرية الشخصية، قوموا

بمعالجة المشكلة من خلال تطبيق الموارد التي لدينا في المسيح. تم توضيح ذلك في الدرس 2. كما أن الشخص الذي مر بعملية التحرر سوف يفهم بشكل أفضل كيفية مساعدة الآخرين على أن يصبحوا أحرارًا.

7. درّبوا المؤمنين من خلفيّة إسلاميّة في الرعاية الذاتية. من المهم أن يتعلم قادة المؤمنين من خلفيات إسلاميّة كيفية رعاية أنفسهم وعائلاتهم كأولوية قصوى. هناك العديد من التحديات في هذه الخدمة الصعبة، وإذا لم يجعل القس من أولوياته الاهتمام بنفسه أولًا وبعائلته، فقد لا تستمر هذه التحديات طويلًا. إذا كان القس لا يعتني بعائلته، فقد لا يتم الوثوق في خدمته. سوف يتساءل المؤمنون: "كيف يمكنهم الاهتمام بالكنيسة إذا كانوا لا يستطيعون الاهتمام بعائلاتهم؟"

8. إذا كان قادتكم المتدربين زوجين، فسوف يحتاجان إلى الدعم لينمُوَا في فهم ما يعنيه الزواج المسيحي المبني على المحبة والاحترام المتبادلين، وليس على هيمنة وسيطرة أحد الطرفين على الآخر.

9. احرصوا على أهمية الوعي الذاتي في الخدمة. عندما يكون المؤمنون تنافسيين، قد يفتقروا إلى الشفافية، ويريدون أن يشعروا بالتفوق على الآخرين، كما أنّهم سيفتقرون إلى الوعي الذاتي. وقد يكون هذا جزءًا من الضرر الذي سببه الإسلام. من أجل النمو، يجب على الشخص الذي يتم إرشاده

أن يتعلم تقدير التعليقات النقدية باعتبارها هدية ومورد ثمين. وهذا يعني أن تتعلموا أن لا تكونوا دفاعيين أو تشعروا بالتهديد أو الإساءة أو الرفض عندما تكون التعليقات حاسمة. في الوقت نفسه، يجب على المرشد أن يكون نموذجًا لنهج متقبل ومنفتح، وأن يكون نموذجًا للوعي الذاتي في كيفية البحث عن التعليقات والاستجابة لها. إذا تمكن المتدربون من رؤية أن المرشد قادر على تلقي التعليقات النقدية، فسيكونون أكثر قدرة على تلقيها بأنفسهم.

10. ساعدوا المتدربين على معالجة خيبات الأمل بطريقة تقيّة حتى يتمكّنوا من الإستمرار. قوموا بتزويد القائد المتدرب من خلفيّة إسلاميّة بكيفية تطبيق الموارد الإيمانية الكتابية عندما يخذله الآخرون، أو عندما تبدو ظروف الحياة ساحقة.

11. تجهزوا للحرب الروحية. إن خدمة الأشخاص الذين يأتون إلى المسيح تنطوي دائمًا على مقاومة من الشرير: لا يمكنهم تجنب ذلك. يحتاج المؤمنون من خلفية إسلامية إلى التدريب على الصمود في الأوقات التي يهاجمهم فيها الشيطان.

12. كونوا قدوةً في الثقة والتعاون مع المسيحيين الآخرين، وتنمية الشركات السليمة مع خدمات مسيحيّة أخرى. هذا الأمر يعدّ ضروريًّا لنمو المؤمنين من خلفيات إسلاميّة من جهة تمييز جسد المسيح: فالمؤمن يكرم الله وهو وسيلة لتلقي الكنيسة لبركة الله. وهذه أيضًا طريقة جيدة لتعلم التواضع.

دليل الدراسة

الدرس 8

الكتاب المقدس في هذا الدرس

2 تيموثاوس 2: 20-21	2 كورنثوس 12: 9-10
متى 12: 43-45	رومية 12: 15
تيطس 3: 3	1كورنثوس 12: 26
فيلبي 1: 9-11	

لا توجد مراجع قرآنية، لا مفردات جديدة ولا أسماء جديدة في هذا الدرس.

أسئلة الدرس 8

- ناقشوا دراسة الحالة.

الارتداد

1. عدّدوا الأسباب الأربعة التي يقدمها دوري لإرتداد بعض الأشخاص إلى الإسلام بعد أن اتّباعهم يسوع؟

2. لماذا تقوم الكنائس أحيانًا بإبعاد المسلمين عندما يطلبون معرفة المزيد عن يسوع والمسيحية؟

3. ما الذي يجب أن تفعله الكنائس لتتمكن من دعم عبور المسلمين إلى المسيح؟

التلمذة غير المثمرة

4. ما هي القضايا المشتركة التي يعتبر دوري أنها تواجه المسلمين السابقين قبل أن يصبحوا مسيحيين؟

5. ما هو السبب الكامن وراء العديد من هذه المشاكل؟

6. كيف يمكن لتعيين قائد أن يسبب مشاكل في الكنيسة؟

7. لماذا انقطع طالب اللجوء الذي ذهب إلى كندا عن المسيحيين الآخرين؟

كنائس غير صحية

8. كيف تمنع الرغبة الفائقة بالشعور بالتفوق الكنائس من العمل معًا؟

الحاجة إلى الحفاظ على الحرية

9. ما المشكلتان اللتان يوضحهما يسوع في مثل البيت الفارغ؟

10. إلى ماذا تحتاجون لبناء كنيسة صحيّة؟

11. ما الذي يجب أن يتغير في الشّخص بعد أن يتحرّر؟

12. لماذا يُذكِّر بولس تيطس بما كانا عليه في السابق؟

13. كيف كانت حياة بولس السابقة تناسب وصفه للحياة قبل اتباع يسوع؟

14. كيف يمكن للمؤمن أن يملأ "بيت" روحه، ولا يتركه خاليًا، بحسب ما كتب بولس في فيلبي 1: 9-11؟

الشفاء والخلاص

15. يشير دوري إلى 12 تأثيرًا سلبيًا في حياة العابرين. كم من هذه التأثيرات قد لاحظتم؟

16. ماذا فعل الشاب للشفاء من حالة ما قبل سرطان المعدة؟ ما هو التغيير الآخر الذي شهده بعد شفائه؟

17. ما هو الأمر المهم الذي يجب القيام به لجعل المنزل آمنًا بشكل صحيح؟

التعليم في الفجوات

18. ما هي الخطوة الأولى في خدمة التحرير ولماذا أولويّتها؟

19. كيف تكون الروح البشرية مثل دلو من الماء؟

20. ما أوجه التشابه التي لاحظها دون ليتل في المؤمنين من خلفيات إسلاميّة في جميع أنحاء العالم؟

21. لماذا قد يشعر بعض الناس بالسعادة عندما يسمعون عن مشاكل الآخرين؟

22. ما هي بعض المشاكل التي تواجه الكنائس عندما يريد المؤمنون أن يكونوا متفوقين على الآخرين في الكنيسة؟

23. ما هي التعاليم الستة التي يقترحها دوري للمساعدة في تصحيح مشكلة الأشخاص الراغبين في التفوّق؟

24. ما المشاكل الناجمة عن عدم قول الحقيقة بحسب دوري؟

25. ما هي مجالات الثقافة الإسلامية الست التي حدّدها دوري والتي تحتاج إلى "التعليم في الفجوات"؟

26. لماذا يجب أن يكون "التعليم في الفجوات" منهجيًا وشاملًا؟

البداية السليمة

27. ما هي الاختلافات بين نهج ستيف وشيري، ولماذا كان نهج شيري أكثر نجاحًا؟

28. هل يمكنكم سرد الخطوات الست لـ "إعلان وصلاة الالتزام باتباع يسوع" من الذاكرة؟ وإن لم تتمكّنوا من ذلك فاحفظوها، كمجموعة من خلال تكرارها حتى يتمكن الجميع من حفظها بالتّرتيب.

29. في ضوء الخطوات الست، ما الخطوات التي يبدو أن ستيف كان يفتقدها عندما أرشد النّاس للإيمان بالمسيح؟

30. على من تعلنون الحرب عندما تعودون إلى المسيح؟

31. ما الذي يجب فعله قبل أن يتعمّد الشخص الذي ترك الإسلام؟

إرشاد القادة الناشئين

32. ما الذي يعتقده دوري أنه حاجة ملحّة يواجهها المؤمنون ذوي الخلفية الإسلامية في العالم اليوم؟ هل توافقون؟

33. لماذا يقول دوري أنه من الأفضل أن يتقدم القادة بتمهّل؟

34. ماذا يمكن أن يحدث إذا تقدم القادة بسرعة كبيرة؟

35. عند إرشاد القادة المتدربين، كم مرة يجب أن تلتقوا بهم، وفقًا لدوري؟

36. ما هو التأمل اللاهوتي وكيف يساعد الناس على النمو نحو النضج؟

37. لماذا من المهم أن يكون المرشدون منفتحين وشفافين مع المتدرّبين؟

38. في القصة التي رواها دوري، لماذا كان المتدربون مترددين في طلب المساعدة لحل المشاكل الّتي يواجهونها؟

39. لماذا يجب على المرشدين أن يشركوا المتدربين في اتخاذ القرارات بشأن المشاكل المهمة في حياة الجماعة؟

40. لماذا من المهم أن نكون قادرين على تقديم خدمة التحرير لشخصٍ ما أثناء التدريب بهدف أن يكون قائدًا؟

41. لماذا يعدّ الاهتمام بالذات مهم في الخدمة؟

42. ما هي أسس الزواج المسيحي؟

43. ما أهمية الوعي الذاتي وكيف يمكن لتأثير الإسلام أن يعيق هذا الوعي؟

44. لماذا من المهم أن يكون المرشدون منفتحين لتلقي النقد؟

45. لماذا يجب تدريب راعي كنيسة مؤمنين من خلفيات إسلاميّة على الحرب الروحية؟

46. لماذا من المهم أن يتعلم قادة كنائس المؤمنين من خلفيات إسلاميّة على احترام الكنائس الأخرى والعمل معها بشكلٍ جيد؟

مصادر إضافية

لمزيد من المعلومات حول العديد من المواضيع حول الإسلام التي يتم تدريسها هنا، يرجى الرجوع إلى *الخيار الثالث: الإسلام وأهل الذمة والحرية* بقلم مارك دوري.

يمكن العثور على موارد *الحرية للمأسورين* بالعديد من اللغات المختلفة، بما في ذلك الصلوات، على موقع Luke4-18.com.

لمزيد من المعلومات حول الخطوات اللازمة لتحرير الناس من الشياطين، يوصي مارك دوري بكتاب *أحرار في المسيح* من تأليف بابلو بوتاري. وهو متوفر باللغتين الإنجليزية والإسبانية. ويوصي أيضًا بموارد التدريب على freemin.org (باللغة الإنجليزية وبعض اللغات الأخرى).

فيما يلي بعض الصلوات الإضافية للمساعدة في تحرير الناس.

صلاة المسامحة[11]

أيها الآب، لقد أوضحت أنك تطلب مني أن أسامح. أنت ترغب في الشفاء والحرية التي تجلبها لي المسامحة.

———————————

[11] هذه والصلاة التالية والصلاة التي تليها مبنية على صلوات في كتاب "استعادة الأسس" لتشيستر وبيتي كيلسترا.

اليوم، أختار أن أسامح كل من جعلني أدخل في الخطية [يتم ذكرهم]، وكل من أساء إلي [يتم ذكرهم]. أختار إطلاق سراحهم، كل واحد منهم، من أجل [يتم ذكر الأخطاء التي ارتكبوها].

أتخلّى عن كل الأحكام الصادرة ضدهم، وأتخلّص من كل العقوبات التي أحملها في قلبي. أسلمك [اسمهم] لأنك أنت القاضي العادل الوحيد.

يا رب، من فضلك سامحني لأنني سمحت لردود أفعالي بإيذاء الآخرين وإيذاء نفسي.

وعلى أساس مسامحتك، أختار أن أسامح نفسي لأنني سمحت لهذا الأذى بالتأثير على مواقفي وسلوكي.

أيها الروح القدس، أشكرك لأنك تفعّل المسامحة في حياتي، ولأنك أعطيتني النعمة التي أحتاجها لأغفر، ولاستمرارك في تمكيني من أن أغفر.

باسم يسوع،

آمين.

صلاة لجحد الأكاذيب (المعتقدات الشريرة)

أيها الآب، أنا أعترف بخطيئتي (وخطيئة أجدادي) المتمثلة في تصديق الكذبة التي [اسم الكذبة].

وأغفر لمن ساهم في تكوين هذه العقيدة الفاسدة، وأخص بالذكر [يتم ذكرهم].

أتوب عن هذه الخطيئة، وأطلب منك يا رب أن تسامحني على قبول هذا الاعتقاد الشرير، ولأنني عشت حياتي بناءً عليه، وعلى أي طريقة حكمت بها على الآخرين بسببه. أستقبل غفرانك الآن [يتم الانتظار والاستقبال من الله].

على أساس غفرانك يا رب، أختار أن أسامح نفسي على تصديق الكذبة.

إنني أجحد وأكسر كل الاتفاقات التي أبرمتها مع هذا الاعتقاد الشرير. ألغي اتفاقياتي مع مملكة الظلام. أكسر جميع الاتفاقيات التي أبرمتها مع الشياطين.

يا رب، ما هي الحقيقة التي تريد أن تكشفها لي عن هذا الاعتقاد الشرير؟ [يتم الانتظار والاستماع للرب، حتى تتمكنوا بعد ذلك من إعلان الحق الذي يصحح الكذب.]

أنا أعلن الحقيقة التي [يتم ذكر الحقيقة].

باسم يسوع،

آمين.

صلاة من أجل الخطيئة المتوارثة عبر الأجيال

أنا أعترف بخطايا أسلافي، وخطايا والديّ، وخطاياي الخاصة بـ [ذكر الخطيئة أو الخطايا]

أختار أن أسامح وأحرر أسلافي، وكذلك كل الذين أثروا فيّ، على هذه الخطايا واللعنات الناتجة عنها، وعن العواقب في حياتي [يتم ذكرها بشكلٍ دقيق].

أطلب منك أن تغفر لي يا رب هذه الخطايا: على خضوعي لها وللّعنات. أستقبل غفرانك.

على أساس غفرانك يا رب، أختار أن أغفر لنفسي لدخولي في هذه الخطايا.

أجحد الخطيئة واللعنات [يتم ذكر اسمها].

أكسر قوة هذه الخطايا واللعنات من حياتي ومن حياة نسلي من خلال عمل المسيح الفدائي على الصليب.

أستقبل تحريرك من هذه الخطايا واللعنات الناتجة عنها. أستقبل [يتم ذكر على وجه التحديد بركات الله التي تتلقونها بالإيمان].

باسم يسوع،

آمين.

الإجابات

إجابات الدرس الأول

1. قال له الروح أن يجحد الإسلام.
2. من أهم الاحتياجات إلحاحًا هو ترك الإسلام.
3. الشهادة والذّمة.
4. شخص مسلم اختار أن يتبع المسيح.
5. شخص غير مسلم.
6. استسلام العابر إلى دين الإسلام، واستسلام غير المسلم تحت السيطرة الإسلامية.
7. الاعتراف بوحدانية الله الصارمة ونبوءة محمد.
8. شريعة الإسلام هي التي تحدد مكانة المسيحيين المسيطرة.
9. المسيحيون الذين لم يكونوا مسلمين قط يحتاجون إلى جحد ادّعاءات الذّمة.
10. ينبغي أن تكون الشريعة الإسلامية هي العليا وأن تحكم جميع مبادئ العدالة والسلطة الأخرى.
11. كل المطالبات الروحية على أرواحهم ما عدا المسيح.
12. للخروج من الظلمة الروحية وإلى حكم المسيح.
13. التنفيذ السياسي والاجتماعي، الدفاع عن حقوق الإنسان، البحث الأكاديمي، استخدام وسائل الإعلام، وأحيانا استجابة عسكريّة من الحكومات الوطنية.

14. العبور، الاستسلام السياسي أو السيف.
15. أكثر من ألف سنة؛ ما يقارب الـ 800 سنة.
16. وعدهم بضمان الجنة إذا قدّموا حياتهم في سبيل الدفاع عن المسيحية.
17. قوّة الإسلام الجوهريّة هي روحيّة.
18. إلى الملك الشرس وسيد مكائد نبوءة دانيال.
19. تكملة العبارات:
   - شعور الإسلام بـ ... التفوق
   - جوع الإسلام لـ ... النجاح
   - استخدام الإسلام لـ ... للخداع
   - استيلاء الإسلام واستخام قوة وثروات... الآخرين
   - هزيمة الإسلام المتكررة للشعوب... التي لديها شعور زائف بالأمان
   - معارضة الإسلام لـ ... ابن الله
   - سجل الإسلام الحافل... بتدمير المسيحيين واليهود.
20. ليس بالقوة البشرية.
21. قوة المسيح وصليبه.

إجابات الدرس الثاني

1. وجد نفسه أنّه لا يستطيع أن يقول كلمة محمد.
2. لقد تحرر من الغضب وأصبح فعالًا بالتبشير وتلمذة الآخرين.
3. إن الحق الطبيعي لكل مسيحي هو حرية مجد أبناء الله.
4. في الناصرة.

5. الوعد بالحرية.
6. التحرر من اليأس والجوع والمرض والشياطين.
7. يجب على السجين الخروج من الباب المفتوح. الحرية الروحية هي شيء علينا أن نختاره.
8. لص. ملك هذا العالم. إله هذا العصر. حاكم مملكة الهواء. يعلموننا أن الشيطان لديه قوة في هذا العالم.
9. الشيطان لديه قوة وسيادة حقيقية ولكن محدودة.
10. النظرة العالمية للإسلام وقوته الروحية.
11. تحت عبودية القوى الشيطانية.
12. قوة الشيطان وقوة الظلمة.
13. لقد أُدخلنا إلى ملكوت يسوع المسيح، وقد غُفِرَ لنا وتحرّرنا.
14. أنهم قد عبروا إلى مملكة يسوع المسيح.
15. خمسة جوانب: 1) جحد الشيطان وكل شر. 2) جحد كل العلاقات الشريرة مع الآخرين. 3) جحد كل عهود فاسدة. 4) جحد القدرات الشريرة. 5) تسليم حياتنا ليسوع المسيح الرب.
16. الصراع بين الله والشيطان؛ بين مملكتين.
17. يمكن أن تكون الكنيسة ساحة معركة، ويمكن استغلالها للشر.
18. يمكن للمسيحيين أن يتأكدوا من النصرة في الصليب.
19. إن المقارنة مع الانتصار الروماني تظهر أن الشياطين فقدوا قوتهم وأُذلوا.
20. المتهم أو الخصم.
21. يُحذَّر المسيحيون على أن يكونوا يقظين.
22. خطايانا وأجزاء من حياتنا التي أسلمناها للشيطان.

23. الخطيئة، عدم الغفران، الكلمات (الأفعال الرمزية)، جروح الروح، المعتقدات الشريرة (الأكاذيب)، الخطيئة المتوارثة عبر الأجيال، واللعنات الناتجة عنها.

24. أن نكون قادرين على تسمية وجحد الادعاءات التي قد قدّمها الشيطان ضدنا.

25. الباب المفتوح هو مدخل ممنوح للشيطان. إن مواطئ القدم هي الأرض الموجودة في النفس، التي يدّعي الشيطان أنها سُلمت له.

26. الحقوق القانونية؛ الأرض الروحية التي قد يشغلها الشيطان.

27. هذا يعني أن الشيطان ليس لديه فرصة لتقديم ادّعاء ضدنا.

28. لم يتمكن الشيطان من العثور على خطيئة يمكنه استخدامها لتقديم ادعاء ضد يسوع.

29. إن براءة يسوع مهمة لأنها تعني أن الشيطان لا يستطيع أن يدّعي أن الصلب كان عقابًا عادلًا.

30. نحن بحاجة إلى إغلاق الأبواب المفتوحة وإزالة مواطئ القدم.

31. بالتوبة عن خطايانا.

32. يجب علينا أن نسامح الآخرين أولًا.

33. يمكنه استخدام عدم غفراننا ليطالب بمواطئ قدم ضدنا.

34. مسامحة الآخرين؛ الحصول على مغفرة الله. مسامحة أنفسنا.

35. لا: الغفران يختلف عن النسيان.

36. يمكن للشيطان أن يستخدم الأذى ليغذّي أفكارنا بالأكاذيب.

37. لقد وجدَتْ الشفاء من الصدمات المؤلمة لسوء المعاملة من قبل "ضيوف" منزلها. وكان عليها أن تجحد التهديد.

38. اسكبوا نفسكم للرب. صلوا من أجل الشفاء؛ سامحوا الشخص الذي تسبب في الجرح. اجحدوا الخوف (أو أي آثار ضارة أخرى)؛ اعترفوا وارفضوت أية أكاذيب.
39. مقابل كل كلمة قد قلناها.
40. لأن هذا يمكن أن يمنحه فرصة لاستخدام كلماتنا ضدّنا.
41. دم يسوع.
42. ليحدث لي مثل هذا الحيوان: ليحدث لي نفس الشيء إذا كسرت العهد.
43. يستحضرون لعنة الموت على الشخص الذي يوافق على العهد.
44. قطع الرأس.
45. الشيطان يغذي أفكارنا بالأكاذيب.
46. تحديد ورفض الأكاذيب التي قبلناها سابقًا كحقيقة.
47. "الرجال الحقيقيون لا يبكون."
48. الكذبة التي تعطي شعورًا بأنها حقيقية.
49. لقاؤنا مع الحقيقة يمكن أن يمكّننا من الاعتراف والرفض وجحد الأكاذيب التي كنا نصدقها.
50. ميراث روحي سيئ.
51. تأثير الوالدين والأمثلة السيئة.
52. نظام البركات واللعنات.
53. أطلق آدم وحواء العنان للعنات بين الأجيال: الألم، السيطرة، الفساد، والموت.
54. هذا هو الوعد بالعصر المسيحاني: بملكوت يسوع المسيح.

55. نعترف بخطايا آبائنا وخطايانا. نرفض ونجحد هذه الخطايا. نكسر كل اللعنات المرتبطة بها.

56. السلطة على الشيطان.

57. لأنه يقول يجب أن يدمّر كل شيء تمامًا مع الأصنام.

58. للصليب القدرة على كسر المواثيق الشريرة التي عقدناها.

59. الأفعال الّتي هي محددة.

60. "لن أحب أي شخص آخر مرة أخرى." أصبحت سوزان مريرة وعدائية. لقد جددت هذا العهد.

61. خمس خطوات: 1. الاعتراف والتوبة. 2.الجحد. 3. الكسر. 4. الطرد. 5. البركة والامتلاء.

62. الاعتراف بالخطيئة وإعلان الحقيقة.

63. باركوهم بعكس ما أصابهم.

إجابات الدرس الثالث

1. الخضوع لسيادة اللّه.
2. مسلم.
3. محمد خاتمة أنبياء الله.
4. يحتوي القرآن على آيات محمد، والسنة تحتوي على تعاليمه وأفعاله.
5. تم تسجيل مثال محمد في الأحاديث (الأقوال التقليدية) وفي السِيَر (السِّيَر الذاتية محمد).
6. محمد.
7. كل ما قام به محمد أصبح المعيار.

8. الذين يطيعون الله ورسوله.
9. نار الجحيم.
10. كل من يرفض رسالة محمد.
11. القتل والتعذيب والاغتصاب والتعدي على النساء والاستعباد والسرقة والخداع والتحريض على غير المسلمين.
12. يجب أن تؤمنوا بالقرآن وتطيعوه.
13. السنة مثل الجسد والقرآن مثل العمود الفقري.
14. المسلمون يعتمدون على أقلية من الخبراء.
15. ولا يمكن أن يكون هناك إسلام بدون قوانين الشريعة.
16. تُفهم الشريعة على أنّها تكليف إلهي.
17. إنها الدعوة إلى النجاح.
18. الناس منقسمون إلى فائزين والباقون – خاسرون.
19. يتم تعليم المسلمين على أنهم متفوقون على غير المسلمين؛ المسلمون المتدينون أفضل من المسلمين الأقل تديّنًا.
20. المسلمون الحقيقيون، المنافقون، المشركون وأهل الكتاب.
21. مشرك.
22. أربعة أمور مُدانة: 1) تحريف كتبهم المقدسة. 2) اتباع نسخة مشوهة من الإسلام. 3) لقد ضلوا الطريق. 4) إنهم جهلة ويحتاجون إلى أن يحررهم محمد.
23. في الجانب الإيجابي، يقول القرآن أن المسيحيين واليهود مخلصون ومؤمنون حقًا.

24. أربعة مطالب: 1) على المسيحيين أن يعيشوا تحت تفوق الإسلام. 2) مقدر للمسلمين أن يحكمونا. 3) نحن موضع محاربة. 4) لقد تمّت إدانتنا بأنّنا ذاهبون إلى الجحيم.
25. سيكون لليهود عداوة أكبر للمسلمين من المسيحيين.
26. هي أشهر سورة في القرآن، ويجب تكرارها يوميًا. ويقال ما يصل إلى 17 مرة في اليوم أو 5000 مرة في السنة.
27. النصارى (ضلوا) واليهود (ستحقوا غضب اللّه).
28. الحياة وتعليم محمد.
29. الأسلمة.
30. ست مشاكل: 1) المرأة لها مكانة متدنية. 2) تعليم الجهاد. 3) العقوبات القاسية والمفرطة. 4) الشريعة لا تستطيع أن تجعل الناس صالحين. 5) التشجيع على الكذب. 6) اضطهاد غير المسلمين، بما في ذلك المسيحيون.
31. تم إدخال المحاكم الشرعية في نيجيريا.
32. القاضي اتبع مثال محمد.
33. 1) إنّه مبالغ فيه. 2) إنه قاسي. 3) إنه يضر الرجال الذين يقومون بالرجم. 4) إنّه يستهدف النساء. 5) إنّه يجعل الرضيع يتيما. 6) إنّه يتجاهل إمكانية الاغتصاب.
34. يمكنهم الكذب عندما يكونون في خطر من غير المسلمين. يجوز للأزواج أن يكذبوا على زوجاتهم. يمكنهم الكذب عندما يُعهد إليهم بسر، في الحرب، وما إلى ذلك.
35. إنها ممارسة الخداع من أجل الحفاظ على سلامة المسلمين.
36. إنه يدمر الحقيقة ويخلق البلبلة.

37. إرشاد خبرائهم الدينيين.
38. ادرسوا الإسلام بنفسكم، حتى لو حاولَت القيادة الإسلامية عدم ذكر أو مناقشة أشياء كثيرة علنًا.
39. اتباع يسوع أو محمد.
40. عيسى (يسوع).
41. طريقة الحياة (الشريعة) للأنبياء السابقين.
42. كتاب أعطاه الله لعيسى (يسوع).
43. عيسى سوف يدمر المسيحية ويجبر الجميع على أن يصبحوا مسلمين.
44. لقد تعلم المسلمون أنهم إذا اتبعوا محمد، فإنهم يتبعون يسوع.
45. هذا التعليم يخفي خطة الله الخلاصية ويمكن أن يمنع المسلمين من اتباع يسوع الحقيقي.
46. يمكننا أن نعرف عن يسوع الحقيقي من الأناجيل الأربعة.
47. فقط من خلال يسوع الذي تتكلّم عنه الأناجيل يمكننا أن نتحرر من القيود الروحية.

إجابات الدرس الرابع

1. ثلاثة آلام: 1. وفاة والده. 2. وفاة والدته. 3. مهمة متواضعة أن يكون الراعي لعمه. (أيضًا وفاة جده).
2. احتقاره لمحمد.
3. ستة جوانب: 1) كانت ربة عمله. 2) كانت أكبر سنًا. 3) تقدمت له. 4) لقد تزوجت مرتين سابقًا. 5) كانت قوية وثرية. 6) جعلت

والدها يثمل من أجل الحصول على موافقته على الزواج من محمد.

4. معظم أبنائهم ماتوا، ولم يترك محمد وريثًا ذكرًا.
5. عم محمد أبو طالب وزوجته خديجة.
6. كان عمره 40 عامًا وكان مضطربًا جدًا لدرجة أنه كاد أن يقدم على الانتحار.
7. محمد كان نبيًا وليس مجنونًا.
8. محمد كان يخشى أن يتم رفضه باعتباره محتالًا.
9. خديجة وعلي، ابن عم محمد الأصغر.
10. سخر محمد من آلهة مكة.
11. لقد قام بحماية محمد من المكيين الغاضبين.
12. مقاطعة كاملة، واضطهاد للمسلمين المستضعفين، وإساءة معاملة محمد.
13. فرار 83 رجلًا مسلمًا إلى الحبشة (إثيوبيا الحديثة) مع عائلاتهم.
14. عبادة الله وآلهة مكة.
15. تمت الموافقة على الصلاة لثلاثة من بنات الله: اللات، والعزى، ومناة.
16. جميع الأنبياء الحقيقيون يضلون أحيانًا.
17. يفتخر: 1) لم يولد أحد من أسلافه خارج إطار الزواج. 2) كان أفضل رجل. 3) ينحدر من أفضل العشائر (هاشيم). 4) ولد في أفضل قبيلة (قريش). 5) أصله من أفضل أمة (العرب).
18. النجاح في الحرب.

19. ماتت خديجة وحاميه أبو طالب. وبعد أن رفضه الطائف، تعهد عرب المدينة بحمايته.
20. مجموعة من الجن (الشياطين) أسلموا.
21. فكرة الجن الذين أسلموا، وتعليم في القرآن والأحاديث أن لكل إنسان روح مألوفة، تعرف باسم القرين.
22. لشن الحرب في طاعة كاملة للرسول.
23. كان يبشر دون عائق ومعظم العرب المدنيين عبروا إلى الإسلام.
24. عذاب في الآخرة لمن يرفض الإسلام
25. ذبح.
26. فتنة.
27. فتنة ضد الإسلام.
28. وجود أي عائق أمام دخول الناس في الإسلام.
29. أنت تستحق أن تُقاتَل وتُقتل.
30. لأن ذنب رفض الإسلام أعظم من الموت.
31. الملايين من المسلمين يموتون ولكن العشرات فقط من غير المسلمين.
32. لقد طلب القصاص والتبرير، حتى من هؤلاء الذين قد ماتوا.
33. كراهيته للرفض.
34. لقد تم تصنيفهم بشكل دائم على أنهم مذنبون ومستحقون أن يُهيمن عليهم باعتبارهم أقل شأنًا.
35. ردود عدوانية على الفتنة.
36. حرم الله عليه طاعته.

37. اذبحوهم أينما وجدتموهم.
38. كان البعض يؤمن والبعض لا ولكن الإسلام سيباركهم.
39. كان يحث على الصلاة والزكاة مثل اليهود؛ ووجه صلاته إلى الشام (سوريا، أي القدس)، وقال إن تعليمه هو نفس تعليمهم.
40. من أجل التحقق الذاتي ضد انتقاداتهم المتزايدة.
41. دعا اليهود بالمضلين، وقال إنهم زيفوا كتبهم المقدسة.
42. رسائل معادية لليهود:
   - النساء 4: 46 لقد تم لعن اليهود.
   - الأعراف 7: 166 كان اليهود قردة وخنازير.
   - المائدة 5: 70 وكان اليهود قتلة الأنبياء.
   - المائدة 5: 13 لقد قسى الله على اليهود.
   - البقرة 2: 27 كان اليهود فاشلين.
43. اليهودية.
44. هددهم ثم طردهم.
45. لأنه كان يقتلهم ولا شيء يحميهم إلا العبور إلى الإسلام.
46. اتهمهم، وهاجمهم، وطردهم وأخذ بضائعهم غنيمة.
47. حاصرهم وذبح الرجال واستعبد النساء والأطفال.
48. غزاهم، وغلبهم، لكنه عرض عليهم "الخيار الثالث": العيش كأهل الذمة.
49. كلًا من اليهود والمسيحيين.
50. من رفض الذات إلى تحقيق الذّات إلى العدوان.
51. هزيمة الكفّار وانحطاطهم.

52. أيديولوجية وبرنامج عسكري.
53. بدلًا من أن يكون مجرد "منذر"، أصبح قائدًا للمؤمنين، وينظم حياتهم.
54. طريق طاعة الله هو طاعة محمد.
55. إنها مبنية على تطور ردود أفعال محمد تجاه الرفض.
56. تم نقل مشاكل محمد إلى العالم من خلال الشريعة.
57. كلمات الشهادة.
58. أن القرآن كلام الله. وماذا يقول القرآن عن محمد.
59. تلاوة الشهادة تعطي الإذن للسلطات والقوى الروحية لفرض مشاكل محمد الروحية على المسلمين.
60. [سيكون المشاركون قد وضعوا دائرة حول الجوانب السلبية التي واجهوها.]
61. ينكرون ذلك.
62. يقولون أنها فاسدة.
63. دمّروهم.
64. الإيمان بأن القرآن هو كلام الله.
65. عدم الاستقرار، الترهيب، الضعف، وعدم الثقة بالنفس.

إجابات الدرس الخامس

1. الرفض.
2. أربع طرق: 1) الخجل من عدم الشرعية. 2) ولادة متواضعة جدًا. 3) محاولة هيرودس لقتله. 4) هرب الآباء إلى مصر كلاجئين.
3. هاجم الفريسيون المسيح بأسئلة حول ما يلي:

- مرقس 3: 2، إلخ. كسر قوانين السبت.
- مرقس 11: 28، إلخ. سلطته.
- مرقس 10: 2، إلخ. الطلاق.
- مرقس 12: 15، إلخ. دفع الضرائب لقيصر.
- متى 22: 36. أعظم وصية.
- متى 22: 42. المسيح.
- يوحنا 8: 19. أبوة يسوع.
- متى 22: 23-28، إلخ. القيامة.
- مرقس 8: 11، إلخ. المعجزات.
- مرقس 3: 22، إلخ. "وجود" الشيطان؛ صنع المعجزات من خلال قوّة الشيطان.
- متى 12: 2، إلخ. سلوك تلاميذه.
- يوحنا 8: 13. الإدلاء بشهادة باطلة.

4. الرفض الذي اختبره يسوع:
- مت 2: 16 حاول هيرودس قتله.
- مرقس 6: 3، إلخ. حاول الناصريون قتله.
- مرقس 3: 21 أهانته العائلة.
- يوحنا 6: 66 تخلى عنه العديد من أتباعه.
- يوحنا 10: 31 حاول الحشد رجمه.
- يوحنا 11: 50 تآمر القادة على قتله.
- مرقس 14: 43-45، إلخ. خانه يهوذا.
- مرقس 14: 66-72، إلخ. تبرأ منه بطرس.
- مرقس 15: 12-15، إلخ. طالبت الحشود بموته.

- مرقس 14: 65، إلخ. سخر منه القائد اليهودي.
- مرقس 15: 16-20، إلخ. عُذب على أيدي الجنود.
- مرقس 14: 53-65، إلخ. حكم عليه بالموت زورًا.
- تثنية 21: 23 لُعن بالصلب.
- مرقس 15: 21-32، إلخ. مات بألم مع اللصين.

5. ستة ردود: لم يكن يسوع 1) عدواني أو 2) عنيف، 3) انتقامي، 4) يتشاجرة بصخب، 5) بقي صامتًا تحت الاتهام، و6) ترك الأماكن التي أرادوا قتله فيها.
6. لقد تغلب على الإغراء ولم يستسلم للرفض.
7. لأنه كان آمنًا جدًا ومرتاحًا مع نفسه.
8. تمّ رفضه مثل العبد المتألم الذي تكلّم عنه إشعياء.
9. وفاته بالصلب.
10. استخدام القوة لتحقيق أهدافه.
11. كرمز، يؤدي إلى الانقسامات داخل العائلات وربما الاضطهاد.
12. يرفض فكرة أن المسيح استخدم العنف أو القوة العسكرية أو الخيارات السياسية، وأن مملكته كانت مادية.
13. أنّه تمّ منعهم من القتل.
14. لقد علمنا المسيح ما يلي عن كيفية التعامل مع الآخرين:
    - متى 5: 38-42، بخصوص الشر: بادلوا بالخير.
    - متى 7: 1-5، بخصوص الدينونة: لا تحكموا على الآخرين.
    - متى 5: 43 بخصوص الأعداء: أحبوهم.
    - متى 5: 5 بخصوص الوداعة: ستنتصر.

- متى 5: 9 بخصوص صانعي السلام: وسوف يُدعون أبناء الله.
- 1 كورنثوس 4: 11-13 بخصوص الاضطهاد: يجب على المسيحيين أن يتحملوا تجارب عظيمة وألا ينتقموا.
- 1 بطرس 2: 21-25، بخصوص مثالنا: يسوع هو مثالنا في محبة الآخرين.

15. أن يتعرضوا للجلد والكراهية والخيانة و الموت.
16. للمضي قدمًا دون مرارة.
17. عندما رفضت إحدى القرى السامرية استقباله.
18. عند الاضطهاد العنيف: 1) الهروب إلى مكان آخر. 2) لا تقلق بل اعتمد على الروح. 3) لا تخف.
19. أن يفرح عندما يضطهد.
20. الرجاء بالحياة الأبدية.
21. ثلاث نتائج: 1) الناس بعيدون عن الله وعن بعضهم البعض. 2) الناس مستبعدون من حضور الله. 3) الناس معرضون للعنة السقوط.
22. تجسد وصليب يسوع المسيح.
23. استسلام يسوع للصليب.
24. لقد امتص كراهية مهاجميه وقدم حياته كذبيحة عن خطايا العالم.
25. رمز لسفك الدم للتكفير عن الخطية. وإلى إشعياء 53 نبوة العبد المتألم.
26. المصالحة مع الله.

27. اتهامات من الناس، الملائكة، الشياطين.
28. خدمة المصالحة.
29. يدافع عن نفسه بالقوة.
30. من خلال قيامته وصعوده.
31. تبرئة.
32. إنهم يعتبرون المعاناة وسيلة للمشاركة في آلام المسيح.
33. لقد دمرهم محمد بنفسه وتنبأ بأن عيسى سيفعل الشيء نفسه عندما يعود إلى الأرض.
34. "الخيار الثالث" من أهل الذمة، والذي يسمح لغير المسلمين بالحفاظ على عقيدتهم.
35. أجبر على إزالة جميع الرموز الدينية من ملابسه.

إجابات الدرس السادس

1. طلب محمد "نشر الدين الذي كان يدعو إليه بالسيف".
2. بعد العبور أو الحرب هناك خيار ثالث: الاستسلام والعيش تحت حماية المسلمين.
3. العبور إلى الإسلام. التعرّض للقتل؛ أو الاستسلام (والعيش في الذل).
4. القتال حتى يشهد الناس أن لا إله إلا الله ومحمد رسول الله. (أي الشهادة).
5. قبول الاسلام أو طلب الجزية أو مقاتلة الكفار.
6. دفع الجزية والتعرض للذل، "التصغير"
7. ميثاق الذمة.

8. أهل الذّمة.
9. مبدآن: 1) الإسلام يجب أن ينتصر على الأديان الأخرى. 2) المسلمون يجب أن يكونوا في موقع قوة لفرض الإسلام.
10. إنها ضريبة الرأس إقرارًا منهم بأنهم مدينون برؤوسهم للمسلمين الفاتحين: الضريبة تعويض عن عدم القتل.
11. من أجل مصلحة المسلمين.
12. إنه تعويض عن السماح بالإحتفاظ برؤوسهم ذلك العام.
13. يبدأ الجهاد من جديد: الحرب،النهب والاغتصاب والموت.
14. جزاء الذين يعصون والمتمردون، وهو الجهاد.
15. متاح بالكامل للتعرّض للقتل أو للأسر.
16. مجازر بسبب اتهامات بانتهاك ميثاق الذّمة.
17. كان السلطان قد عين اليهود في منصب كبار المستشارين.
18. اتُهم المسيحيون بالتخلي عن وضعهم الخاضع وبالتالي التخلي عن حمايتهم. واعتنق البعض الإسلام لإنقاذ حياتهم.
19. تم تفعيل الطقوس أثناء دفع الجزية. كان الأمر ينطوي على ضربة أو اثنتين على الرقبة وأحيانًا طقوس الخنق.
20. المقصود منه هو التعبير عن قبول مجتمع أهل الذمة للجهاد العنيف إذا خالفوا أيًا من شروط ذميتهم، بما في ذلك قطع رؤوس الرجال.
21. لعنة قطع الرأس.
22. ميثاق الدم أو قسم الدم، كما هو الحال في المجتمعات المغلقة.
23. لعن النفس والسماح لعقوبة الإعدام الخاصّة به.

24. الامتنان والدونية المتواضعة.
25. أمثلة:
- شهادة أهل الذمة: لا تقبل في المحاكم الشرعية
- بيوت أهل الذمة: ليست أعلى من بيوت المسلمين.
- خيول أهل الذمة: لا يجوز لأهل الذمة ركوبها.
- أهل الذمة كان عليهم أن يفسحوا الطريق للمسلمين.
- دفاع أهل الذمة عن النفس: لا يجوز.
- رموز أهل الذمة الدينية: لا يجوز ظهورها في الأماكن العامة.
- كنائس أهل الذمة: لا ترميم ولا بناء جديد لكنائس.
- انتقاد أهل الذمة للإسلام: لا يجوز.
- لباس أهل الذمة: لا يجوز التشبه بالمسلمين.
- زواج الرعايا: لا يجوز للرجل أن يتزوج امرأة مسلمة، وإذا تزوج رجل مسلم بامرأة ذمية، يصبح الأولاد مسلمين.
26. أنهم سيدفعون الجزية ويتم "تصغيرهم".
27. كقتل الروح.
28. مجموع الشروط التي ينتجها ميثاق الذمة.
29. أن تعتاد الخضوع للإذلال.
30. الشعور بالدونية، السرية، المكر، الدناءة، والخوف.
31. كدين الأسياد والحكام.
32. إحساسهم الزائف بالتفوق والحمائية الدينية يضعف المسلمين ويجعل من الصعب عليهم قبول الواقع.

33. العبوديّة: تم إلغاء العبودية في الحرب الأهلية الأمريكية، ومع ذلك استمرت العنصرية المسيئة بعدها أكثر من قرن من الزمان.
34. الإدعاء بأن الغرب مدين للإسلام بحضارته.
35. الدول الأوروبية.
36. إحياء الشريعة.
37. خمس عواقب: 1) الروح المجروحة. 2) روح الإهانة. 3) عقلية الضحية. 4) روح العنف. 5) إرادة السيطرة على الآخرين.
38. الحالة الروحية لمحمد المضطهدة سعت إلى تدهور الآخرين.
39. رفض الإساءة، ورفض اللجوء إلى العنف، ورفض السيطرة على الآخرين، ورفض تبني الروح المجروحة.
40. لم يكن أحد من المسيحيين قد فهم من قبل عبوديتهم الروحية؛ صلى الجميع من أجل إطلاق سراحهم. لقد شعر الجميع بسعادة غامرة عندما تم ذلك.
41. الخوف من الهجمات الجهادية، والصدمات الماضية من الجهاديين، والتهديدات الماضية على العائلة.
42. إنها مصممة أولًا لإلغاء ميثاق الذمة، وكسر مطالباته على حياتنا، وثانيًا لرفض وكسر كل اللعنات القادمة من الذّمة.
43. سوف يساعدون الناس على التحرر من هذه التأثيرات.

إجابات الدرس السابع

1. الاقتناع بحب الحق وقول الحق.
2. لأن الله علائقي.

3. الكذب.
4. إنه يضل الناس.
5. صور الكذب المباحة: في الحرب، على الزوجة، لنيل حماية، دفاعا عن الأمة، انيل الحماية في حال الخطر (التقية).
6. التظاهر بإنكار إيمانك.
7. فضلهم وكونهم أفضل من غير المسلمين.
8. محمد.
9. مفاهيم الشرف والعار.
10. النظرة العالمي العاطفية للشعور بالتفوق.
11. لأن هناك أقوال متضاربة في الأحاديث عن اللعن.
12. لعن غير المسلمين.
13. الكراهية والإثارة و"الشحنة الروحية".
14. ميثاق يربط بين شخصين.
15. عدم التسامح يحافظ على رابط الروح بين شخصين.
16. [يفكر الطلاب في الصلاة ويحددون لأنفسهم النقاط التي تنطبق عليها الخطوات.]
17. الجدد: خطيئة لعن الآخرين، واللعنات الناتجة عنه، وكراهية الآخرين، والعاطفة التي يتم اختبارها، وشياطين الكراهية واللعن، وجميع الارتباطات الفجارية مع الأئمة وغيرهم، وجميع مهام الشياطين التي تحافظ على هذه الروابط الروحية. مكسورة: القوى الروحية الشريرة، واللعنات، وروابط الروح الشريرة.

18. التحرر من اللعنات والسلام والوداعة والسلطة على مباركة الآخرين. وهذه البركات هي عكس اللعنات والكراهية التي دفعتهم.
19. الأسلاف، الأب، الأئمة، قادة المسلمين وأي شخص آخر أثر علي لكي ألعن نفسي.
20. كان يعتقد أن شقته قد تكون تحت تأثير لعنة.
21. لم يكن يعرف كيف يكسر اللعنة.
22. كان بحاجة إلى أخذ السلطة باسم يسوع وكسر كل اللعنات في منزله.
23. إنهم يعانون من اللعنات.
24. تسع خطوات: 1) الاعتراف والتوبة. 2) إزالة الأشياء الشريرة. 3) مسامحة الآخرين ونفسكم. 4) المطالبة بسلطتكم في المسيح. 5) جحد اللعنة وكسرها. 6) إعلان حريتكم في المسيح. 7) أمر الشياطين بالخروج (طردهم). 8) إعلان البركات. 9) مدح الله.

إجابات الدرس الثامن

1. أربعة أسباب: 1) ألم فقدان المجتمع. 2) العوائق والحواجز عن الإسلام. 3) الاضطهاد المباشر. 4) خيبة الأمل مع المسيحيين والكنيسة.
2. الكنائس ترد العابرين عن الإسلام بسبب الخوف وقواعد الذمة.
3. فهم ورفض ميثاق الذّمة.

4. الخوف، والشعور بعدم الأمان وحب المال، مشاعر الرفض، ذهنية الضحية، الإهانة، عدم القدرة على الثقة بالآخرين، الألم العاطفي، الخطيئة الجنسية، النميمة، والكذب.
5. تأثير الإسلام المسيطر.
6. سوف يشعر الآخرون بالغيرة.
7. لقد أساء إلى المسيحيين الآخرين.
8. تتنافس الكنائس مع كل كنيسة تؤمن بأنها أفضل من غيرها.
9. ترك الباب مفتوحًا وترك المنزل فارغًا.
10. مسيحيون أصحاء.
11. العادات وطرق التفكير بحاجة إلى التغيير.
12. يريد بولس تشجيع تيطس على الاستمرار في النمو.
13. كان بولس يكره المسيحيين.
14. بالنمو في المحبة، المعرفة، عمق البصيرة، وحمل الثمار الصالحة.
15. [يبلغ المشاركون عن آثار سلبية قد لاحظوها.]
16. جدد وكسر لعنة الأجيال. وأيضًا شُفي من الميل إلى المعاناة من القلق.
17. إغلاق جميع الأبواب.
18. إغلاق الأبواب المفتوحة التي يمكن للشيطان أن يستخدمها ضد المؤمن.
19. إن النفس يجب أن تحتوي ماء الحياة، ولكن إذا كانت هناك ثقوب في جوانبها، فإنها لا تستطيع أن تحمل القدر الذي ينبغي لها من الماء.

20. عقبات مماثلة وأضرار في النفس للمؤمنين من خلفيات إسلاميّة الذين يسعون إلى العيش للمسيح.
21. يساعدهم على الشعور بالتفوق.
22. تواجه الكنائس صعوبة في العمل معًا. يمكن أن يشعر الناس بالغيرة عندما يتقدم الآخرون في الخدمة. لا يريد الناس أن يكونوا قادة لأنهم يعتقدون أنهم سيتعرضون للهجوم.
23. ستة تعاليم: 1) تقدير قلب الخادم. 2) إيجاد هويتكم في المسيح، وليس فيما تقولونه أو تفعلونه أو ما يقوله أو يفكر فيه الآخرون عنكم. 3) تعلُّم التفاخر في نقاط ضعفكم. 4) تعلُّم الفرح بنجاحات الآخرين، والحزن معهم عندما يعانون. 5) تعلُّم كيفية قول الحقيقة بمحبة. 6) التعرف على الآثار المدمرة للنميمة.
24. لا يمكن للناس أن ينموا لأنهم يخفون مشاكلهم ولا يريدون المساعدة في حلها.
25. ستة مواضيع: 1) الغفران. 2) الرفض والإهانة. 3) بناء الثقة. 4) جحد السحر. 5) احترام النساء والرجال لبعضهم البعض وقول الحقيقة لبعضهم البعض. 6) مباركة الوالدين لأبنائهم بدلًا من لعنهم.
26. حتى يتمكن الناس من إعادة بناء منظارهم العالمي.
27. استطاع ستيف أن يصنع عابرين بشكل سريع لكنهم لم يثبتوا. استطاعت شيري أن تصنع عابرين بشكل بطيء لكنهم ثبتوا في المسيح. نجح نهج شيري بشكل أفضل لأنه عندما قرر الناس أن يتبعوا يسوع، فهموا جيدًا ما كانوا يلتزمون به.

28. ست خطوات: 1) اعترافان. 2) الابتعاد. 3) الطلبات. 4) نقل الولاء. 5) الوعد والإخلاص. 6) الإعلان.
29. الخطوات أربعة إلى ستة.
30. الشيطان.
31. جحد الإسلام بصلاة "الإعلان والصلاة لجحد الشهادة وكسر قوتها".
32. قساوسة أكثر نضجًا من المؤمنين من خلفيات إسلاميّة.
33. للتأكد من أن لديكم أفضل شخص، ولمساعدتهم على الاستعداد للقيادة.
34. لا يتعلمون التواضع، وقد يختبرون الرفض من الآخرين.
35. بانتظام: مرة واحدة على الأقل في الأسبوع.
36. تطبيق الكتاب المقدس على التحديات اليومية العملية. هذا يساعد شخصيتهم على النمو لتصبح أكثر مثل المسيح.
37. تقديم نموذج عن الشفافيّة للمتدرّب.
38. لتجنب العار.
39. حتى يتمكنوا من تعلّم كيفية التعامل مع القضايا الصعبة.
40. إذا لم تتم إزالة القيود وشفاء الجروح، فهذا سيح من ثمار الشخص في الخدمة. وأيضًا، إذا تم إطلاق سراح شخص ما، فإنه يعرف بشكل أفضل كيفية مساعدة الآخرين على أن يصبحوا أحرارًا.
41. حتى يتمكنوا من الثبات في الخدمة، ويمكن الوثوق بهم.
42. الحب المتبادل النابع من قلب الخادم والاحترام.
43. حتى نتمكن من تلقي التعليقات النقدية والنمو بنضجوج.

44. تقديم نموذج للوعي الذاتي للمتدرب.
45. لأنهم لا يستطيعون تجنبه.
46. لتكريم الرب، استقبال بركة الله للكنيسة، وتعلّم التواضع.